L'AFRIQUE ROMAINE

PROMENADES ARCHÉOLOGIQUES EN ALGÉRIE ET EN TUNISIE

GASTON BOISSIER

Copyright © 2021 Gaston Boissier (domaine public)
Édition : BoD – Books on Demand, info@bod.fr
Impression : BoD – Books on Demand, In de Tarpen 42,
Norderstedt (Allemagne)
Impression à la demande
ISBN : 978-2-3222-6718-7
Dépôt légal : mars 2021
Tous droits réservés

CHAPITRE I. — Les indigènes.
CHAPITRE II. — Carthage.
CHAPITRE III. — L'administration et l'armée.
CHAPITRE IV. - Les campagnes.
CHAPITRE V. — Les villes. - Timgad.
CHAPITRE VI. - La littérature africaine.
CHAPITRE VII. — La conquête des indigènes.

Quand j'ai visité l'Afrique, en 1891, j'ai rencontré sur ma route beaucoup de sénateurs et de députés, qui parcouraient le pays pour en connaître les ressources et les besoins. La question algérienne venait d'être posée de nouveau dans les Chambres ; on s'était longtemps disputé sans résultat ; et, comme c'est l'usage quand on n'arrive pas à s'entendre, on avait fini par se décider à faire une enquête. Les politiques venaient donc chercher sur les lieux des lumières pour les discussions qu'on prévoyait.

Naturellement ils étudiaient l'état actuel de l'Algérie et de la Tunisie ; ils comptaient les hectares de terre cultivée, ils s'occupaient du rendement des blés ou des vignes et du mouvement des ports, ils faisaient parler les colons et les indigènes, ils cherchaient à se rendre compte de ce qui a été fait en un demi-siècle, et de ce qui reste à faire. Rien de mieux ; mais est-ce tout ? Pour savoir quel est l'avenir de nos possessions africaines, et connaître les conditions véritables de leur prospérité, suffit-il de s'enquérir du présent ? Je ne le crois pas. Il me semble que le passé aussi a le droit d'être entendu. Nous ne sommes pas les premiers qui soient venus des contrées du Nord s'établir en Afrique ; nous avons eu, sur cette terre, des prédécesseurs illustres qui l'ont conquise, comme nous l'avons fait, et l'ont gouvernée avec gloire pendant plus de cinq siècles. Ils y ont rencontré à peu près les mêmes difficultés que nous ; il leur a fallu vaincre les mêmes résistances de la nature, qui n'était pas alors plus clémente qu'aujourd'hui, les mêmes oppositions de races guerrières, qui occupaient le sol, et ne voulaient le partager avec personne. Comment y sont-ils parvenus ? Par quels miracles de courage, de patience, d'habileté, ont-ils fait de ce pays aride, souvent inhabitable, une des provinces les plus riches de leur empire et du monde ? De quels procédés se sont-ils servis pour implanter leur civilisation au milieu de ces peuples barbares, et l'y rendre si florissante que l'Afrique a fini par produire en abondance des écrivains latins, et qu'à un moment elle a paru plus romaine que l'Italie même et que Rome ? Tout cela, il nous importe de le savoir ; nous ne pouvons pas négliger les leçons et les exemples que le passé peut nous fournir. Pour que l'enquête qu'on a voulu faire soit complète, il faut appeler les Romains aussi à y prendre part : je crois que, si nous savons les interroger, ils auront beaucoup à nous apprendre.

J'ai pourtant hésité d'abord à le faire ; il me semblait que, pour se permettre d'apprécier l'œuvre des Romains en Afrique, il ne suffisait pas d'avoir jeté un coup d'œil rapide sur les monuments qu'ils y ont laissés, et parcouru le pays pendant quelques semaines. Heureusement l'étude détaillée, que le temps ne m'a pas permis d'accomplir moi-même, d'autres se sont chargés de la faire. Ernest Renan a bien eu raison de dire que l'exploration scientifique de l'Algérie serait l'un des titres de gloire de la France, au XIXe siècle. Elle a commencé presque au lendemain de la conquête et s'est poursuivie sans interruption jusqu'à nos jours. Grâce au dévouement de tous ceux qui ont mis la main à ce grand ouvrage, nous avons, sur toutes les questions qu'il nous importe de connaitre, une incroyable abondance de documents, qui n'ont le tort que d'être dispersés un peu partout et difficiles à réunir. Je n'ai d'autre mérite que d'avoir été les prendre dans les recueils où ils se cachent et d'en avoir tiré ce qu'ils contiennent. Il est donc juste qu'au début de cette étude je remercie ces travailleurs, souvent obscurs — officiers de notre armée, employés de nos administrations, industriels, propriétaires, que la vue et l'amour des monuments ont rendus archéologues, — de ce qu'ils m'ont appris. Je leur dois à peu près tout ce que je sais, et mon premier devoir est d'avertir le lecteur que, s'il trouve quelque intérêt à lire ces pages, c'est jusqu'à eux qu'il doit faire remonter sa reconnaissance.

CHAPITRE I. — LES INDIGÈNES.

I

Origine des Numides d'après le roi Hiempsal. — D'où lui venaient ces renseignements. — Ce qui, dans le récit d'Hiempsal, appartient aux Grecs et aux Numides. — Diversité d'aspect des indigènes. — Unité de leur langage. — L'alphabet libyque. — Les Berbères.

Les Romains n'ignoraient pas que la première condition, pour bien gouverner un pays, c'est de le connaître, et qu'on ne le connaît que lorsqu'on en sait l'histoire. Il y a des choses, dans le présent, que le passé peut seul faire comprendre : ce qui a été explique ce qui est.

Il est probable que, lorsqu'ils s'établirent en Afrique, ils ne se préoccupèrent d'abord que de leurs vieux ennemis, les Carthaginois, à peu près comme les Français, dans les premiers temps de la conquête, ne voyaient partout que des Arabes. Mais en réalité les Carthaginois ne formaient qu'une très petite partie de la population africaine. Ils étaient réunis en général dans les grandes villes, autour des ports de Mer ; tout au plus ont-ils exploité çà et là quelques plaines fertiles par une agriculture savante. Dès qu'on s'enfonçait dans l'intérieur du pays, qu'on gravissait les plateaux, qu'on pénétrait dans le désert, on y rencontrait d'autres peuples, qui n'avaient rien de commun avec la race punique. Rome ne pouvait pas les ignorer ; elle eut bientôt à les combattre, et la résistance qu'ils lui opposèrent devait nécessairement éveiller son attention sur eux. Qui étaient-ils ? d'où étaient-ils venus ? appartenaient-ils à la même famille ou à des races différentes ? Ces questions se posaient naturellement à l'esprit de ceux qui, après les avoir vaincus non sans difficulté, cherchaient le meilleur moyen de les gouverner.

Salluste fut l'un des premiers qui se donnèrent quelque peine pour les résoudre,. C'était un homme instruit, intelligent, fort avide d'apprendre, et, quoiqu'il n'eût encore écrit aucun de ses ouvrages historiques, très curieux de connaître le passé. César lui avait donné le gouvernement de la Numidie, et il trouvait dans sa situation le moyen de satisfaire sa curiosité. Pour être bien renseigné sur l'origine des peuples qu'il administrait, il eut l'idée de les consulter eux-mêmes. Un de leurs rois, Hiempsal II, avait écrit leur histoire et raconté d'où ils étaient venus. Salluste se fit traduire le passage et il nous l'a conservé.

Au commencement, — disait à peu près le roi Hiempsal, — l'Afrique était occupée par les Gétules et les Libyens, des sauvages, qui se nourrissaient de la chair des animaux, et, comme les bêtes, broutaient l'herbe des champs. Mais plus tard, Hercule étant mort en Espagne, les nations diverses qui composaient son armée, et qui avaient perdu leur chef, ne purent s'entendre et se séparèrent. Parmi elles, les Perses, les Mèdes, les Arméniens, passèrent le détroit, abordèrent en Afrique et occupèrent les rivages de la mer. Les Perses s'établirent plus près de. l'Océan, ils se mêlèrent peu à peu aux Gétules par des mariages ; et comme, par esprit d'aventure, ils passaient fréquemment d'une contrée à l'autre, ils se donnèrent à eux-mêmes le nom de *Nomades*. Les Mèdes et les Arméniens se rapprochèrent des Libyens, qui, altérant leur nom dans leur langage barbare, au lieu de *Mèdes* les appelèrent des *Maures*. Les Perses furent ceux dont la puissance devint le plus vite florissante ; sous ce nom de *Nomades* ou *Numides* qu'ils s'étaient donné, quittant la terre qu'ils habitaient d'abord, et qui regorgeait d'hommes, ils s'emparèrent du pays autour de Carthage, et l'appelèrent *Numidie*1. Voilà en quelques mots, ce que le roi Hiempsal racontait des origines de sa race. Mais de qui tenait-il ces renseignements singuliers ? était-ce de ses compatriotes, comme Salluste semble le penser ? J'avoue que j'ai peine à le croire. Les Numides d'autrefois, pas plus que les Kabyles ou les Touaregs, leurs descendants, n'avaient la mémoire longue. Je doute qu'ils se soient beaucoup préoccupés de savoir de quelle contrée leurs pères étaient sortis. Mais il y avait alors une nation audacieuse, insinuante, répandue partout, en Afrique aussi bien qu'ailleurs, qui ne doutait de rien, qui faisait profession de ne rien ignorer, qui possédait sur elle-même une foule, de récits merveilleux et en fournissait généreusement aux autres : c'étaient les Grecs. Il leur était si naturel d'inventer des fables, qu'ils en ont rempli non seulement leur propre histoire, mais celle de tous les peuples. Sur quelques mots qu'ils entendaient dire, leur riche imagination créait toute une légende ; et, une fois qu'ils l'avaient créée, ils la racontaient avec tant de grâce qu'on ne pouvait plus l'oublier. Il est clair qu'ici cette intervention d'Hercule et de son armée et ces étymologies invraisemblables ont un tour beaucoup plus grec que numide. Tout au plus peut-on admettre que ces fables s'appuyaient sur quelques traditions locales à demi effacées, et qu'il se trouvait, par exemple, dans la vieille religion du pays, que nous ne connaissons guère, quelque dieu qui, comme le Melkart des Phéniciens, pouvait être assimilé à Hercule. Ce qui le ferait croire, c'est qu'Hercule est devenu la divinité protectrice de la dynastie de Massinissa, que ces rois ont fait graver son image sur leurs monnaies, et qu'ils se sont glorifiés d'être appelés des Héraclides.

Que devons-nous donc retenir du récit d'Hiempsal, si complaisamment reproduit par Salluste ? Une seule chose, c'est qu'on s'était aperçu déjà dans l'antiquité, de la diversité d'aspect que présentaient les indigènes de l'Afrique, puisqu'on avait éprouvé le besoin de leur attribuer des origines différentes. Bien n'est plus visible aujourd'hui que cette diversité quand on parcourt l'Algérie. Je me rappelle combien j'en fus frappé, un jour que j'assistais à un grand marché qui se tenait à Souk-Ahras. Sur la place de la petite ville, où nous avons élevé une halle en fer, les indigènes débouchaient de tous les côtés. Il en venait à pied, à cheval, sur des Mies et sur des chameaux. C'était un plaisir de les voir se chercher dans cette foule, se reconnaître, se serrer la main, s'embrasser avec des cris de joie. Il y avait là des gens de toutes les tailles, de toutes les formes, de toutes les couleurs. Depuis le noir luisant des nègres soudaniens, jusqu'au blanc mat de l'Arabe des grandes tentes, on passait par toutes les nuances que peut revêtir la peau humaine. Mais ce qui m'étonnait surtout, pendant que je regardais cette foule, c'était d'y rencontrer, sous la *chechia*, tant de bonnes figures que je croyais reconnaître. J'y remarquais à tous les pas de petits hommes trapus, aux yeux bleus, aux cheveux blonds ou rouges, à la face large, à la bouche rieuse, qui ressemblaient tout à fait aux habitants de nos villages. Prenez une *djemâa* kabyle en séance, dit M. de la Blanchère ; ôtez les burnous, revêtez tout ce monde de blouses bleues et d'habits de drap, et vous aurez un conseil municipal, où siègent des paysans français2. Il faut avouer que ce type blond, qui est si

---

1 Salluste, *Jugurtha*, 18.
2 *Voyage d'étude dans une partie de la Maurétanie césarienne*, p. 34.

commun en Algérie₁, forme un contraste parfait avec toutes les variétés de bruns et de nègres, parmi lesquels on le rencontre. Aussi la première idée qui vienne à l'esprit, quand on veut se rendre compte de ces différences, c'est d'imaginer que des gens qui se ressemblent si peu doivent provenir de races diverses, et qu'on n'a pas devant les yeux un seul peuple, mais plusieurs. C'était évidemment l'opinion des anciens, et ce que voulait dire le roi Hiempsal dans le passage cité par Salluste.

Et pourtant cette opinion se heurte à une objection grave. Longtemps nous avions cru que les indigènes ne parlaient que l'arabe, et c'est seulement de cette langue que nous nous servions pour communiquer avec eux ; mais quand nous les avons mieux connus, quand nous avons fréquenté ceux qui conservent leur caractère original et sont moins mêlés d'éléments étrangers, nous avons remarqué que dans leurs relations familières ils en employaient une autre. Ce n'est pas, comme on pourrait le croire, un patois formé de la corruption de divers idiomes, mais une langue véritable, qui a ses lois et son existence propre. Après l'avoir longtemps ignorée, ou mal connue, nous lui avons enfin rendu ses droits, et nos instituteurs l'enseignent avec l'arabe dans les écoles de la Kabylie. Mais voici ce qui a fort augmenté la surprise : cette langue, que nous retrouvions vivante sur le Djurjura, elle est parlée aussi dans les villages de l'Aurès. On peut le comprendre après tout, car tout prouve que le Kabyle et le Chaouia sont frères. Mais aurait-on soupçonné qu'on s'en servît aussi chez les Touaregs et dans les tribus du Maroc ? En réalité, elle est employée, avec quelques différences de vocabulaire et de prononciation, dans toute l'étendue du Sahara, sur les bords du Niger, et presque jusqu'au Sénégal, par des tribus qui souvent se ressemblent très peu entre elles, et dont il paraît d'abord impossible de dire qu'elles appartiennent à une même race.

De ces faits contradictoires, que devons-nous conclure ? Il se peut sans doute que le fond de ce peuple se compose d'éléments d'origine diverse ; que, primitivement, à des époques antérieures à l'histoire, l'Afrique ait été occupée par des hordes venues du nord et du midi ; que, comme on l'a prétendu, les gens au type blond appartiennent aux races aryennes et soient arrivés de l'Occident par le détroit de Gadès₂, pendant que les bruns venaient de l'Égypte par la Tripolitaine ou du Soudan par le Sahara ; toujours est-il qu'à un moment donné ces hordes ont dû se fondre ensemble, et qu'elles ont longtemps vécu d'une même vie. S'il est vrai, comme le dit un poète du vaᵉ siècle, que ce qui fait surtout une nation, c'est une langue commune (*gentem lingua facit*) ; il faut reconnaître que tous ces gens qui s'entendent, quand ils se parlent, ont dû former un même peuple.

Cette langue, non seulement on la parle, mais on l'écrit ; elle possède même un avantage qui manque à des idiomes plus importants : tandis que les nations aryennes se sont contentées d'emprunter leurs lettres à l'alphabet phénicien, les indigènes de l'Afrique ont créé, on ne sait comment, un système d'écriture qui

---

1 Il ne l'est pas moins au Maroc, où, selon Tissot, il formerait plus du tiers de la population totale.
2 C'est à peu près ce que dit le roi Hiempsal, quand il raconte que les Maures et les Numides sont venus d'Espagne en Afrique, après la dispersion de l'armée d'Hercule.

leur appartient, et ne se retrouve pas ailleurs1. C'est ce qu'on appelle l'alphabet libyque, qui a été de nos jours l'objet d'études savantes.
A quelle époque a-t on commencé à s'en servir ? On l'ignore ; on a seulement la preuve qu'il existait déjà du temps des Carthaginois, deux on trois siècles avant notre ère, et rien n'empêche de croire qu'il remontait beaucoup plus haut. Il dut être fort en usage du temps de la dynastie numide, quand Massinissa essaya de civiliser ses sujets : aussi en a-t-on trouvé des restes dans les pays voisins de Cirta. On peut dire qu'il s'est conservé jusqu'à nos jours, puisqu'on a montré qu'il est à peu près identique au *tefinagh*, dont se servent encore les Touaregs. On ne paraît pas l'avoir jamais employé à des ouvrages de longue haleine : quand le roi Hiempsal voulut composer l'histoire de la nation sur laquelle il régnait, il l'écrivit en punique. On n'en a guère usé que pour rédiger de courtes inscriptions funéraires et religieuses. Ces inscriptions, qu'on recueille avec le plus grand soin depuis quelques années, ne se sont pas seulement trouvées dans l'Algérie et la Tunisie ; il y en a aussi dans les profondeurs du Sahara, gravées à la pointe du poignard, écrites avec du goudron ou de l'ocre, sur les parois des grottes, sur les rochers à surface plane, auprès des puits ou des sources, partout où le nomade fatigué s'arrête, retenu par l'attrait de l'ombre et de l'eau. On en a découvert, ce qui est plus extraordinaire, à l'Est, dans la Cyrénaïque, en Égypte et jusque dans la presqu'ile du Sinaï ; à l'Ouest, dans le *Sous* marocain, et même aux Canaries.

Ainsi, dans cet immense espace de près de 5.000 kilomètres de long, un peuple a vécu et vit encore, divisé aujourd'hui en une multitude de tribus toujours jalouses, souvent ennemies les unes des autres et prêtes à s'entre-déchirer, mais qui formait autrefois une seule nation, et qui a gardé de son ancienne unité une langue commune, la même qu'il parlait du temps de Jugurtha : ce sont les Berbères, pour-leur donner le nom sous lequel les Arabes les désignent, ceux que les Romains appelaient Maures et Numides, c'est-à-dire le fond indigène au-dessus duquel les nations du dehors sont venues s'établir, et qu'elles ont dominé et recouvert, sans le détruire.

II

Comment se sont formés les royaumes berbères. — Massinissa. — Il défait Syphax et s'empare de Cirta. — Constantine. — Mort de Sophonisbe.

L'indépendance a toujours été la passion des Berbères. Ce qui attache les Touaregs au désert, c'est qu'ils n'y peuvent pas avoir de maîtres. On a montré que la djemâa kabyle est de tous les gouvernements le plus simple, le plus élémentaire, celui où le peuple s'administre le plus directement lui-même, sans avoir besoin de tribunaux, de police, presque de magistrats2. Un tel régime ne peut naître et durer que sur un étroit espace, dans une petite cité : dès qu'elle s'étend, il faut qu'elle concentre l'autorité en quelques mains, pour la fortifier, et que chaque citoyen sacrifie une partie de son indépendance personnelle afin

---

1 On trouvera un spécimen de l'écriture berbère et un aperçu des tentatives qui ont été faites pour la déchiffrer dans le livre de M. Philippe Berger sur l'*Histoire de l'écriture dans l'antiquité*, p. 324 et sq.
2 Voyez, dans les *Mélanges d'histoire et de voyage*, l'excellente étude de Renan sur la *Société berbère*.

d'assurer la sécurité de tous. C'est un sacrifice auquel le Kabyle ne consent pas volontiers : aussi ne regarde-t-il guère au delà de son village. Tout au plus quelques villages se sont-ils quelquefois réunis pour former une tribu, encore le lien entre eux est-il toujours assez lâche, et, au delà de la tribu, il n'y a plus rien. Pas plus autrefois qu'aujourd'hui les Berbères n'ont su constituer d'une manière durable de ces grands États qui permettent à un peuple d'en conquérir d'autres et de résister aux invasions de l'ennemi.

Une fois seulement, — et pour quelques années, — ils ont paru renoncer à leurs querelles intérieures et se sont unis ensemble sous la main de quelques vaillants soldats[1]. C'est l'époque la plus brillante de leur histoire, mais elle n'a guère duré. On approchait de la fin de la seconde guerre punique, Rome et Carthage livraient leurs dernières batailles. Les Carthaginois, qui levaient des armées de mercenaires, devaient songer naturellement à les recruter dans le pays même où ils avaient établi leurs comptoirs. La Numidie leur fournissait des cavaliers excellents qui, mêlés aux frondeurs des Baléares et aux fantassins de l'Espagne et de la Gaule, ont balancé la fortune de Rome. On comprend que, pendant ces longues guerres, quelques chefs africains aient eu l'occasion de se faire remarquer par-dessus les autres : le renom qu'ils y avaient conquis les suivait quand ils étaient de retour chez eux, et c'est ainsi que naquit, chez ces peuples naturellement amis de l'égalité, une sorte d'aristocratie militaire. Parmi ces petits rois (reguli), comme on les appelait, ou ces cheiks, comme nous dirions aujourd'hui, il y en eut de plus braves ou de plus habiles, qui soumirent les autres par les armes, ou se les attachèrent par des bienfaits : c'est ainsi qu'ils finirent par former des royaumes assez étendus.

Pendant les dernières années de la guerre d'Hannibal, il y avait surtout deux de ces royaumes dans le pays qui devint plus tard l'Afrique romaine, celui de Syphax, dont Cirta était la capitale, et celui de Gula. Naturellement ces deux grands chefs ne pouvaient pas se souffrir : ces sortes de jalousies violentes sont dans le sang des Berbères, qui ne détestent rien tant que leurs voisins. Toute leur politique consistait à se faire le plus de mal possible. Il suffisait que l'un se rangeât dans un parti pour que l'autre se unit du parti contraire. Syphax, longtemps allié de Rome, ayant été entraîné par son mariage avec Sophonisbe, fille d'Asdrubal, du côté des Carthaginois, aussitôt Massinissa, fils de Gula, qui était venu en Espagne combattre les Romains, se tourna vers eux.

Cette alliance fit sa fortune. Il dut à l'amitié de Scipion et à la reconnaissance de Rome de devenir un roi très puissant. Il faut dire que, par ses qualités naturelles, il était tout à fait digne de la haute situation que lui firent les Romains. Quoique élevé à Carthage, il était resté un Berbère, et c'est ce qui explique l'ascendant qu'il garda sur les gens de sa race. Il n'y avait pas dans toute la Numidie de cavalier plus intrépide ; personne ne résistait mieux aux fatigues et ne faisait d'aussi longues chevauchées dans le désert, sans boire ni manger. Sa libéralité pour les siens n'avait pas de bornes. Il ne s'attribuait rien du butin des batailles et le distribuait à ceux qui s'étaient bien conduits ; mais, pour les lâches et les traîtres, il était impitoyable : il fit un jour exécuter sous ses yeux deux mille transfuges dont il s'était rendu maitre. Cette sévérité le servit autant que ses largesses : de tout temps le Berbère a confondu le pardon avec la faiblesse, et il

---

[1] Une autre fois pourtant, au VIIe siècle de notre ère, les Berbères s'unirent sous le commandement de cette reine héroïque, qu'on appelait la Kahena, pour résister à l'invasion des Arabes ; mais c'est une histoire dont nous ne savons presque rien.

se sent un respect particulier pour ceux qui savent bien se venger. Mais la qualité maîtresse de Massinissa était une invincible obstination contre la mauvaise fortune ; jamais il n'a perdu courage ; jamais, après les plus grands désastres, il ne s'est avoué vaincu. En cela, le Berbère diffère de l'Arabe, avec lequel on est trop tenté de le confondre ; tandis que le vrai musulman accepte la défaite comme un arrêt du ciel et s'y résigne, Massinissa, en quelque situation que le sort l'eût mis, comptait toujours sur les chances de l'avenir et, dès qu'il le pouvait, recommençait la lutte. Il faut lire dans Tite-Live[1] le récit de ses campagnes héroïques contre Syphax, au moment même où Scipion préparait son expédition d'Afrique. L'armée de Syphax était meilleure, plus nombreuse, mieux exercée ; dans presque toutes les rencontres elle était victorieuse ; mais Massinissa trouvait moyen de se dérober après ses défaites, et, au moment où l'on s'y attendait le moins, il revenait avec des trouves nouvelles. Une fois pourtant il fut si complètement vaincu qu'il ne lui resta que quatre cavaliers de toute son armée. Blessé, presque mourant, il allait être pris, s'il ne s'était jeté dans un fleuve, que des pluies d'orage avaient grossi, et où les vainqueurs n'osèrent pas le suivre. Des quatre cavaliers qui l'accompagnaient, deux se noyèrent ; les deux autres eurent grand'peine à le sauver, le cachèrent dans les herbes du rivage, puis dans une grotte voisine, où ils le soignèrent comme ils purent. Dès qu'il fut en état de se tenir à cheval, il repartit, et en quelques semaines, parmi les cavaliers de l'Aurès et les nomades du désert, il avait recruté une autre armée. C'est ainsi qu'à force de courage et d'obstination, il se maintint jusqu'à l'arrivée de Scipion en Afrique. Dès qu'il le sut débarqué à Utique, il alla le rejoindre, et contribua beaucoup à ses succès. En récompense, Scipion lui donna les États de Syphax, qui s'ajoutèrent aux siens. Il y eut donc dans la Numidie un grand royaume, dont Cirta fut la capitale.

Cirta existe encore sous le nom de Constantine que lui a donné la flatterie, et qu'elle a gardé. Sa situation répond tout à fait à l'idée que Salluste nous donne des villes berbères. Voilà bien la montagne élevée, inaccessible, que ces petits rois choisissaient pour y mettre leurs trésors et leur vie à l'abri d'un coup de main. Le mamelon sur lequel elle est bâtie forme une sorte de presqu'île qui ne se rattache que par une langue de terre au reste du pays ; de tous les autres côtés elle est inabordable. Vers le nord, un escarpement abrupt la protège ; à l'est et au sud, elle est entourée par le Roumel ; il coule au fond d'un gouffre étroit, déchirement profond qui s'est formé à la suite de quelque cataclysme inconnu, et qui atteint jusqu'à 170 mètres de hauteur. Le long de ces deux grandes parois verticales, où la roche noire et luisante est égayée par moments d'un peu de verdure, on voit voler, quand on regarde d'en haut, de grands oiseaux de proie, dont le cri strident se mêle d'une manière sinistre au bruit du Boume Le torrent tantôt disparaît sous des voûtes naturelles, tantôt bondit de rochers en rochers et blanchit d'écume, jusqu'à ce qu'il sorte de cette fente qui le resserre et l'étreint. Arrivé dans la plaine, il prend un aspect différent. Son cours devient plus large et plus calme ; le torrent de tout à l'heure se change en un fleuve qui coule pacifiquement entre des orangers et des grenadiers. Constantine n'est donc abordable que d'un seul côté : aussi est-ce par là qu'elle a été attaquée de tout temps ; mais de ce côté même elle n'était pas facile à prendre. Dans ces dernières années, où l'on a beaucoup bâti et démoli, l'amoncellement des décombres a rendu les accès plus aisés. Figurons-nous bien que, dans l'antiquité, les pentes étaient plus abruptes, et même après qu'on les avait

---

[1] XXIX, 32.

franchies, quand le rempart était escaladé et qu'on était dans la place, tout n'était pas fini : il fallait emporter chaque rue, prendre chaque maison l'une après l'autre. La ville berbère n'était pas percée de rues larges et droites, comme est aujourd'hui la ville française. J'imagine qu'on peut avoir une idée de ce qu'elle devait être quand on visite ce qui reste des quartiers arabes. Ce dédale de ruelles étroites et tortueuses, qui montent et descendent à pic, qui tantôt passent sous des voûtes, tantôt se perdent dans des impasses, peut nous faire comprendre ce qu'était la vieille Cirta du temps des rois numides.

Ce qui, par exemple, n'a pas changé, ce qui a dû toujours faire de Constantine une ville privilégiée, c'est l'incomparable beauté du pays qui l'entoure. Si elle est elle-même construite sur une sorte d'îlot sauvage, les alentours en sont charmants et le paraissent encore plus par le contraste. de l'ai visitée au printemps, quand les arbres commencent à se couvrir de feuilles. La verdure montait jusqu'au sommet des collines qui encadrent un paysage plein de grandeur et de grâce. Du haut du rempart, on a devant les yeux une belle plaine verdoyante, arrosée par le Roumel ; en face, les montagnes de la Kabylie s'étagent les unes sur les autres avec des gradations de couleur merveilleuses, jusqu'aux dernières qui se perdent dans la brume lointaine.

de suppose que, suivant les usages antiques, le palais de Syphax devait être à l'endroit de la ville le plus élevé, le plus facile à défendre, vers la Kasba. Là se passa, le jour même où Massinissa en prit possession, une scène qui est restée célèbre dans l'antiquité, et dont le théâtre moderne a souvent profité. Le roi berbère était entré dans Cirta sans résistance, et aussitôt il s'était dirigé vers le palais de son ennemi. A la porte se tenait Sophonisbe, la fille d'Asdrubal, celle dont l'amour avait poussé Syphax à se déclarer pour Carthage. Elle se jeta aux pieds du vainqueur et lui demanda de ne pas la laisser tomber vivante au pouvoir des Romains. Elle était belle, dit Tite-Live, elle était jeune, elle lui baisait les mains, et ses prières étaient pleines de larmes ; et, comme la race des Numides est naturellement portée vers l'amour, Massinissa éprouva pour elle quelque chose de plus que de la pitié[1]. Pour la sauver, il ne trouva qu'un moyen : il l'épousa le jour même, comptant que les Romains n'oseraient pas la lui enlever, du moment qu'elle était devenue sa femme. Il ne les connaissait guère.

Quelques jours plus tard, Scipion ayant fait comparaître Syphax devant lui et lui reprochant d'avoir trahi Rome, le prisonnier, que la jalousie dévorait, lui répondit que c'était la faute de Sophonisbe : *Elle m'a perdu*, ajouta-t-il ; *prends-y garde, elle en perdra d'autres*. Scipion qui comprenait le danger, fit redemander la Carthaginoise à Massinissa. Le malheureux, qui n'osait pas la défendre et ne voulait pas la livrer, lui envoya du poison par un esclave fidèle, et l'héroïque femme but la coupe sans faiblir[2].

---

[1] XXX, 12. Appien prétend que Massinissa la connaissait depuis longtemps et qu'il en était déjà amoureux quand Syphax l'épousa. Mais cette histoire parait bien romanesque.
[2] La mort de Sophonisbe est le sujet d'une des rares fresques de Pompéi qui soient empruntées à l'histoire romaine. Dans une salle richement décorée, soutenue par des colonnes et ornée de statues placées dans les entrecolonnements, une belle femme, une reine, d'un teint éblouissant, couverte d'une tunique de pourpre, est couchée sur un lit et tient une coupe dans la main. Debout derrière elle, un homme au teint brun, la tête ceinte d'un diadème blanc, comme le portaient les rois numides, appuie sa main sur l'épaule de la femme, comme pour l'encourager. Son œil inquiet est fixé sur un personnage placé au pied du lit et qui regarde d'un air sévère. Celui-là est un portrait, et Visconti, en le voyant, reconnut du premier coup Scipion l'Africain. En réalité, ni Scipion,

Cette obéissance méritait d'être récompensée. Massinissa reçut du peuple romain le titre de roi. On le fit asseoir sur une chaise curule, comme un consul ; on lui permit de se vêtir d'une toge brodée de palmes ; on lui mit une couronne d'or sur la tête, un bâton d'ivoire à la main. Ce qui lui fut encore plus agréable, c'est qu'on lui permit d'inquiéter les Carthaginois, à qui on ne voulait laisser qu'une existence précaire. Il usa largement de la permission, et pendant les cinquante années qui lui restaient à vivre il ne cessa d'enlever à ses ennemis quelques lambeaux de territoire. A 88 ans, il montait encore à cheval sans selle, et guerroyait, pendant la bonne saison, jusque sous les murs de Carthage. Le reste du temps il vivait dans son sérail de Cirta, au milieu d'une famille qui s'accroissait sans cesse et qui tremblait devant lui. Il mourut à 90 ans, sans avoir jamais été malade : son dernier fils, nous disent avec admiration les historiens, n'avait que quatre ans.

III

Jugurtha. — Caractère de l'histoire de Salluste. — Ce qu'on y trouve pour la connaissance des indigènes et de leur pays.

Le long règne de Massinissa fut une époque de grande prospérité pour la Numidie ; grâce à la paix que le vieux roi maintenait sévèrement entre les tribus rivales, les villes du littoral devinrent plus florissantes ; les plaines du Tell se peuplèrent de cultivateurs ; les étrangers commencèrent à fréquenter les grands marchés de, l'intérieur où se faisaient, comme aujourd'hui, toutes les transactions des indigènes. Les négociants italiens, très habiles et très entreprenants, se glissaient partout. Utique, nous dit Salluste, en était pleine[1] ; à Cirta, Micipsa, qui remplaçait Massinissa, son père, avait attiré toute une colonie de Grecs[2], et bâti un palais somptueux, que ses descendants ne devaient guère habiter ; — ce qui fait songer à la belle demeure que le bey Ahmed s'était fait construire et qui était à peine achevée en 1837, quand les Français s'emparèrent de Constantine.

Et pourtant cette prospérité n'était qu'apparente. La dynastie berbère allait être victime de ses succès mêmes ; en travaillant avec une sorte de fureur à la ruine de Carthage, sans le savoir, elle préparait la sienne. Tant que Carthage subsistait, Rome avait besoin des rois numides ; ils étaient ses alliés, des alliés nécessaires, qu'on flattait et qu'on ménageait. Quand elle n'eut plus rien à craindre, elle se mit à l'aise avec eux : les alliés d'autrefois devinrent des protégés ; ils commandaient à leurs sujets, mais à condition d'obéir à Rome ; il leur fallait gouverner pour elle, non pour eux. C'est ce qu'il leur était difficile de ne pas apercevoir ; ces honneurs qu'on leur accordait avec tant de complaisance, cette couronne qu'on leur posait sur la tête, ce sceptre qu'on leur mettait dans la

---

ni Massinissa n'assistèrent à la mort de Sophonisbe ; l'artiste les y a introduits pour rendre la scène plus dramatique. Je me demande si cette façon de la concevoir et de la représenter ne lui venait pas directement du théâtre, et si ce tragique événement, qui a inspiré chez nous Mairet et Corneille, n'avait pas été déjà le sujet de quelque drame romain (*prætexta*), où le peintre, est allé le prendre.
[1] *Jugurtha*, 84. — Un peu avant (21) il dit qu'il y avait à Cirta une multitude de gens qui portaient la toge.
[2] Strabon, XVII, 13.

main, ne pouvaient pas les tromper. Ils sentaient bien qu'ils n'étaient pas tout à fait les maîtres chez eux, et ils le reconnaissaient quand ils étaient sincères. Je sais, disait le fils de Micipsa au sénat romain, que je n'ai que l'administration de, ce royaume et que la propriété vous en appartient1. Des situations semblables sont grosses d'orages. Un jour ou l'autre, le protégé et le protecteur cessent de s'entendre ; la guerre éclate entre eux, et le protégé, qui n'est pas le plus fort, disparaît.

Ce fut justement le sort de la dynastie berbère. Je n'ai pas à raconter comment, la discorde s'étant mise entre les héritiers de Micipsa, les Romains furent forcés d'intervenir dans les affaires de la Numidie, et la longue guerre qu'ils soutinrent contre Jugurtha, le plus vaillant de ces princes. C'est une histoire parfaitement connue, grâce au talent de celui qui s'est chargé de l'écrire. L'ouvrage de Salluste n'est pas seulement un chef-d'œuvre littéraire, il a pour nous cet intérêt particulier de nous parler de l'Afrique ancienne, et, comme l'auteur était en situation de la bien connaître, qu'il l'avait visitée et même administrée pendant quelque temps, nous ouvrons son livre avec la curiosité la plus vive. Cette curiosité trouve-t-elle pleinement à s'y satisfaire ? Quelques-uns le pensent, et nous en voyons qui s'extasient sur la richesse et la précision des renseignements qu'il nous fournit. Il me semble qu'ils se contentent de peu, et c'est l'impression contraire que j'ai éprouvée en le lisant. Je n'irai pourtant pas jusqu'à partager l'opinion de ceux qui, mécontents de ne pas rencontrer chez lui plus de détails sur l'Afrique et les Africains, l'accusent d'être un historien incomplet, de se tenir à la surface des événements, de n'approfondir assez ni les choses ni les hommes2. Il y a quelque injustice dans ces reproches ; si le livre de Salluste ne nous satisfait pas entièrement, ce n'est pas à lui seul qu'il faut nous prendre de nos mécomptes, c'est à nous aussi : pourquoi lui demandons-nous ce qu'il n'avait pas l'intention de faire ?

Ce livre, ne l'oublions pas, est un pamphlet politique au moins autant qu'une histoire. L'auteur a la franchise de nous en prévenir dès le début : Il s'est décidé, nous dit-il, à raconter cette guerre, d'abord parce qu'elle a été importante, difficile, mêlée de succès et de revers, puis parce qu'elle a donné pour la première fois au peuple l'occasion de s'opposer à l'insolence des nobles3, et soyons sûrs que cette dernière raison était pour lui la principale. Quand il composa son livre, les guerres civiles venaient de finir, et la société, violemment secouée, commençait à se rasseoir. Salluste, comme tout le monde, était fort revenu de sa passion et de ses illusions d'autrefois. Il trouvait que la démocratie, pour laquelle il s'était donné tant de peine, l'avait mal payé de ses services ; aussi la juge-t-il sans ménagement. Mais la sévérité avec laquelle il traite les démocrates ne l'a pas rendu plus favorable pour les nobles. Dans ce dégoût général qu'il éprouve pour tous les partis et pour tous les chefs, et qui est le fond de sa politique, il surnage une rancune particulière contre ces grands seigneurs dont il a souffert toute sa vie ; et, comme il voit l'opinion publique, ramenée par les malheurs présents au regret du passé, leur devenir plus indulgente, il veut combattre cette tendance en étalant toutes les fautes qu'ils ont commises pendant qu'ils étaient les maîtres ; or jamais ces fautes n'ont été plus visibles, jamais les nobles ne se sont montrés aussi avides, aussi malhonnêtes, aussi

---

1 Salluste, *Jugurtha*, 14.
2 C'est ce que lui reproche notamment Ihne dans son *Histoire romaine*.
3 *Jugurtha*, 5.

incapables, que pendant la guerre contre Jugurtha ; et voila précisément pourquoi il a tenu à la raconter.

Si tel était son dessein, on comprend qu'il ait eu moins de souci de décrire les lieux que de juger les hommes. Les événements qu'il raconte ne sont pour lui qu'une occasion de nous faire connaître la médiocrité ou la vénalité des gens qui gouvernent. En réalité, Rome le préoccupe plus que l'Afrique ; de Vaga, de Suthul ou de Sicca, il a les yeux fixés sur le Sénat et sur le Forum ; ce qui s'y fait est son sujet véritable.

Il n'a donc pris la peine de dépeindre les lieux où les événements se passent que lorsqu'il croit indispensable de le faire ; encore a-t-il l'air de s'en excuser, et à chaque fois il a grand soin de nous affirmer qu'il ne dira que le nécessaire et qu'il promet d'être aussi court que possible (*breviter, quam paucissimis verbis*). La manière dont il les dépeint nous montre à quel point le goût du pittoresque, dont nous sommes charmés, et le souci de la couleur locale étaient étrangers aux idées de son temps. Il faut bien qu'au début de son ouvrage il nous décrive le théâtre où va se passer l'action qu'il entreprend de raconter. C'est une nécessité de son sujet, *res postulare videtur*. Mais en une phrase il a tout dit : La mer y est dangereuse, les rivages ont peu de bons ports ; la terre est fertile en céréales, favorable aux troupeaux, contraire aux arbres ; la pluie et les sources étant rares, l'eau y manque1. Voilà tout, et l'on trouvera vraiment que ce n'est guère. Même quand il s'agit de phénomènes singuliers qui sont inconnus hors de l'Afrique, et qui ont dû exciter sa curiosité, il ne fait pas plus de frais pour les dépeindre. Il est probable que, dans ses courses, il a fait connaissance avec le simoun et qu'il en a souffert. On ne le dirait pas à la façon dont il en parle : Il s'élève, dit-il, dans le désert, de véritables tempêtes, comme sur la mer. La plaine étant finie sans végétation, le vent, que rien n'arrête, soulève le sable, dont les violents tourbillons couvrent les visages, emplissent les yeux, en sorte que le voyageur aveuglé ne peut pas continuer sa route2. Il était difficile d'en dire moins et en des termes moins poétiques.

Il faut donc nous résigner à ne trouver chez Salluste, quand il parle des lieux et des gens de l'Afrique, que des renseignements trop courts et très secs ; mais nous sommes sûrs qu'au moins ils sont parfaitement exacts ; c'est ce que nous a démontré une expérience de cinquante ans. Ces collines qu'il nous dépeint couvertes d'oliviers sauvages, de myrtes et des autres espèces d'arbres qui poussent sur un sol aride et sablonneux, nous les connaissons parfaitement. Ces villes, entourées de vastes plaines nues, où rien ne pousse, et où l'on ne boit que l'eau des citernes, elles existent encore ; nos soldats les ont souvent rencontrées sur leur route. Ces Numides sans foi, avides de changements, toujours prêts à se jeter dans des aventures nouvelles, nous avons eu à les combattre. Que de fois, après des traités et des serments, il nous a fallu recommencer la lutte que nous croyions finie ! L'armée de Jugurtha nous rappelle tout à fait celle d'Abd-el-Kader : il a ses réguliers, fantassins et cavaliers de choix, qu'il a équipés comme les soldats des légions ; et, avec eux, les goums qui lui arrivent de toutes les tribus voisines. Les réguliers le suivent fidèlement partout et dans toutes ses fortunes ; les autres, au moindre accident, se dispersent ; ils se précipitent sur l'ennemi comme une nuée d'orage, mais, le premier élan fourni, s'ils n'ont pas enfoncé les lignes opposées, ils s'en vont plus vite qu'ils ne sont venus, et laissent leur chef

---

1 *Jugurtha*, 17.
2 *Jugurtha*, 79.

se tirer d'affaire comme il peut. Tout cela n'a guère changé. Et l'armée romaine, comme ses revers et ses succès rappellent l'histoire de notre armée ! Au début, elle ne connaît ni l'ennemi qu'elle combat, ni le pays qu'elle veut soumettre. Elle tente en plein hiver d'enlever Suthul de vive force, comme nous l'avons fait à la première expédition de Constantine. Elle se laisse surprendre par ces cavaliers indomptables qui l'attendent à tous les passages difficiles, cachés derrière les broussailles ou les touffes d'oliviers. Comment n'être pas déconcertés par ces alertes imprévues ? Ils attaquent sans qu'on les ait vus venir ; ils sont partis avant qu'on se soit mis en défense ; et comme ils ont des chevaux infatigables qui gravissent au galop les pentes les plus escarpées, il est impossible de les poursuivre. Heureusement on se décide — un peu tard — à envoyer contre le roi numide un homme de sens et d'expérience, Metellus, qui comprend qu'il faut donner à ses soldats d'autres habitudes. Il leur apprend, quand les cavaliers ennemis approchent, à se former rapidement en cercle (*orbes facere*, nous dirions aujourd'hui en bataillon carré), et à les recevoir sur la pointe de leurs piques. Il renonce à ces grandes expéditions qui ne mènent à rien, même quand elles réussissent, et les remplace par des attaques hardies, des razzias, comme nous les appelons, où il renverse les gourbis, brille les récoltes, emmène les troupeaux. La lourde légion romaine, si prudente, si mesurée dans ses mouvements, si fidèle à ses vieilles tactiques, il la rend souple et mobile. Il habitue le soldat à faire des marches forcées de nuit, dans le désert, emportant avec ses armes des outres pleines d'eau, et à paraître à l'improviste devant des villes comme Thala et Capsa, qui se croyaient suffisamment défendues par la solitude et la soif. Tout cela, nous l'avons vu, nous l'avons fait, nous aussi. On peut regretter de ne pas trouver plus souvent, dans le livre de Salluste, de ces peintures pénétrantes qui, d'un mot, donnent l'impression d'un pays et mettent sous les yeux l'image ineffaçable d'un peuple ; mais, par ses descriptions nettes et sobres, il nous apprend que les choses ne sont pas changées, que l'ennemi est le même, et que, pour le vaincre et le gouverner, on a toujours procédé de la même façon.

V

Juba Ier vaincu à Thapsus par César. — Juba II roi de Maurétanie. — La reine Cléopâtre. — Césarée. — Le musée de Juba II. — Fin de la dynastie de Massinissa.

Il semblait naturel qu'après la défaite de Jugurtha, Rome changeât de système, qu'elle se décidât à faire de la Numidie une province de son empire et à l'administrer directement. Il n'en fut rien ; elle ne trouva pas sans doute que l'expérience frit concluante, et alla chercher d'autres descendants de Massinissa auxquels elle céda la plus grande partie des pays qu'elle venait de soumettre. Elle n'eut pas beaucoup à s'en louer. Juba, l'un de ces princes, qui avait fini par reconstituer à peu près le royaume de son aïeul, crut pouvoir se mêler aux guerres civiles ; il se jeta dans le parti de Pompée, s'y fit remarquer par son insolence, et fut complètement défait par César à Thapsus. Peut-être Massinissa et Jugurtha, ses grands prédécesseurs, même après un pareil désastre, n'auraient-ils pas perdu tout à fait courage. Il restait le désert, qui offrait un refuge au vaincu, et avec ces populations errantes et guerrières, éprises d'aventures, affamées de pillage, on pouvait toujours refaire une armée. Mais le suicide était alors à la mode : Juba trouva plus simple de mourir. Son ami Pétréius, le vieux général pompéien, et lui se firent servir un grand repas, dans une des maisons de campagne du roi, et, quand il fut achevé, ils mirent l'épée à la main. Alors, dans un duel étrange et terrible, duel d'amitié, non de haine, ils essayèrent de s'entre-tuer, pour échapper au vainqueur. Pétréius, qui était affaibli par l'âge, périt le premier ; Juba se fit achever par son esclave.

Cette catastrophe ne mit pas encore fin à la dynastie berbère. Juba laissait un fils, un enfant, qui fut amené à Rome par César et figura, comme captif, dans son triomphe, derrière son char. Auguste, qui cherchait à 'guérir toutes les blessures des guerres civiles, affecta d'être bienveillant pour ce jeune homme. Il le fit bien élever, l'emmena avec lui dans ses guerres, le prit en affection, et finit par lui rendre en partie le royaume de son père. Mais bientôt, comme il lui semblait important de conserver la Numidie sous la main de Rome, il le transféra en Maurétanie, c'est-à-dire dans les régions occidentales de l'Afrique du Nord. La Maurétanie comprenait une partie de l'Algérie d'aujourd'hui et ce que les Romains possédaient du Maroc. C'était un pays mal connu, peu soumis, presque barbare, qu'on chargeait le jeune prince de civiliser.

La tâche présentait beaucoup de difficultés, mais Juba II était parfaitement préparé pour l'accomplir. De nature, c'était un curieux ; l'éducation en fit un lettré. Il a' composé, en grec, des livres qui jouirent de son temps de beaucoup de célébrité. Tous les pédants de l'empire, ravis d'avoir pour collègue un si grand personnage, le comblèrent d'éloges. C'est, dit l'un d'eux, le meilleur historien qu'il y ait jamais eu parmi les rois, ce qui n'est peut-être pas lui faire un grand compliment. Nous avons les titres d'un grand nombre d'ouvrages qu'il avait écrits sur des sujets très variés : d'abord une histoire romaine, qui est souvent citée par Plutarque, des traités de géographie, une description de la Libye, qui vraisemblablement nous aurait appris bien des choses, une autre de l'Arabie, dédiée à C. César, le petit-fils d'Auguste, que tentaient ces pays lointains, des ouvrages sur le théâtre, où il avait l'occasion de s'occuper de la musique, de la peinture et en général de tous les arts de la Grèce. C'est, comme on voit, une véritable encyclopédie. On serait tenté de beaucoup admirer cette science universelle, si, en regardant de plus près les fragments qui nous restent de ces livres, on ne s'apercevait que ce devaient être de simples compilations. Il est probable que le principal talent de Juba consistait à posséder une bonne bibliothèque, composée d'ouvrages bien choisis, avec des secrétaires intelligents, qui savaient trouver dans ces livres les réflexions piquantes et les anecdotes rares. Il en résultait des travaux agréables et utiles, qui épargnaient aux historiens de minutieuses recherches, et, comme ils en profitaient, ils étaient portés à en exagérer le mérite. Après tout, c'était un spectacle curieux et fait pour donner de l'orgueil aux lettrés que de voir le descendant d'une race de barbares s'éprendre de littérature, écrire, dans la langue la plus élégante du monde, des traités d'histoire et d'érudition, et faire des leçons à ses maîtres. Quand on songeait que ces livres portaient le nom d'un roi de Maurétanie, il était naturel qu'on leur devînt très indulgent, et même, avec un peu de complaisance, qu'on les regardât comme des chefs-d'œuvre.

Le goût que Juba éprouvait pour les lettres et les arts de la Grèce, et qui lui venait de son éducation, s'était encore augmenté par son mariage. Auguste lui avait fait épouser la fille d'Antoine et de Cléopâtre, celle que sa mère appelait la Lune (*Cleopatra Sélêné*). Il semblait vraiment que le sort les eût faits l'un pour l'autre ; ils avaient, avant de se connaître, traversé des destinées semblables. Arrachée au palais de sa mère, après le désastre d'Actium, et emmenée captive à Rome, comme Juba, elle avait eu la chance de trouver une autre mère dans Octavie, la sœur d'Auguste. Cette noble femme, la plus belle figure de ce temps, mariée par son frère à Antoine, pour servir de lien entre les deux rivaux, s'était mise à aimer ce mari, que la politique lui avait donné et qui ne la méritait guère. Elle lui pardonna plusieurs fois ses infidélités, elle te pleura quand il mourut, elle recueillit les filles qu'il avait de l'Égyptienne, et se fit un devoir de les élever et pie les établir. Sélènè dut apporter dans la Maurétanie les habitudes de la cour des Ptolémées. Le roi maure était très fier d'avoir une femme de si grande maison, et il est probable qu'il lui laissa prendre sur lui beaucoup d'empire. Il a témoigné l'affection qu'il avait pour elle en plaçant sur ses monnaies la figure fine et gracieuse de la veine, et en l'accompagnant des attributs qui rappellent l'Égypte, sa patrie. C'est sans doute à son influence que sont dus quelques-uns des beaux ouvrages qu'on a eu la chance de retrouver dans la ville où Juba II fit sa résidence.

En quittant le royaume de ses pères pour la Maurétanie, il avait été forcé d'abandonner Cirta et de se choisir une autre capitale. Il se décida pour lot, un comptoir phénicien, qui ne parait pas avoir eu jusque-là beaucoup d'importance, et, en l'honneur de son grand protecteur, il lui donna le nom de Césarée. — C'est aujourd'hui Cherchel. — Il était difficile de faire un choix plus heureux. Le pays à l'entour est fertile et riant ; on longe, pour y arriver, des collines verdoyantes, on traverse des bois, des prairies, toute une nature qui contraste avec les sévérités des plaines africaines. Quand on approche, on rencontre les ruines d'un grand aqueduc qui amenait des eaux salubres à Césarée. Entre deux collines, l'aqueduc forme plusieurs étages, pour maintenir son niveau. Au loin, sur une des dernières montagnes du Sahel, se dresse le monument que les Arabes appellent *Khour-el-Roumia*, et les Européens le *Tombeau de la chrétienne*. C'est un édifice rond entouré de colonnes ioniques. Le sommet se compose d'une série de gradins circulaires qui vont en se rétrécissant, de manière à former une sorte de cône tronqué ou de pyramide. Quand il était complet, avec ses revêtements de marbre, ses ornements de bronze, et couronné par quelque statue colossale, il devait avoir une grande apparence. Aujourd'hui encore, malgré les ravages du temps et des hommes, quand on l'aperçoit d'El-Afroun, se découpant dans le ciel, il est difficile d'en détacher les yeux. C'était la sépulture des rois de Maurétanie. En fouillant l'intérieur, on a trouvé des séries de couloirs qui se coupent entre eux et aboutissent à des chambres funèbres. C'est là sans doute qu'ont reposé Juba et Cléopâtre, et ils ont voulu que leur tombe, par sa forme et sa décoration, rappelât les deux pays qu'ils aimaient plus que les autres : l'Égypte et la Grèce.

Cherchel est aujourd'hui une toute petite ville enfermée dans une enceinte crénelée, et qui se serre autour de son port ; elle n'occupe guère qu'un coin de la vieille Césarée. L'ancienne muraille est presque partout visible ; on la voit qui part du rivage, monte droit vers la hauteur, en couronne quelque temps les crêtes les plus élevées, puis redescend vers la mer. Le vaste espace qu'elle enveloppe devait être rempli de monuments de toute sorte : la charrue en fait sortir sans cesse des débris ; mais tout est en ruines. Du théâtre, on ne montre plus qu'un grand trou dans un champ ; une ondulation de terrain représente le cirque ; quelques blocs de béton écroulés indiquent la place de l'amphithéâtre. Presque partout la pierre a disparu[1]. Cependant quelques débris que le hasard a

---

[1] Il faut dire que Cherchel est une des villes de l'Algérie où les antiquités ont été le moins respectées. Notre domination a été bien plus fatale aux monuments romains que celle des Turcs. Quand j'ai visité les Thermes, on y pouvait à peine poser le pied, tant les

conservés nous montrent quelle devait être la splendeur de l'ancienne capitale de la Maurétanie. Sur la principale place de Cherchel, plantée de vigoureux caroubiers, une colonne est debout, entourée de fragments fort élégants de chapiteaux et de frises. Çà et là d'énormes tronçons de marbre servent de bancs aux rares promeneurs du pays, qui viennent respirer l'air de la mer. Une belle mosquée, dont on a fait un hôpital, est soutenue par une forêt de colonnes antiques en granit vert qui donnent la plus grande idée des monuments où l'on a été les prendre. Enfin, près du port, des thermes ont été déblayés par M. Waille, professeur à l'École des lettres d'Alger, qui semble s'être consacré à l'étude de l'antique Césarée ; il y a mis à découvert de belles salles élégamment décorées. Nais ce qui fait surtout l'originalité de Cherchel, c'est le grand nombre et la beauté des statues qu'on y a trouvées. Quelques-unes ont été jugées dignes de figurer dans les salles du Louvre ; d'autres ornent le musée d'Alger. Celles qui restent — il en reste beaucoup — sont entassées sans ordre dans un tout petit jardin, et, à l'exception de quelques-unes qu'on a pu installer sous un hangar, livrées à toutes les rages du soleil africain.

Les statues antiques ne sont pas très communes en Algérie. Pour qu'on en retrouve un si grand nombre et de si belles dans une seule ville, il faut qu'il y ait une raison particulière. Cette raison n'est pas difficile ici à découvrir : évidemment c'est Juba, c'est sa femme, la charmante Égyptienne, qui les y avaient réunies. Ils voulaient transporter les arts de la Grèce, dont ils étaient épris, dans leur capitale improvisée. A cette époque, les artistes grecs n'inventaient plus guère de types nouveaux ; ils semblaient avoir perdu le don de créer, mais ils possédaient toujours une grande habileté de main et savaient reproduire agréablement les chefs-d'œuvre antiques. Les commandes ne leur manquaient pas, et ils ne cessaient de produire, d'après des modèles connus, ces Bacchus couronnés de pampres, ces Hercules massifs, surtout ces satyres au rire moqueur, que les amateurs se disputaient et dont tous les musées de l'Europe sont garnis. Il y en avait à Césarée comme ailleurs ; mais on y a trouvé aussi des ouvrages pins distingués et qui font grand honneur aux artistes qu'employait le roi de Maurétanie. Telle est cette Vénus dont M. Monceaux nous dit que par son élégance plastique elle soutient la comparaison avec la Vénus de Médicis[1] ; telle aussi cette Artémis malheureusement mutilée et dont la tête manque, mais qui par la simplicité et la noblesse du maintien, par l'exquise légèreté des draperies, parait digne du ciseau d'un maitre grec. Le musée de Cherchel contient des œuvres d'un caractère très varié, qui nous montrent que Juba se piquait de n'avoir pas le goût exclusif. A côté d'une cariatide de l'Erechteion, on y voit un torse qui semble appartenir à l'école de Lysippe, et un peu plus loin des figures de suppliantes empreintes d'une douleur expressive et un peu théâtrale, qui rappelle les procédés des artistes de Pergame. S'il est vrai, comme le pensait Beulé, que le marbre dans lequel les statues de Cherchel sont taillées vient des carrières de l'Afrique, il faut admettre qu'elles ont été exécutées à Césarée même, par des sculpteurs que le roi faisait venir à grands frais de la Grèce. Il avait donc auprès de lui, en même temps que des lettrés, pour l'aider à composer ses livres, des architectes pour lui bâtir des palais, des

---

pavés de mosaïque étaient couverts d'ordures. Il est vraisemblable qu'on achèvera bientôt de les démolir, si l'on a besoin de pierres pour construire quelque maison ou remblayer quelque chemin.
1 Voyez l'article de N. Paul Monceaux sur les statues de Cherchel, dans la *Gazette archéologique* de 1886. La Vénus de Cherchel est maintenant au musée d'Alger.

temples, des thermes, des théâtres, et des sculpteurs pour les décorer. N'est-il pas singulier qu'à un moment la cour d'un petit prince berbère ait paru continuer celle des successeurs d'Alexandre, et qu'au pied de l'Atlas, une ville africaine se soit donné des airs de Pergame, d'Antioche ou d'Alexandrie ?

Mais cette prospérité ne devait pas être de longue durée. Le successeur de Juba II, Ptolémée, à qui son père laissa le trône, après un règne de cinquante ans, fut, pour son malheur, appelé â Rome par Caligula. L'empereur, qui affectait pour lui beaucoup de tendresse, et se plaisait à rappeler qu'ils descendaient tous les deux du triumvir Antoine, voulait, disait-il, garder son cher cousin auprès de lui. En réalité ce fou vaniteux était flatté de se faire voir au peuple avec un cortège de rois. Mais il fallait que, dans ce cortège, personne n'attirât les yeux que lui. Il avait toutes les fatuités à la fois et ne voulait pas être seulement le plus grand orateur, mais l'homme le plus beau et le mieux vêtu de Rome ; or, comme il arriva qu'un jour le jeune roi de Maurétanie, entrant au théâtre avec un superbe manteau de pourpre, excita l'admiration de la foule, Caligula se mit en fureur. Il jeta Ptolémée en prison, et, au lieu de l'achever d'un seul coup, il se fit un plaisir de le torturer. On lui refusa un morceau de pain, dit Sénèque, et on le força, pour boire, à tendre sa bouche sous les gouttières[1]. — Ainsi périt le dernier descendant de Massinissa.

Cette fois, l'épreuve était finie ; les Romains se décidèrent à ne plus donner aux indigènes un roi de leur nation. Ils prirent possession de la Maurétanie, comme ils l'avaient fait déjà de la Numidie, sous Auguste, et toute l'Afrique se trouva réunie sous leur domination.

---

[1] *De tranquill. animi*, XI. — Ce genre de supplice n'était pas nouveau : quelques années auparavant Tibère avait réduit son neveu, Drusus, qu'il voulait faire mourir de faim, à manger la bourre de ses matelas.

CHAPITRE II. — CARTHAGE.

I

Les Phéniciens. — Leur caractère. — Leur commerce. — Établissements qu'ils fondent. — Carthage.

Les Berbères, nous l'avons vu, formaient la population la plus nombreuse et la plus ancienne de l'Afrique du Nord ; mais de bonne heure, sur ce fond d'indigènes, des étrangers, des Phéniciens, étaient venus s'établir. D'où sortaient-ils, et quelle raison les avait poussés à émigrer ? C'est ce qu'il faut essayer de savoir avant de chercher quelle y fut leur fortune.

Je ne veux pas m'égarer trop avant dans ces questions d'origine, qui sont si obscures. Évitons autant que possible les hypothèses et tenons-nous aux données certaines. Ce qu'on sait avec assurance des Phéniciens, c'est qu'ils parlaient une langue qui est très proche parente de celle des Hébreux ; ils étaient donc, comme eux, des Sémites, et ils avaient beaucoup de leurs qualités, beaucoup aussi de leurs défauts. Prudents et avisés de nature, mais entreprenants et audacieux quand ils voyaient quelque profit à faire, légers de scrupules, indifférents à l'opinion, fermes ou souples selon les circonstances, habiles à profiter de tous les hasards, ils furent, avant les Grecs, la grande race commerçante de l'ancien monde. Il semble bien que ce soit par eux qu'aient commencé ces échanges des nations entre elles, qui sont le début et la première aurore de la civilisation[1].

Ils ont fait de grandes choses, mais il importe de remarquer qu'ils ne les ont pas toujours faites par une sorte d'instinct et de génie naturel ; la nécessité les y a souvent forcés. Comme ils n'occupaient qu'une bande de terre fort étroite, entre le Liban et la mer, leur population s'étant bientôt accrue, la vie leur devint difficile sur ce territoire resserré. H ne fallait pas songer à s'étendre vers les montagnes, qui sont âpres et rocheuses ; mais la mer leur était ouverte, et ils prirent leur élan de ce côté. C'est donc leur situation même qui a fait d'eux des navigateurs. Sages comme ils étaient, ils ne durent s'enhardir que par degrés. Il est probable qu'ils commencèrent par courir les côtes voisines ; de là il leur fut facile de s'aventurer dans l'archipel semé d'îles, en passant d'une grève à l'autre ; enfin, l'expérience les ayant rendus plus habiles et plus hardis, ils se confièrent aux flots sans rivages.

En osant un peu, ils étaient sûrs de gagner beaucoup, et c'est ce qui les rendit entreprenants. A une époque où les nations ne se connaissaient guère et ne communiquaient pas ensemble, le métier de ceux qui servaient d'intermédiaires entre elles devait être très profitable ; on faisait de beaux bénéfices à porter ainsi les produits d'un peuple à un autre. Mais voici ce que le commerce des Phéniciens présente pour nous d'intéressant : ils ne se bornèrent pas à pourvoir aux nécessités réelles, qu'il faut à tout prix satisfaire, comme la nourriture et le vêtement, ou à fournir les métaux utiles, l'argent, l'étain, le fer, à ceux qui en

---

[1] Dans tout ce que je vais dire des Phéniciens je ne ferai guère que résumer le troisième volume de l'*Histoire de l'art dans l'antiquité* de MM. Perrot et Chipiez. On ne saurait suivre un meilleur guide.

étaient privés ; ils spéculèrent sur d'autres besoins, qui ne sont guère moins impérieux, ceux qui naissent de la curiosité et de la coquetterie. Ils devinèrent ce désir ardent, qui se trouve même chez les barbares, de parer leur personne et d'embellir leur demeure, de posséder des objets que la rareté de la matière et la difficulté du travail rendent précieux, et ils essayèrent de le contenter. Ils avaient précisément dans leur voisinage les deux pays les plus anciennement civilisés du monde, l'Égypte et l'Assyrie ; rien ne leur fut plus facile que d'aller y chercher les objets d'art qu'ils pensaient devoir plaire et de les colporter dans le monde entier. Au bout de quelque temps, ils trouvèrent plus simple, et probablement aussi plus avantageux, au lieu de les prendre chez leurs voisins, de les fabriquer eux-mêmes. Le plus souvent ils se contentaient de les copier exactement ; quelquefois ils se permirent de mêler ensemble les procédés des deux peuples dont ils imitaient les produits. Ce fut leur plus grande audace et ils n'arrivèrent pas à créer de tout point une œuvre d'art originale. Ce n'étaient pas des artistes, c'étaient des industriels, des commerçants, et pour eux l'art ne fut jamais qu'un revenu. Cependant ils possédaient une remarquable habileté de main qui les rendait très propres à certains ouvrages. Nous avons d'eux, par exemple, des patères en métal, avec des figures gravées à la pointe ou repoussées au marteau, qu'on a trouvées au fond de sépultures italiennes. La place qu'elles y occupent montre l'estime qu'on en faisait, car on n'enterrait avec le mort que ce qu'il avait de plus précieux ; et vraiment elles méritaient d'être ainsi religieusement conservées. Si, après tant de siècles, nous ne pouvons nous empêcher d'être frappés, en les étudiant, de la sûreté du dessin et de la finesse de certains détails, qu'on juge de l'admiration qu'elles devaient exciter chez ces peuples primitifs, qui n'étaient pas habitués aux élégances de la vie. Elles ont éveillé chez eux le sentiment confus de la beauté et leur ont procuré les premières jouissances des arts.

Les Grecs eux-mêmes, qui allaient bientôt rivaliser avec les Phéniciens, et qui devaient leur enlever la clientèle du monde, furent d'abord, comme les autres peuples, tributaires de leur industrie. Quand les héros homériques veulent faire un cadeau d'importance, ils donnent un cratère d'argent que les artistes sidoniens ont exécuté avec soin, et pour laisser entendre qu'il n'y a rien de plus précieux, ils disent que c'est un ouvrage d'Héphaïstos. Ces Phéniciens sont des marchands fort habiles et très prévoyants. Ils ne cherchent pas seulement à plaire aux guerriers, ils ont aussi, dans leur pacotille, de ces petites merveilles qui font la joie des femmes, des flacons de verre coloré, des bijoux d'or et d'argent, anneaux et bracelets, colliers de perles ou de pierres fines, des étoffes brodées par les esclaves tyriennes, qui savent faire de si beaux ouvrages, et ces teintures en pourpre, qu'ils tirent des coquillages de leur pays, et dont ils ont gardé si longtemps le monopole. Il est naturel que des gens qui viennent de si loin, à de si longs intervalles, et qui apportent de si belles choses, soient fort impatiemment attendus. Nous pouvons aisément nous figurer l'accueil qu'ils reçoivent ; et même quand les écrivains anciens ne nous en auraient rien dit, il nous suffirait pour l'imaginer de voir comment les choses se passent de nos jours : dans ce vieil Orient, où rien ne change, le présent fait comprendre le passé. Représentons-nous les marchands de Tyr qui arrivent, vêtus de ces longs caftans, couverts de ces bonnets pointus, que les Arméniens et les Syriens portent encore aujourd'hui[1] ; à peine sont-ils débarqués que la foule des curieux

---

[1] C'est le costume qu'on leur donne sur certaines stèles, notamment sur celle de Lilybée (voyez Perrot, p. 309). Les détails qui suivent sont pris dans les écrivains antiques.

les entoure ; eux commencent par exposer tranquillement leurs marchandises sur le port. Surtout ils n'ont pas l'air pressé : on nous dit qu'ils restent parfois plus d'une saison au même endroit ; ils attendent patiemment le client, comme on le fait encore dans les souks de Tunis et du Caire, et le laissent peu à peu s'enflammer à la vue des objets qu'ils lui mettent devant les yeux. Ce qui est remarquable, ce qui les fait ressembler au juif de nos jours, dans les contrées. du monde oriental, c'est qu'ils sont à la fois indispensables et détestés, qu'on, les souhaite et qu'on les craint, qu'on les appelle et qu'on les fuit. Non seulement, dans les affaires qu'ils font, ils cherchent à gagner le plus qu'ils peuvent, ce qui, après tout, est leur métier, mais ils n'hésitent pas de commerçants à devenir pirates, pour ajouter à leurs bénéfices. Au moment de partir, quand la vaste mer va les dérober à toutes les vengeances, si par hasard un jeune garçon ou une belle fille, retenus par leur curiosité, s'attardent trop longtemps à regarder ces merveilles qu'on embarque, ils se jettent sur eux et les enlèvent pour les aller vendre dans quelque port voisin.

Comme ils n'ignoraient pas la haine qu'ils inspiraient, on comprend qu'ils aient songé à prendre des précautions pour leur sûreté. Quand leur commerce s'étendit aux pays lointains, ils éprouvèrent le besoin de fonder quelques établissements solides, où ils pouvaient se reposer sans crainte, remiser leurs marchandises et attendre la bonne saison pour se remettre en route. Ces lieux de refuge, ils les ont choisis d'ordinaire dans des conditions si favorables qu'ils sont devenus presque toujours des villes importantes. Naturellement, c'est dans les contrées les plus sauvages, et qui offrent le moins de sécurité au voyageur, qu'ils sont le plus nombreux. On n'en trouve guère de traces en Grèce et en Italie ; au contraire, il y en avait en Sicile, en Sardaigne, le long des rivages de la Gaule, de l'Espagne et de l'Afrique. L'Afrique surtout tenta de bonne heure l'avidité des Phéniciens ; il y avait là de bons coups à faire, mais en même temps de grands dangers à courir, à cause de la barbarie des habitants ; aussi, toutes les fois qu'ils y trouvèrent une plage qui offrait à leurs vaisseaux un abri naturel, ou qu'on pouvait rendre sûre à peu de frais, ils ne manquèrent pas d'y établir un de leurs comptoirs et de le fortifier. C'est ainsi que fut fondée Carthage.

Carthage n'était pas la première en date des colonies phéniciennes en Afrique, quoiqu'elle soit devenue la plus célèbre : Utique passait pour être plus ancienne. Le nom qu'elle portait (*Carthada*, la ville neuve) semble prouver ou qu'il y en avait de plus vieilles le long du littoral, et qu'on voulait l'en distinguer, ou bien que, sur l'emplacement même qu'elle occupait, elle succédait à d'autres établissements qui existaient même avant elle. Quoi qu'il en soit, elle ne tarda pas à devenir très puissante et très riche. Ce qui lui donna surtout une situation particulière et prépondérante, c'est qu'elle entra dans des voies nouvelles, et que, pour affirmer sa domination, elle osa rompre avec la politique ordinaire des marchands de Tyr. Quand ils fondaient un comptoir au bord de la mer, ils se contentaient en général d'un très petit territoire ; ils ne cherchaient pas à s'étendre à l'intérieur du pays. Loin de faire des conquêtes sur leurs voisins, ils désiraient se les attacher par leur condescendance. Comme ils n'avaient guère de préjugés, ils n'éprouvaient aucune répugnance a payer un tribut à ceux dont ils redoutaient les attaques. C'est ce que les Carthaginois ont fait dans les premiers temps. Il doit y avoir un grand fond de vérité dans la légende qui rapporte la façon dont ils achetèrent le sol sur lequel leur ville était bâtie, et comment, en vrais Phéniciens, ils trouvèrent moyen de duper ceux qui traitaient avec eux. Un moment vint pourtant où ils furent amenés à changer de système. Ici encore la nécessité fit violence à leur caractère. Il est probable qu'ils n'auraient pas mieux demandé que de rester en paix avec les indigènes, mais ceux-ci, guerriers et pillards comme ils l'ont toujours été, ne leur laissaient pas de repos. Ne pouvant les assujettir au respect des traités, il leur fallut les soumettre par les armes, et c'est ainsi qu'ils sont devenus conquérants malgré eux. Au moins le furent-ils aussi peu qu'il leur était possible. D'abord ils n'étendirent pas leurs possessions au delà de ce qui était nécessaire pour protéger leurs établissements de la côte ; ensuite ils s'exposèrent eux-mêmes aux combats le moins qu'ils pouvaient, et levèrent des troupes mercenaires qui se battaient pour eux. Mais, une fois réduits à faire la guerre, ils la firent résolument et avec succès. Comme ils étaient très riches, ils purent se procurer d'excellents soldats ; il leur vint des pays étrangers de bons officiers, et même quelques familles carthaginoises, qui s'habituèrent à ce nouveau métier, leur fournirent d'habiles généraux. Aussi, le goût des conquêtes leur étant venu avec le temps et le succès, ils s'emparèrent de presque toute l'Espagne, de la Sardaigne, d'une partie de la Sicile. Puis leurs vaisseaux, passant le détroit d'Hercule, firent d'un côté le tour de l'Afrique, et de l'autre poussèrent, dit-on, jusqu'en Bretagne. C'est ainsi que, solidement établis sur tous les rivages, possédant les flottes les plus nombreuses et les mieux armées qu'on eût jamais vues, ils furent pendant quelque temps les maîtres de la mer. Voilà certainement une grande destinée, et il y a bien peu de peuples qui aient laissé un nom aussi glorieux dans l'histoire. — De cette grandeur, de cette puissance, de cette gloire, voyons ce qui reste.

II

Byrsa. — L'emplacement de Carthage. — Ce qui reste de la ville punique. — Les tombes carthaginoises. — Les stèles de Tanit.

Entre le lac de Tunis et celui de Soukara, le long de la mer, à peu de distance du rivage, une petite colline s'élève de 65 mètres environ. Elle est, depuis plus de cinquante ans, une terre presque française, le bey Ahmed en ayant cédé une partie au roi Louis-Philippe, qui fit construire sur le plateau la chapelle de Saint-Louis. Derrière la chapelle, en face de Tunis, le cardinal Lavigerie a bâti son immense cathédrale, qui domine tout le pays. Cette colline, qui n'est plus occupée que par des églises, et qu'habitent seuls quelques moines, porte un nom illustre : elle s'appelle Byrsa ; c'était l'Acropole, c'est-à-dire le centre et le cœur, de la vieille Carthage.

La vue dont on jouit de Byrsa est merveilleuse ; elle a tait de tout temps l'admiration des voyageurs. Chateaubriand l'a décrite dans une des pages les plus brillantes de son Itinéraire. Beulé déclare que ni Rome, ni Athènes, ni Constantinople n'ont rien qui la surpasse, et qu'il n'a vu nulle part un horizon aussi grandiose. Pour s'arracher à cette contemplation, il faut faire un effort sur soi-même ; ce n'est pas sans peine qu'on oublie ce qu'on a sous les yeux et qu'on revient au passé.

Soyons sûrs que les Phéniciens se sont fort peu préoccupés de la beauté du site en se fixant sur cette plage. Ces marchands n'étaient pas des poètes ; il leur fallait, pour s'établir quelque part, y trouver des avantages plus solides. Polybe, qui les connaissait bien, nous laisse entendre les motifs qui les ont décidés. Je relis, du haut de Byrsa, la description qu'il a faite de Carthage et je prends plaisir à en vérifier sur les lieux l'exactitude. Il nous parle d'abord du golfe au fond duquel la ville est située. Ce golfe, que forment d'un côté l'ancien promontoire d'Apollon et de l'autre de hautes montagnes, dont les dentelures élégantes se découpent dans le ciel, va peu à peu en s'élargissant, comme pour conduire par degrés les navigateurs des eaux tranquilles du lac jusqu'à la haute mer. Dans ce cadre admirable, la Méditerranée me parait plus belle, surtout plus attirante que je ne l'ai vue nulle part ; jamais je n'ai mieux compris que devant cette nappe bleue, qui vient caresser le rivage, ce qu'un poète latin appelle les provocations perfides de la mer tranquille[1]. Il me semble qu'ayant ce spectacle tentateur sous les yeux, les Carthaginois devaient être sollicités sans cesse à entreprendre des expéditions nouvelles. Mais si leur attention était tournée surtout vers la mer, qui était leur domaine et comme leur élément naturel, ils n'avaient pas laissé de prendre des sûretés du côté de la terre. Carthage, dit Polybe, forme une sorte de presqu'île et n'est rattachée à la Libye que par un isthme d'environ 25 stades (1 kilomètre) de largeur ; cet isthme est fermé par des collines difficiles à franchir, dans lesquelles la main de l'homme a pratiqué des passages[2]. Aujourd'hui l'aspect des lieux a changé, et lorsque, tournant le dos à la mer, nous regardons en face de nous, nous avons d'abord quelque peine à retrouver la presqu'île dont parle Polybe. C'est que la Medjerda (l'ancien Bagrada), qui va se jeter dans la Méditerranée un peu plus haut que Carthage, a bouleversé tout ce terrain ; comme elle entraîne avec elle beaucoup de limon et de sable, elle a comblé peu à peu le golfe d'Utique, et reculé le rivage de quatre ou cinq kilomètres ; mais les traces de l'ancien littoral sont visibles encore et nous permettent de nous reporter à l'époque où le flot venait baigner le pied des collines ; elles servaient alors de rempart à Carthage, qu'elles mettaient à l'abri d'un coup de main du côté de la terre, et Polybe avait raison de dire que l'espace qui s'étend entre la mer, le lac et la montagne, formait véritablement une presqu'île.

Protégée par ces défenses naturelles, devenue, grâce à sa situation en face de l'Italie, de la Gaule et de l'Espagne, l'entrepôt du commerce de l'Occident, Carthage fut bientôt une des plus grandes villes du monde. De Byrsa, je puis m'en figurer la forme et l'étendue. Tous les quartiers se groupaient autour de la colline, les uns regardant la mer, les autres tournés vers la plaine. La ville, dans sa longueur, allait du lac de Tunis jusqu'aux environs de Bou-

Là commençait l'immense faubourg de Mégara, sorte de ville nouvelle, qui longeait la côte jusqu'à Kamart. Du côté opposé à la mer, entre l'enceinte de Carthage et cette ligne de collines qui la séparent du continent, le pays était occupé par des jardins et des villas dont on nous vante la beauté. Cette partie de la presqu'île ne doit pas avoir beaucoup changé, et je m'imagine que je la vois à peu près comme elle était du temps d'Hannibal. La terre n'a pas cessé d'y être fertile et riante. C'est, dit Beulé, la richesse du sol africain unie à la poésie de la nature grecque et sicilienne. Au milieu de champs d'orge et de blé, de petits villages, de belles maisons de campagne s'abritent sous des touffes de figuiers et d'oliviers, et forment des îlots de verdure. C'est là que les riches Tunisiens viennent passer la saison chaude, comme autrefois les marchands de Carthage. Mais voilà tout ce qui reste du passé, la nature seule est la même ; quant à la ville, il n'en subsiste plus rien. J'ai beau me tourner de tous les côtés, je n'aperçois rien qui attire et retienne nies regards ; c'est à peine si, 'de temps en temps, je vois scintiller à mes pieds cette poussière de marbre que laissent les

---

[1] *Placidi pellacia ponti*. Lucrèce, V, 1001.
[2] Polybe, I, 73.

grands monuments détruits. On me montre, çà et là quelques pans de murailles, d'anciennes citernes réparées, des lambeaux d'aqueducs, des trous béants, aux endroits où l'on a tenté de faire des fouilles, mais rien, ou presque rien, qui fixe mon attention, rien qui ressemble à ces amas de décombres qu'ont laissés dans toute l'Afrique les villes disparues.

Encore s'il ne s'agissait que d'une seule ville ; mais rappelons-nous que sur le même sol il y en a eu deux, bâties l'une sur l'autre ; et quelles villes ! la Carthage punique comptait, dit-on, 700.000 habitants ; l'autre ne devait pas être beaucoup moins peuplée, puisqu'on la regardait comme la troisième ville de l'Empire. On comprend, à la rigueur, qu'il reste peu de traces de la plus ancienne des deux : les Romains, qui en ont toujours eu peur, s'étaient bien promis de la démolir, quand ils en seraient les maîtres, et ils l'ont fait en conscience. D'ailleurs celle qui l'a remplacée s'est servie des débris de la première, comme il arrive toujours, et n'en a rien laissé ; mais comment la Carthage romaine a-t-elle pu si complètement disparaître ? c'est ce qu'on a peine à s'imaginer. D'ordinaire les Arabes ne détruisent pas les villes qu'ils ont prises ; ils se contentent de les laisser mourir peu à peu, et de cette lente agonie il reste toujours quelque chose. Ici, selon le mot du poète, les ruines mêmes ont péri. On nous dit, pour expliquer cette dévastation, que les gens du pays et des pays voisins ont pris de bonne heure l'habitude de se servir de la ville abandonnée comme d'une carrière. Il est sûr qu'à Tunis on trouve à chaque pas, encastrés dans des maisons mauresques, des fragments de marbre ou des colonnes, qui ne peuvent venir que de là Aujourd'hui encore la déprédation continue, et toutes les fois qu'un hasard met au jour une pierre antique elle.est aussitôt enlevée par ceux qui font construire quelque bâtisse dans le voisinage[1]. Que cette cause de destruction soit la seule, ou qu'il y en ait d'autres, ce qui est malheureusement trop certain, c'est qu'il ne reste rien ou presque rien des deux Carthages.

Le voyageur, que ce grand nom avait attiré, éprouve, on le comprend, quelque mécompte à ne voir devant lui qu'une plaine nue, que la charrue retourne, et presque aucune ruine apparente. Peut-être prendrait-il son parti de n'y plus trouver la Carthage romaine, qui probablement n'aurait pas eu grand'chose de nouveau à lui apprendre ; mais de ville punique, il n'y en a plus nulle part ; c'est ici qu'il pouvait espérer d'en retrouver une, et il lui est pénible de voir son attente trompée. Voilà pourquoi le monde savant a pris tant d'intérêt aux fouilles qui ont été faites sur l'emplacement de Carthage. Jusqu'ici elles n'ont pas été très heureuses, et peu de débris sont sortis du sol, dont l'origine soit bien authentiquement punique. Cependant on est sûr d'avoir découvert, dans ces dernières années, quelques traces de la vieille Carthage qui ne manquent pas d'importance.

Ce sont des tombes d'abord. — Dans toutes les sociétés humaines, les tombes, auxquelles s'attache toujours un certain respect, ont plus de chance de durée que le reste. — On doit la découverte de celles de Carthage aux explorations intelligentes du chapelain de Saint-Louis, le Père Delattre. Il les a trouvées profondément enfouies dans la terre, à quelques mètres au-dessous de la couche de cendres qu'a laissée l'incendie allumé par Scipion. Elles sont en général

---

[1] Le Père Delattre rapporte qu'il a eu grand'peine à défendre les pierres des tombes puniques, qu'il avait découvertes, contre l'avidité des Arabes, qui venaient les prendre pour les utiliser ou les vendre. Dès le XIIIe siècle, l'historien Edrisi remarque cette exploitation des matériaux de Carthage et dit qu'elle durait depuis longtemps.

composées de grands blocs de pierre, sans mortier ni ciment. Au-dessus de chacune d'elles, des dalles inclinées l'une sur l'autre forment une sorte de triangle, soit pour protéger le tombeau contre la poussée des terres, soit pour le garantir de l'humidité. Tantôt on posait les corps directement sur la pierre nue, tantôt ils étaient enfermés dans une bière en bois de cèdre. On les a retrouvés à leur place, après deux mille ans ; mais au toucher ils tombaient en poussière. Quelques-uns ont résisté davantage ; on les a enlevés avec précaution, et l'on peut voir ce qui reste de ces vieux Carthaginois dans des caisses de verre, au musée Saint-Louis. On y trouve aussi, ce qui est bien plus important, la collection de tout ce que contenaient ces tombes. Il y avait peu d'armes, — les Phéniciens de nature n'étaient pas guerriers, — mais un certain nombre d'objets de parure, des bagues, des colliers, des pendants d'oreilles, quelques masques en terre cuite, des lampes à deux becs d'une forme particulière, dont les Arabes se servent encore aujourd'hui ; surtout des vases de toute espèce et de toute grandeur. On sait qu'il n'y a guère de tombe antique qui n'en renferme quelques-uns ; ceux de Carthage ont paru destinés à contenir des provisions, et l'on croit y trouver encore quelques traces du lait ou des fruits qu'on y avait déposés. C'était la nourriture du mort qu'on plaçait ainsi à ses côtés. Comme on ne pouvait pas croire que tout sentiment eût disparu chez lui, on l'ensevelissait avec une lampe allumée, on mettait à sa portée des aliments, des objets de toilette ou de plaisir, tout ce qui pouvait entretenir ou charmer ce reste de vie qu'on lui supposait.

Les tombes du Père Delattre doivent être fort anciennes ; on a conjecturé qu'elles remontent aux premiers établissements des Phéniciens, à l'époque où ils n'occupaient encore qu'une bande de terre autour du port, et où Byrsa ne contenait ni palais, ni temples, et n'était qu'une nécropole. Une autre découverte, qu'on a faite dans ces dernières années, nous ramène à des temps plus rapprochés de nous : il s'agit des stèles de Tanit. On les a trouvées entre ce qu'on appelle la colline de Junon et Byrsa, le long d'une route creuse, qui va de la mer aux grandes citernes et qui parait suivre le tracé d'une voie antique. Ce sont de petites dalles de pierre, d'environ 50 centimètres, qui se terminent par une sorte de fronton en pointe, avec un acrotère de chaque côté. Comme elles ressemblent aux petits monuments qui surmontent les tombes dans les cimetières musulmans, on a cru d'abord qu'elles étaient employées au même usage ; mais les inscriptions qu'elles portent et les lieux où on les a trouvées montrent bien qu'elles devaient avoir une autre destination. Il est sûr que c'étaient des *ex-voto*, et très vraisemblable qu'elles étaient placées dans quelque temple phénicien. Ces temples, M. Perrot l'a très bien montré, ne ressemblaient guère à ceux de la Grèce et de Rome. Tandis que les Grecs attachent la plus grande importance à la *cella*, c'est-à-dire à la demeure même du Dieu, à la chambre qui contient son image, et lui subordonnent le reste de l'édifice, l'architecte phénicien songe surtout à bâtir une vaste cour, ou, si l'on veut, une grande salle découverte, entourée de portiques, dans un coin de laquelle il loge tant bien que mal le petit édicule où l'idole est enfermée[1]. C'est dans ces cours, en face de l'autel, que devaient se trouver nos stèles, les unes placardées contre le mur, les autres plantées en terre. Toutes se ressemblent ; elles contiennent à

---

[1] Encore aujourd'hui la grande mosquée de la Mecque nous montre que les Sémites de tous les temps sont restés fidèles à ce type de temple que leur avaient laissé leurs pères. On peut en voir une reproduction fort intéressante dans le livre de M. Perrot auquel j'ai déjà fait tant d'emprunts. C'est une très grande cour encadrée dans un portique, et qui contient la tour carrée appelée *Caaba*, où se trouve la fameuse pierre noire, objet de la vénération des musulmans.

peu près les mêmes symboles, une main levée vers le ciel, image de l'invocation et de la prière, la représentation grossière et au trait d'une forme humaine, où le corps est figuré par une sorte de triangle, les bras par une ligne droite, la tête par une boule. Un peu plus bas on lit une inscription, en caractères puniques, où la formule est toujours la même. En voici une, qui donnera l'idée de toutes les autres : A la dame Tanit, face de Baal, et au seigneur Baal-Hammon, vœu fait par Asdrubal, fils d'Hannon, parce qu'il a entendu la voix de la déesse. Bénédiction sur lui ! Cette Tanit était la grande divinité de Carthage. Virgile l'appelle Junon, d'autres l'identifiaient avec Diane ; le plus souvent, pour ne pas se compromettre, on l'invoquait sous le nom de *Virgo cælestis*. C'était une déesse lunaire. et voilà pourquoi on dit qu'elle est la face ou l'image de Baal, qui est le soleil. Ceux qui ont élevé ces stèles appartenaient à toutes les classes de la société carthaginoise ; il se trouve parmi eux des suffètes, c'est-à-dire les premiers magistrats de la ville, et les plus humbles ouvriers, des menuisiers, des serruriers, des tisserands. Le bourreau lui-même a tenu à exprimer sa reconnaissance à la déesse, qui a daigné lui faire entendre sa voix, comme à tous les autres. Il est probable que la cour du temple de Tanit contenait toute une forêt de ces petits monuments. M. de Sainte-Marie, à lui seul, en a recueilli plus de quatre mille, et la moisson n'est pas finie. Ils doivent être d'époques assez différentes, mais tous sont antérieurs à la prise de la ville par Scipion, puisqu'ils sont écrits en punique. Quand on en parcourt l'interminable série dans le *Corpus* des inscriptions sémitiques, on peut trouver qu'ils ont bien peu d'importance et qu'ils sont d'une monotonie fastidieuse. Cependant, comme nous sommes sûrs qu'ils viennent directement de la vieille Carthage, ils nous remettent en communication avec elle ; s'ils ne nous font pas pénétrer profondément dans cette civilisation inconnue, ils nous aident au moins à l'entrevoir, ce qui est un grand avantage.

III

Le quatrième livre de l'Énéide. — Pourquoi Virgile a fait Didon amoureuse. — Peinture de sa passion. — Pourquoi elle y résiste. — Caractère d'Énée.

M. Perrot fait remarquer que les Phéniciens, qui ont inventé l'écriture, en ont fait bien peu d'usage pour leur compte. Carthage n'a pas produit de grands écrivains, comme la Grèce ou Rome, pour raconter son histoire ; aussi la connaissons-nous très mal. De sa longue existence, qui dut être fort agitée et mêlée de fortunes très diverses, c'est à peine si l'on a retenu quelques incidents ; par exemple on sait ou plutôt on croit savoir — comment elle est née et comment elle a péri[1].

La fondation de Carthage par Didon n'est qu'une légende, dont on ne s'occuperait guère, si elle ne nous avait été transmise par Virgile. La popularité que l'*Énéide* lui a donnée montre à quel point les récits d'un grand poète s'imposent à la mémoire. Grâce à Virgile, on cherche Didon à Carthage presque autant qu'Hannibal. Ceux même qui affectent de se tenir le plus en garde contre les illusions de la poésie, les savants, les archéologues, n'ont pas échappé plus

---

[1] J'y pourrais joindre la guerre des mercenaires, que Polybe nous a racontée et qui fait le sujet du roman de Flaubert. Quant aux guerres puniques, ce que nous en savons le mieux c'est la part que les Romains y ont prise, et par là elles se rattachent plus directement a l'histoire romaine qu'a celle des Carthaginois.

que les autres à ce souvenir. Sur un plan de Carthage que j'ai sous les yeux, et qui est tracé d'après les travaux de deux érudits sérieux, Falbe et bureau de la Malle, ne vois-je pas indiqué, vers un angle de Byrsa, l'emplacement de la maison de Didon ?

On ne me croirait pas si je disais que la visite que j'ai faite à Carthage n'a pas réveillé dans mon esprit les souvenirs de l'*Énéide*. A chaque pas, en la parcourant, je me rappelais, sans le vouloir, quelques vers de Virgile. Il a donné tant de vie aux scènes qu'il a décrites, il les présente avec tant de naturel et de vérité, que j'oubliais, en les retrouvant dans ma mémoire, que ce sont des créations de sa fantaisie. Je les traitais comme les récits d'un historien véridique, et je ne pouvais m'empêcher de chercher le lieu où elles devaient s'être passées. Sur cette colline, où l'on dit que s'élevait le temple de Junon, je vois la reine, aussi belle que Diane, assise sur un siège élevé, entourée de ses soldats, comme elle était quand on traîna devant elle les Troyens naufragés. Un peu plus loin, vers l'endroit où la presqu'île touche au continent, le long des rampes du Djebel-Ahmor, plus boisées alors qu'aujourd'hui, les cavaliers carthaginois et phrygiens se livraient aux plaisirs de cette chasse que le poète a si magnifiquement décrite, et poursuivaient les biches qui bondissaient sur les rochers. Il me semble que je n'aurais pas de peine à trouver la grotte perfide où Énée et Didon, s'isolant de leur suite, se réfugient pour se mettre à l'abri de l'orage :

> *Speluncam Dido dux et Trojanus eamdem*
> *Deveniunt.*

Quant au bûcher sur lequel Didon s'étend pour mourir, je ne doute pas qu'il ne fût placé sur les hauteurs de Byrsa. Elle voulait qu'on pût en voir la flamme de la haute mer, et que cette lumière funèbre fût un présage de malheur pour l'ingrat qui la quittait.

Le lecteur n'a peut-être pas oublié que j'ai pris plaisir autrefois à suivre Énée en Sicile et sur les côtes du Latium[1]. Je voudrais bien qu'il me fût possible de l'accompagner aussi à Carthage. Ce voyage aurait un grand charme, avec un guide comme Virgile ; mais ce serait vraiment trop m'éloigner de mon sujet. Qu'il me soit permis seulement, puisque l'occasion s'en présente, que nous sommes dans le pays de Didon, et que nous ne pouvons nous dispenser d'y relire le quatrième chant de l'*Énéide*, qu'il nous soit permis de résumer, en quelques mots, l'impression que nous laisse cette merveilleuse poésie et l'idée que le poète a voulu nous donner de la fondatrice de Carthage.

Lamartine raconte que, dans son voyage d'Orient, il passa devant la côte d'Afrique, et qu'il salua Carthage de loin. Lui aussi ne put s'empêcher de songer à Didon, comme tout le monde ; mais, le croira-t-on ? ce fut pour la plaindre et la venger de l'injure qu'elle avait reçue de Virgile. Virgile, dit-il, comme tous les poètes qui veulent faire mieux que la vérité, l'histoire et la nature, a bien plutôt gâté qu'embelli l'histoire de Didon. La Didon historique, veuve de Sichée et fidèle aux mânes de son premier époux, fait dresser son bûcher sur le cap de Carthage, et y monte, sublime et volontaire victime d'un amour pur et d'une fidélité même à la mort ! Cela est un peu plus beau, un peu plus saint, un peu plus pathétique que les froides galanteries que le poète lui prête avec son ridicule et pieux Énée et son désespoir amoureux, auquel le lecteur ne peut sympathiser. Il est plaisant d'entendre parler avec ce sérieux de la vérité historique d'une

---

[1] *Nouvelles Promenades archéologiques*, ch. III, *le Pays de l'Énéide*.

légende, et c'est une erreur de goût singulière de traiter de froide galanterie une peinture de l'amour si vraie, si simple, si profonde. Cependant la boutade de Lamartine soulève une question intéressante : pourquoi Virgile a-t-il représenté Didon amoureuse ?

Nous pouvons être sûrs qu'il doit être le premier, ou l'un des premiers, qui se soit avisé de le faire. On sait que l'amour n'avait d'abord, dans la littérature des Grecs, qu'une très petite place, et qu'il n'y a pris qu'assez tard l'importance qu'il a gardée. Cette innovation dut soulever de vives colères parmi les partisans des vieilles maximes. Aristophane reproche très durement à Euripide le goût qu'il a pour les Phèdres impudiques, tandis qu'il félicite Eschyle de n'avoir jamais chanté les amours d'une femme. Mais ces protestations durent être fort peu écoutées. Outre le plaisir que le public prenait à la peinture de ce sentiment, il n'y en avait pas qui fournît une matière plus riche, plus variée, plus flexible, à l'art du poète. Sur cet attrait d'un sexe vers l'autre, qui est un instinct simple et à peu près semblable chez tout le monde, l'homme greffe tant de choses qu'il lui donne à chaque fois un caractère nouveau et personnel. Cette passion, qui paraît la plus naturelle de toutes, est celle peut-être où il entre le plus de convention et de mode, car, si le fond ne change guère, elle est susceptible de prendre les aspects les plus différents selon les temps et les personnes. On comprend qu'avec cette facilité à se renouveler sans cesse, elle soit vite devenue l'âme de la littérature. Elle avait toujours régné dans l'élégie ; Euripide lui donna, dans le théâtre tragique, une place importante ; les alexandrins l'introduisirent dans l'épopée. C'est elle qui a fait le succès des *Argonautiques* d'Apollonius de Rhodes, et il est probable que, sans les amours de Jason et de Médée, ce poème serait aujourd'hui bien oublié.

Virgile faisait profession d'imiter Homère, mais il lui était difficile de n'imiter que lui. Comme il voulait écrire une œuvre vivante, qui n'intéressât pas seulement les lettrés, mais le public entier, il devait tenir compte de ce qui s'était fait depuis les poèmes homériques, de 'ce qui était entré dans les habitudes et le goût de tout le monde. On s'était tellement accoutumé à la peinture de l'amour, et l'on y trouvait tant de plaisir, qu'il lui devenait difficile de priver son poème de cet agrément. Mais c'était introduire un élément étranger dans l'œuvre de son grand prédécesseur, et il fallait habilement accommoder cette nouveauté avec le reste, pour qu'elle ne pût pas choquer par le contraste.

L'effort de Virgile a surtout consisté à rendre l'amour plus grave, plus sérieux, plus digne de l'épopée. Il avait sous les yeux deux chefs-d'œuvre de l'art alexandrin, les Argonautiques d'Apollonius et les *Noces de Thétis* de Catulle ; il en profita, mais en les rapprochant de l'art homérique1. D'abord il a changé l'âge de la femme dont il devait peindre l'amour : ce n'est plus une jeune fille, comme

---

1 Il y a dans le IVe livre de l'*Énéide* un passage où ce travail de Virgile pour donner un peu plus de gravité à l'art alexandrin est surtout visible. Chez Apollonius, Vénus, qui a besoin de l'aide de l'Amour, le va chercher et le trouve avec Ganymède, qui joue aux dés et qui triche. Im scène est fort adoucie chez Virgile. Assurément l'Amour y garde un peu de sa gaminerie. Il est heureux de ce déguisement qui le fait ressembler au jeune Ascagne et s'amuse à imiter sa démarche ; mais c'est tout de même un grand dieu : Virgile nous le rappelle au moment où l'imprudente Didon le prend sur ses genoux et le serre sans façon sur son cœur :
　　... *Interdum gremio fovet, inscia Dido,*
　　　Insidat quantus miseræ deus.
De cette façon la dignité divine est à peu prés sauvée.

Médée, encore moins une enfant, comme Ariane, qui grandissait sous les baisers de sa mère, dans ce petit lit tout parfumé de suaves odeurs[1]. C'est une femme qui a connu les rigueurs de la vie, et qui a été mûrie par l'infortune. Son mari, qu'elle aimait tendrement, a été tué par son frère ; pour le venger, elle s'est mise à la tête des mécontents, elle a équipé des vaisseaux, elle a quitté son pays, elle a conduit ses compagnons jusqu'en Afrique, ou elle est occupée à leur bâtir une ville : voilà une véritable héroïne d'épopée. Mais de là même naît un embarras pour le poète. Comment cette femme énergique, qui est toute livrée aux soucis du gouvernement et du commandement, pourra-t-elle descendre aux faiblesses de l'amour ? Virgile a mis dans son cœur un sentiment qui rait la transition : elle est humaine, généreuse ; elle traite bien les étrangers ; comme elle a connu le malheur, elle est pleine de pitié pour les malheureux. C'est ce qui montre que dans cette âme virile il y a place pour des émotions plus douces et ce qui nous prépare à voir sans trop de surprise Didon amoureuse.

La manière dont l'amour naît chez elle convient à son âge et à son caractère. Ce n'est pas tout à fait une de ces impressions subites et irrésistibles que la beauté d'un homme produit sur un jeune cœur. Cependant Vénus a Iris soin de mettre sur le visage d'Énée une couche nouvelle de jeunesse, et, comme elle sait l'importance des premières rencontres, elle le fait apparaître dans une sorte de coup de théâtre ; elle déchire brusquement la nuée qui le cache ; et le place à l'improviste devant la reine tout éclatant d'une beauté divine. Cette apparition imprévue ne laisse pas Didon insensible ; elle est femme, elle a remarqué la belle mine d'Énée (*quem sese ore ferens !*), et le poète nous dit que ses traits sont restés gravés au fond de son âme[2]. Mais ce qui l'a véritablement séduite, c'est sa vaillance et son malheur. Quand elle lui entend raconter la dernière nuit de Troie et les aventures extraordinaires qui l'ont conduit de la Phrygie en Afrique, elle ne peut plus résister :

.... *Heu ! quibus ille*
Jactatus fatis quæ bella exhausta canebat !

elle veut toujours qu'il recommence, elle s'enivre de ce récit qui l'enchante, et, à chaque fois, le trait empoisonné s'enfonce davantage dans ses flancs.

Sa passion est violente. Virgile dit qu'elle est atteinte d'une blessure secrète, qu'une flamme la dévore jusqu'aux os[3] ; toutes ces expressions, en passant dans le langage de la galanterie, ont perdu leur force, et sont devenues des métaphores ; ici, il faut la prendre à la lettre ; et pourtant elle hésite, elle se défend contre elle-même, et il ne faut pas moins que l'intervention de deux déesses pour qu'elle soit vaincue. Pourquoi donc fait-elle une si belle résistance ? Elle n'a pas les mêmes raisons que Médée et qu'Ariane, qui en écoutant le bel étranger trahissent leur père et leur pays. Elle ne dépend de personne ; elle est maîtresse d'elle-même ; elle ne craint pas de nuire à sa ville naissante, puisque au contraire sa sœur, Anna, vient de lui prouver que l'aide des Troyens lui donnera la sécurité et la gloire. Ce qui la retient, ce qui cause les inquiétudes et les remords qui la troublent, c'est le souvenir de son premier époux, auquel elle veut rester fidèle. Que la terre, dit-elle, s'entrouvre jusqu'au fond, que Jupiter, d'un coup de sa foudre, me précipite chez les ombres, les pâles ombres de l'Érèbe, et dans la nuit infernale, avant que j'oublie la pudeur, et que je manque

---

[1] Catulle, LXIV, 87.
[2] IV, 4 : *hærent infixi pectore vultus*.
[3] IV,2 : *cæco carpitur igni* ; 67 : *tacitum vivit sub pectore vulnus*.

à mes devoirs ! Celui à qui j'ai donné mon premier amour l'a emporté avec lui ; qu'il le garde à jamais : je veux l'enterrer dans sa tombe[1]. Est-ce à dire que son affection pour Sichée soit restée aussi vive que le premier jour ? Le temps sans doute a dû faire son œuvre. Le poète nous le laisse entendre quand il parle de cette première flamme éteinte dont il ne reste que des débris, quand il dit que l'âme de Didon est devenue plus calme, et qu'elle se repose d'aimer[2]. L'heure est favorable pour une passion nouvelle lorsqu'il ne reste de l'ancienne que tout juste ce qu'il faut pour nous donner le désir de la remplacer. Didon le sent d'une manière confuse et se révolte. A cette première heure de la douleur, où il semble qu'elle ne doive jamais se calmer, elle s'est promis à elle-même de ne pas donner de successeur à Sichée, et elle est décidée à tenir sa promesse. Une résolution pareille surprend beaucoup sa sœur, qui trouve étrange qu'on résiste à un amour qui plaît, et qu'on soit assez sévère pour se priver soi-même des plaisirs de Vénus et des joies de la maternité[3]. La société au milieu de laquelle vivait Virgile était aussi de cette opinion. Elle ne connaissait guère ce respect de l'hymen qui survit à la mort, car il était rare que l'hymen y durât autant que la vie. Vers la fin de la République, le divorce était tellement entré dans les habitudes, que les plus sages et les plus graves n'y pouvaient pas échapper. Caton lui-même a divorcé ; Cicéron a répudié deux de ses femmes, et la seconde à soixante ans. Le mariage, si souvent rompu et renouvelé, n'était plus alors, selon le mot d'un poète, qu'un adultère légal. Mais, comme il arrive toujours, de l'excès du mal naquit le remède. Protestant contre cette immorale facilité du divorce, l'opinion publique, dès le temps d'Auguste, affecte d'accorder une estime particulière aux femmes qui n'ont eu qu'un mari. Elles-mêmes s'en vantent dans leurs épitaphes, et prennent avec orgueil le titre d'*univira*, *unicuba*, *unijuga*. Au moment même où Virgile écrivait son *Énéide*, son ami, le poète Properce, composa une élégie pour un grand seigneur, Æmilius Paulus, qui venait de perdre sa femme, une descendante des *Cornelii*. L'amant de Cynthia et de beaucoup d'autres était, avec le temps, devenu sage ; il s'était laissé persuader par Mécène, un autre débauché converti, de consacrer sa muse à des chants sérieux et patriotiques. Lui qui n'avait jamais voulu se marier fut cette fois bien inspiré par le mariage. La pièce de vers où il fait parler la jeune morte qui console son époux est assurément la plus belle de son recueil. Il la montre moins fière de sa naissance et de sa fortune que de pouvoir inscrire sur sa tombe qu'elle n'a eu qu'un mari, et ne donnant d'autre conseil à sa fille que celui de mériter un jour le même éloge :

Fac teneas unum, nos imitata, virum[4].

Didon aurait bien voulu qu'on pût aussi le dire d'elle. Mais, si elle n'a pas su résister à la passion qui l'entraînait, elle ne s'en accorde pas le pardon. Elle s'accuse comme d'un crime d'avoir manqué à sa promesse, elle est décidée à s'en punir elle-même, et trouve que sa faute ne peut être expiée que par sa mort :

Quin morere, ut merita es ![5]

---

[1] IV, 24.
[2] IV, 23 ; I, 722
[3] IV, 37.
[4] Properce, IV, 11, 68.
[5] IV, 547.

Un siècle plus tard, la question des secondes noces se posera dans l'Église naissante ; il y aura des docteurs rigides qui les interdiront sans pitié, et ils ne manqueront pas de rappeler à ceux qui veulent les autoriser, pour leur faire honte de leur complaisance, qu'il y a eu des païens plus sévères qu'eux. Ici encore, comme en beaucoup d'autres occasions, Virgile s'est trouvé être un des précurseurs du christianisme.

En somme, le caractère de Didon, quand on l'analyse de près, paraît composé d'éléments contraires. Nous avons vu que l'art homérique et l'art alexandrin s'y combinent ensemble. Tantôt c'est une héroïne qui conduit énergiquement une grande entreprise, *dux fœmina facti*. et tantôt c'est une femme comme les autres, qu'attriste la solitude de sa maison, et qui regrette avec une tendresse charmante de n'avoir pas chez elle un enfant, un petit Énée, qui lui rappellerait son père ; ici elle commande en souveraine, là elle s'humilie devant celui qu'elle aime, elle serait prête à lui demander de le suivre, à quelque titre que ce fût, compagne ou esclave, si elle n'était sûre qu'il n'y consentira pas[1]. Par beaucoup de côtés elle appartient aux temps antiques ; mais il y a chez elle aussi bien des sentiments qui semblent modernes : cette conception élevée de la pudeur, ces luttes de la passion et du devoir, ces délicatesses, ces scrupules, qui semblent inspirés du christianisme, la rapprochent de nous. Voilà bien des nuances différentes dans une même personne ; mais elle est femme, et chez les femmes les contraires ne se combattent pas toujours. De toutes ces diversités se compose un des caractères les plus larges et les plus vrais qui ait tracés un écrivain antique, et, comme chaque époque et presque chaque personne y démêle le trait qui lui convient, on peut dire qu'il doit à sa complexité même de n'avoir pas vieilli.

Énée, au contraire, au moins dans ce quatrième livre, est tout à fait un personnage d'Homère : il abandonne Didon comme Ulysse quitte Circé et Calypso. Comment donc se fait-il qu'on en veut tant à Énée, tandis qu'on pardonne si aisément à Ulysse ? On a répondu que c'est la faute de Didon, et la réponse est parfaitement juste[2]. Calypso et Circé ne nous intéressent guère ; elles nous sont à peine montrées : nous savons tout juste d'elles que ce sont des déesses qui n'ont pas de plus grand plaisir que de s'unir d'amour à des mortels, et qui profitent de l'occasion tant qu'elles peuvent. Mais aussitôt que Jupiter leur ordonne de laisser partir le malheureux qu'elles forcent à partager leur couche, elles obéissent d'assez bonne grâce et l'aident même à fabriquer le vaisseau qui va l'emporter loin d'elles. Puisqu'elles se résignent si vite, nous n'avons pas à les

---

1 On a paru surpris que Virgile n'ait pas profité des sentiments touchants d'Ariane quand elle demande, avec une humilité si résignée, à suivre Thésée comme servante, s'il ne veut pas d'elle comme épouse :
At tamen in vestras potuisti ducere sedes,
Quæ tibi jucundo famularer serva labore,
Candida permulcens liquidis vestigia lymphis
Purpureave tuum consternens veste cubile.
(Catulle, LXIV, 160.)
Il est clair que Virgile n'a pas cru que la dignité de l'épopée lui permit d'aller jusque-là ; mais il indique que Didon y avait songé, quand il lui fait dire :
Hiacas igitur classes atque ultima Teucrum
Jussa sequar ?
et qu'elle ajoute qu'on ne l'y aurait pas reçue. (IV, 537.)
2 Cette opinion est développée dans la charmante thèse de M. Rébelliau sur les caractères de femmes dans l'*Énéide*.

plaindre ; tout ce que nous pouvons leur souhaiter, c'est qu'un coup de vent heureux amène bientôt dans leur ile un autre mortel à la place de celui qu'elles ont perdu. Il n'en est pas de même de Didon : nous l'aimons trop pour ne pas souffrir de son injure. C'est l'attachement que nous avons pour elle qui nous rend si sévères pour Énée. Peut-être que si Virgile nous avait tout à fait maintenus dans le monde de l'*Iliade* et de l'*Odyssée*, nous serions moins choqués de le voir se conduire comme Ulysse ; mais Didon, qui est de notre sang, nous dépayse de l'épopée homérique ; elle nous ramène à notre époque ; elle est cause que nous jugeons Énée avec les sentiments et les opinions d'aujourd'hui, et ce jugement lui est très défavorable. Il est assez ordinaire que, dans les aventures d'amour, telles que nous les peignent les romanciers et les poètes, la première place soit donnée à la femme, et que l'homme joue un rôle fort médiocre : c'est le pauvre Énée qui ouvre pour nous la série de ces amoureux ridicules.

Ici ce défaut prend des circonstances une gravité particulière. Il est évident que Virgile n'a rapproché Énée de Didon que pour mettre aux prises, dès le premier jour, et dans la personne même de leurs fondateurs, les deux villes qui se sont disputé l'empire du monde. Il semble donc que le patriotisme lui faisait un devoir rigoureux d'attribuer le beau rôle au champion de la race romaine. Soyons sûrs que le vieux poète Nævius n'y avait pas manqué ; s'il a traité le même sujet, comme c'est probable, il a dû donner à Énée une plus fière attitude. Mais on était alors au plus vif d'une lutte sans pitié, et les Carthaginois faisaient horreur. Du temps de Virgile, les guerres puniques n'étaient qu'un lointain souvenir ; Carthage, n'inspirant plus les mêmes alarmes, ne soulevait plus les mêmes haines. On venait précisément de la relever de ses ruines, et le doux poète avait dû applaudir à cette réparation. Il a donc pu se livrer sans scrupule, comme sans danger, à sa tendresse d'âme, qui l'attirait naturellement vers les malheureux et les vaincus. — Il n'en est pas moins étrange que, dans un poème destiné à glorifier les Romains, la personne qui représente la plus grande ennemie de Rome soit précisément celle à qui nous accordons toute notre sympathie.

IV

Le second Scipion à Carthage. — Surprise de Mégara.. — Carthage coupée de la terre ; — puis de la mer. — Les ports de Carthage. — Les Carthaginois équipent leur dernière flotte. — Prise de Carthage.

Quittons ces temps fabuleux où nous ont peut-être trop retenus les beaux vers de Virgile, et revenons de la légende à l'histoire. J'ai dit qu'un des événements que nous connaissons le mieux, dans l'existence de Carthage, c'est sa dernière lutte et sa fin. Appien, qui nous l'a racontée, n'est pas un historien de premier ordre, de beaucoup s'en faut ; mais il avait sous les yeux un plus grand que lui, probablement Polybe. Son récit a surtout un avantage précieux pour nous qui visitons Carthage : il est d'une précision merveilleuse, si bien que, lorsqu'on est sur les lieux, on en suit tous les détails et on les remet à leur place.

Quand Scipion, qui demandait à être édile, fut nommé consul par le peuple, et désigné pour commander l'armée d'Afrique, le siège de Carthage traînait depuis deux ans ; Rome voulait qu'on en finît. Il semble que le nouveau général, pour répondre au désir de ceux qui venaient de l'élire, ait cherché d'abord à terminer la guerre par un coup de force. Mais par où pouvait-il diriger l'attaque pour qu'elle réussit en quelques jours ? Il ne fallait pas songer à donner l'assaut du côté de la plaine : c'était celui où l'on avait le plus accumulé de défenses. Là, nous dit Appien, la ville était protégée par une triple enceinte. Il faut évidemment entendre, quoiqu'il semble dire le contraire, que les trois murailles qui l'entouraient n'avaient pas la même importance. La première devait être un simple retranchement, l'autre un rempart un peu plus fort ; enfin s'élevait le mur proprement dit, qui avait de 15 à 18 mètres de haut et 10 d'épaisseur[1]. Les écrivains anciens en ont parlé avec une grande admiration. Ils racontent qu'on y avait ménagé, à l'étage inférieur, des logements pour 500 éléphants, qu'au-dessus étaient bâties des écuries pour 4.000 chevaux avec des magasins remplis de fourrage et d'orge et de quoi recevoir 24.000 hommes, fantassins et cavaliers[2]. C'étaient des défenses formidables, et les généraux romains, qui avaient essayé de les enlever par surprise, n'y avaient pas réussi. Scipion se tourna d'un autre côté. Le faubourg de Mégara était moins défendu que le reste, et un assaut heureux lui permit d'y pénétrer. Mais il s'aperçut vite que ce succès chèrement acheté ne le menait à rien. Mégara était rempli de jardins séparés les uns des autres par des murs en pierre sèche ou des haies vives d'arbustes épineux et coupés par des canaux profonds. Scipion n'osa pas engager davantage son armée dans ce terrain difficile, et il se hâta d'en sortir. Il lui fallut donc renoncer à brusquer l'attaque et se résigner aux lenteurs d'un siège régulier.

Il comprit très bien que, du moment qu'on voulait procéder avec ordre, il fallait d'abord isoler la ville, la priver des secours qu'elle recevait des pays voisins, et empêcher qu'elle pût être ravitaillée. En face de la triple enceinte dont je viens de parler, il fit construire un de ces ouvrages de fortification où les Romains étaient maîtres. C'étaient deux fossés parallèles de près de cinq kilomètres de long, fermés aux deux extrémités par deux autres fossés transversaux, de manière à constituer une sorte de place d'armes qu'il garnit de troupes. Du côté qui regarde Carthage il flanqua le fossé de murs et de tours pour empêcher les habitants de sortir ; il se contenta de hérisser l'autre côté de palissades, qui devaient suffire à fermer le passage aux gens du dehors s'ils tentaient d'approcher. Ce travail énorme, à une portée de trait de l'ennemi, qui dut plus d'une fois le gêner par ses attaques, fut achevé en vingt jours. Carthage était donc définitivement coupée de la terre ; mais il lui restait la mer. Il fallait lui rendre ses ports inutiles, et, comme on va le voir, ce n'était pas un petit travail.

Appien nous a laissé une description détaillée et fort curieuse des ports de Carthage. Ils étaient creusés de main d'homme dans le grès argileux, comme ceux de Thapsus, d'Utique, d'Hadrumète[3]. Il y en avait deux, un port marchand et un port militaire. Ils n'avaient qu'une entrée, qu'on fermait avec des chaînes de fer ; et l'on passait de l'un dans l'autre. Le port marchand, qu'on rencontrait d'abord, était garni de nombreuses amarres pour attacher les vaisseaux. Autour

---

[1] On a cru retrouver les traces de la triple muraille, presque jusqu'à la hauteur de Kamart. Le reste du faubourg de Mégara jusqu'à la mer était fermé par un simple mur. Peut-être est-ce par là que Scipion pénétra dans le faubourg.
[2] Daux a retrouvé la même disposition dans ce qui reste des remparts d'autres villes puniques. On peut voir le résultat de ses recherches dans l'ouvrage de Tissot sur la géographie de la province d'Afrique. J'ai suivi fidèlement Tissot dans tout ce récit de la prise de Carthage.
[3] On nous dit que les ports creusés ainsi de main d'homme avaient reçu le nom de *Cothons*.

de l'autre régnaient de grands quais dans lesquels on avait ménagé une série de deux cent vingt cales, dont chacune pouvait contenir un vaisseau de guerre ; et au-dessus on avait construit des magasins pour les agrès. L'élégance s'y mêlait à l'utile. Au-devant de chaque cale s'élevaient deux colonnes d'ordre ionique, qui donnaient à l'ensemble l'aspect d'un portique. Ce qu'il y avait d'original, c'est qu'au milieu de ce second bassin se trouvait une île ronde qu'un chenal reliait à la terre. Dans cette île on avait construit l'amirauté. C'était un édifice assez élevé pour dominer la terre et les flots ; de là on pouvait non seulement surveiller les ports, mais regarder ce qui se passait au large. Au contraire, de la mer les ports restaient invisibles, et même du port marchand, séparé de l'autre par une double muraille, il n'était pas possible d'apercevoir ce qu'on faisait dans le port de guerre.

Tout cela n'a pas entièrement disparu, et il en reste assez pour qu'on puisse encore aujourd'hui vérifier l'exactitude de la description d'Appien. L'entrée des ports devait être du côté du lazaret, un peu plus loin qu'El-Kram, mais les constructions qu'on a faites en cet endroit ne permettent plus d'en trouver les traces. Du port marchand il reste une flaque d'eau qui croupit au milieu d'un champ et que restreint encore une jetée qui conduit à la maison de campagne du bey ; ruais le contour du bassin est visible et l'on peut s'en figurer l'étendue. Une autre mare indique l'emplacement du port militaire ; elle baigne un terrain presque circulaire, où nous reconnaissons du premier coup d'œil File sur laquelle était bâtie l'amirauté. Voilà donc les ports de Carthage[1] ! Que de souvenirs ces lieux nous rappellent ! Mais il faut reconnaître que d'abord ils ne semblent pas tout à fait y répondre. Le spectacle qu'on a sous les yeux, lorsqu'on les regarde, paraît mesquin quand on songe aux grands événements dont ils ont été le théâtre. Lors même que, par la pensée, nous rendons aux ports leurs anciennes proportions et nous les débarrassons de la vase qui les comble, nous ne pouvons nous empêcher de les trouver petits, et nous nous demandons comment ils ont pu suffire à contenir le Commerce du monde. Je retrouve, en les parcourant, l'impression que m'a faite le port de Trajan à Ostie, qui causait une si vive admiration aux anciens ; aujourd'hui que la mer s'est retirée et qu'il est abandonné au milieu des terres, il ne semble plus être qu'un étang médiocre. Ceux de Carthage sont pourtant un peu plus grands qu'ils ne paraissent au premier aspect. On a calculé que leur étendue égale à peu près celle de l'ancien port de Marseille et qu'ils pouvaient abriter plus d'un millier de vaisseaux ; c'est bien quelque chose. N'oublions pas d'ailleurs que les navires qui venaient aborder ici avaient d'autres mouillages. Sans parler du lac de Tunis, qui pouvait avoir plus de profondeur qu'aujourd'hui, tout le long du rivage, jusqu'à Bou-Saïd, sur un espace de plusieurs kilomètres, on petit suivre une ligne de quais dont les pierres ont roulé dans la mer. De temps en temps on y distingue des parties rentrantes, comme de petites criques, où les navires pouvaient être déchargés, pour être ensuite tirés sur le rivage. C'est là surtout que le mouvement commercial de Carthage a laissé sa trace. Après tout, quand ou se figure ces deux cent vingt vaisseaux de guerre reposant sur leurs cales, au-dessous des arsenaux pleins de tout ce qu'il faut pour les réparer ; ces centaines de gros navires amarrés dans le port de commerce ; le long des quais, des milliers de

---

[1] De nouveaux systèmes se sont produits récemment sur l'emplacement des ports de Carthage. M. Cecil Torr a voulu établir qu'ils étaient situés en pleine mer et sont aujourd'hui submergés (voyez *Revue archéologique*, 1894, p. 34 et sq.). Je suis resté fidèle à l'opinion de Tissot et de Beulé, qui, sur les lieux, m'a paru vraisemblable.

caboteurs déchargeant leurs marchandises pour les déposer dans ces magasins dont les ruines sont visibles encore sur le rivage, ou les porter sur les marchés de la ville, tandis que, du milieu de son ile invisible, l'amiral, attentif à tout, règle tout par le son de ses trompettes, on comprend que cette activité d'autant plus frappante que l'espace où elle se déploie est plus restreint, que cette rencontre sur quelques lieues carrées des matelots de toutes les nations et des produits de tous les pays ait fait l'admiration de gens qui n'étaient pas accoutumés à la grandeur de nos vaisseaux et à l'immensité de nos bassins.

Au moment du siège de Carthage, toute cette prospérité n'existait plus. Les quais étaient déserts, les ports presque vides. On avait enlevé des cales les vaisseaux de guerre. pour les livrer au vainqueur. Il restait cependant aux assiégés quelques embarcations légères qui faisaient beaucoup de mal aux lourdes galères romaines. Quand le vent soufflait de la terre, les petits vaisseaux carthaginois sortaient du port, remorquant des barques pleines d'étoupes, de sarments et d'autres matières inflammables. Arrivés en face de l'ennemi, ils arrosaient les barques de poix ou de soufre, y mettaient le feu et les abandonnaient au vent. Ces brûlots ont failli plus d'une fois incendier toute la flotte des Romains. Pour mettre un terme à ces attaques, et priver Carthage des ressources de toute sorte que la mer lui apportait, Scipion se décida à faire construire une digue qui fermait entièrement l'entrée des ports ; on suppose que les lourdes pierres qu'on voit contre le rivage du côté d'El-Kram, ou au fond de la mer, quand elle est calme, appartiennent à la digue de Scipion.

C'est alors que les Carthaginois donnèrent une de ces preuves d'énergie qui honorent les derniers moments d'un peuple. Ils avaient livré leurs galères aux Romains, mais leurs arsenaux contenaient les matériaux nécessaires pour en construire d'autres. L'accès de la mer leur était fermé, mais ils pouvaient creuser un canal à travers la langue dé terre qui séparait les ports du rivage. Ils se mirent vaillamment à l'œuvre ; hommes, femmes, enfants travaillèrent sans relâche. Les assiégeants, de leurs vaisseaux, entendaient des bruits alarmants qui venaient de derrière les murailles ; ils interrogeaient avec anxiété les captifs et les transfuges, mais personne ne put leur apprendre ce qui se préparait. Quand tout fut prêt, la communication fut tout d'un coup ouverte, et l'on vit sortir du canal, dont on ne soupçonnait pas l'existence, cinquante trirèmes avec d'autres vaisseaux de moindre importance. La guerre recommençait. — Aujourd'hui encore on montre sur le rivage une dépression du sol que le sable a presque comblée et dans laquelle on croit reconnaître le canal creusé par les Carthaginois[1].

Pendant l'un des combats que la nouvelle flotte livrait aux galères romaines, il se passa un incident qui suggéra peut-être à Scipion son nouveau plan d'attaque. Un jour où l'on s'était rudement battu, quand les galères des Carthaginois voulurent rentrer dans le port, elles trouvèrent la passe, qui ne devait pas être très large, encombrée par les petits bâtiments. Poursuivies de près par les Romains, elles s'embossèrent contre les quais, et, soutenues par les archers qui tiraient du rivage, elles tinrent l'ennemi à distance. Est-ce ce combat qui tourna de ce côté l'attention du général romain ? Toujours est-il qu'il s'aperçut que cotte partie de l'enceinte serait plus facile à enlever que le reste. Carthage, maîtresse de la mer, ne redoutait que les dangers qui pouvaient lui venir de la terre : aussi la muraille était-elle, le long des quais, beaucoup moins forte qu'ailleurs. Scipion

---

[1] Il va sans dire que cette attribution ne peut être que fort hypothétique.

y fit débarquer ses machines et ses soldats, battit le mur en brèche, et finit par emporter tout le quartier des ports, jusqu'au Forum qui était proche, poussant devant lui la population éperdue, qui se réfugia dans Byrsa.

Là devait se livrer la dernière et la plus terrible bataille. Trois longues rues montaient du Forum à la citadelle, bordées de maisons serrées à six étages. Les Romains furent forcés de les assiéger l'une après l'autre. On combattait sur les terrasses et dans la rue ; les habitants, qui n'avaient pas pu se sauver, étaient jetés par les fenêtres et reçus sur les piques. La maison prise, on y mettait le feu, et, si la destruction n'allait pas assez vite, on la jetait à bas avec des machines. Il faut lire dans Appien, dit Tissot, le récit tout entier de ces derniers jours de Carthage. Cette narration est certainement celle de Polybe, et le témoin oculaire de cette épouvantable ruine en avait retracé tous les incidents avec son exactitude ordinaire, nous allions dire avec sa froide et impitoyable précision. Ces maisons qui s'écroulent avec leurs défenseurs, les survivants, femmes, enfants, vieillards, traînés par des crocs, entassés pêle-mêle avec les morts, et ensevelis tout vifs sous les débris que les assiégeants nivellent à la hâte ; les membres encore palpitants qui sortent des décombres, et que les cavaliers heurtent du sabot de leurs chevaux ; le va-et-vient des cohortes qui se relayent dans cette œuvre de destruction, les sonneries des trompettes, les ordres que portent les aides de camp, les commandements précipités des tribuns et des centurions, aucun détail n'est oublié, et ce récit est un des tableaux les plus émouvants et les plus vrais que nous ait légués l'antiquité. Nous disons *des plus vrais*, car la couche épaisse de cendres, de pierres noircies, de bois carbonisé, de fragments de métaux tordus ou fondus par le feu, qu'on retrouve encore, à cinq ou six mètres de profondeur, sous les décombres de la Carthage romaine, témoigne assez de ce que fut cette horrible destruction.

La lutte dura six jours ; le septième, les Carthaginois entassés dans la citadelle demandèrent merci. Scipion leur laissa la vie et leur permit de sortir : ils étaient, dit-on, cinquante mille. Après eux, Asdrubal, qui avait dirigé la résistance, perdit courage à son tour, et se présenta devant Scipion avec des bandelettes de suppliant. Sa femme, plus énergique que lui, n'avait pas voulu le suivre, et, avec neuf cents transfuges, qui savaient bien qu'il n'y avait pas de pardon pour eux, elle s'était réfugiée dans le temple d'Eschmoun.

Ce temple, l'un des plus beaux et des plus célèbres de Carthage, était probablement situé à l'endroit même où l'on a bâti la chapelle de Saint-Louis. Sa vaste terrasse occupait l'angle de Byrsa et regardait la mer et les ports. De là un superbe escalier de soixante marches descendait sur la place publique. Cet escalier, qui était un des Ornements de la ville pendant les temps calmes, et que les navigateurs apercevaient de loin, en approchant de la terre, pouvait être facilement détruit au premier danger. La colline alors reprenait ses aspérités, et le temple, qui s'élevait sur un abîme à pic, ajoutait aux fortifications de la citadelle. Quand les derniers défenseurs de Carthage, qui s'y étaient retirés, virent que la résistance devenait impossible, ils mirent le feu au temple, et l'on vit alors la femme d'Asdrubal, debout sur le faîte, insulter à la lâcheté de son mari, puis jeter ses enfants dans les flammes et s'y précipiter après eux. — Ce fut le dernier acte du drame.

CHAPITRE III. — L'ADMINISTRATION ET L'ARMÉE.

I

Politique timide de la république en Afrique. — Comment on peut l'expliquer. — Système du protectorat. — Occupation restreinte. — Comment les Romains y renoncent sous l'empire. — Étendue de leurs possessions.

Ce n'était pas tout de détruire Carthage, il fallait l'empêcher de renaître. Scipion, après l'avoir rasée, fit prononcer par des prêtres des imprécations solennelles contre celui qui se permettrait de la rebâtir. Mais les imprécations ne suffisaient pas. Pour décourager à jamais ce qui restait de Carthaginois en Afrique, on eut recours à des moyens plus efficaces : Rome dut se décider à occuper le pays qu'elle venait de conquérir ; il serait plus juste de dire qu'elle s'y résigna, car il semble qu'elle l'ait fait sans empressement et comme de mauvaise grâce. Elle ne prit pas du territoire ennemi tout ce qu'elle en pouvait prendre, et se restreignit autant que possible. La nouvelle province s'étendit seulement de Thabraca (Tabarca) à Thenæ (Henchir-Tina), et l'on eut soin de creuser un fossé entre ces deux villes, comme pour indiquer que c'était la frontière définitive des possessions romaines et qu'on était résolu à ne jamais aller plus loin ; ce qui restait fut abandonné à Massinissa. Ces demi-mesures soulèvent la colère de M. Mommsen ; il y reconnaît l'absence de vues, l'étroitesse, l'absurdité du gouvernement républicain, et il est heureux d'opposer à cette conduite timide la politique hardie de l'empire, qui accepta si résolument la tâche de conquérir l'Afrique du Nord tout entière pour la civiliser.

Il est pourtant aisé de se rendre compte des raisons que le gouvernement de la république pouvait avoir pour se conduire comme il l'a fait. Et d'abord reconnaissons que l'on ne se fait pas toujours une idée juste des Romains. Nous les jugeons sur l'étendue de leurs conquêtes ; de ce qu'ils ont fini par soumettre à peu près toutes les nations, nous nous croyons en droit de conclure qu'ils avaient une ambition insatiable, qu'ils se sont jetés sur le monde avec le dessein arrêté de s'en rendre les maîtres, qu'ils agissaient d'après un plan concerté d'avance, et qu'ils l'ont accompli jusqu'à la fin sans hésiter ni faiblir. C'est bien ce que laissent entendre, dans l'antiquité même, les admirateurs passionnés des Romains, comme Polybe, qui cherchent des raisons profondes et subtiles pour expliquer leur fortune. En réalité, ils n'avaient pas toujours des pensées si hautes ni une vue si claire de leur avenir. C'était un peuple sage, prudent, que les aventures ne tentaient pas ; s'ils en ont couru quelques-unes, c'est qu'ils n'ont pas pu faire autrement. Une guerre les a conduits à une autre ; ils ont été souvent amenés à faire une conquête nouvelle pour assurer une conquête ancienne. C'était au fond leur caractère et leur force de ne pas concevoir de projets démesurés, quoiqu'ils soient arrivés à posséder un empire hors de toute mesure. Peut-être est-ce cette modération et cette sagesse qui ont rendu leur domination si solide.

L'Afrique parait les avoir encore moins tentés que tout le reste. C'était une terre lointaine, dont la mer les séparait, une mer terrible, *mare sævum*[1], balayée

---

[1] Salluste, *Jugurtha*, 18.

alternativement par le vent du nord et le vent d'ouest, qui poussent les navires sur les écueils. Les habitants aussi leur inspiraient peu de confiance. Ils avaient trop souffert des Carthaginois pour ne pas les détester : c'était un proverbe chez eux qu'il ne fallait jamais se lier à la foi punique. Quant aux indigènes, ils n'avaient fait que les entrevoir, mais dès le premier jour ils avaient pris d'eux une très mauvaise opinion ; ils les jugeaient capricieux, changeants, ennemis du repos, toujours prêts à se jeter sur les terres du voisin et à vivre à ses dépens. Le pays non plus ne semble pas les avoir séduits. Sans doute les environs de Carthage durent leur paraître très fertiles et parfaitement cultivés ; mais il est probable que, pour le reste, ils éprouvèrent les sentiments qu'exprimait plus tard Salluste à la vue de ces plaines sans eau et de ces montagnes sans arbres. Appien imagine qu'une discussion s'éleva dans le Sénat, après la défaite d'Hannibal, pour savoir ce qu'on ferait de l'Afrique qu'on venait de vaincre, et que, comme on désespérait d'en tirer un profit certain, on laissa subsister Carthage[1]. Quand elle eut été détruite, il fallut bien se résigner à la remplacer ; mais il ne manqua pas de politiques à qui cette nécessité parut fâcheuse et qui auraient bien souhaité qu'on pût répudier l'héritage. Cette opinion persista longtemps encore, et, sous Trajan, un historien latin, qui se croit un sage, se demande sérieusement s'il n'aurait pas mieux valu que Rome n'occupât jamais ni la Sicile ni l'Afrique, et qu'elle se fût contentée de dominer sur l'Italie[2].

Ces sentiments nous paraissent aujourd'hui fort extraordinaires, et cependant nous devrions les comprendre mieux que personne. Rappelons-nous l'incertitude, les hésitations, le désarroi qui ont suivi chez nous la prise d'Alger. Qu'allait-on faire de cette conquête qui dérangeait toutes les prévisions de la vieille politique ? Les avis étaient fort partagés, et l'on se disputait à ce sujet dans les Chambres françaises, comme autrefois au Sénat romain. Tous les ans, à propos de l'adresse ou du budget, on entendait des orateurs qui soutenaient les opinions les plus contraires : tandis que les uns s'étonnaient qu'on n'eût pas encore conquis toute l'Algérie, les autres ne pouvaient pas comprendre qu'on hésitât à l'abandonner. Placé entre des gens qui voulaient tout prendre et d'autres qui ne voulaient rien garder, le gouvernement, qui tenait à ne mécontenter personne, n'allait ni en avant ni en arrière. Il n'osait pas se charger d'administrer directement lui-même les pays qu'il avait soumis, et passait son temps à chercher des indigènes de bonne volonté qui voudraient bien être beys d'Oran ou de Constantine, sous la protection de la France. De peur d'être accusé de vouloir trop étendre ses conquêtes, il ne s'établissait nulle part solidement, ce qui le forçait à reprendre tous les ans Blidah et Médéah. Et cela dura jusqu'au jour où Bugeaud, fit comprendre à tout le monde que la paix définitive de l'Algérie était dans le Sahara, et que, pour posséder paisiblement les villes du littoral, il fallait être maitre du reste.

Les Romains, avant nous, avaient commis les mêmes fautes, et elles avaient eu les mêmes résultats. Pour éviter la responsabilité et les dépenses qu'entraîne l'administration d'un pays, ils trouvaient commode d'y établir un chef ou un roi appartenant à quelque ancienne race, qu'ils chargeaient de maintenir la paix et de gouverner sous leur autorité. C'est le système du protectorat. Ils l'ont employé très souvent dans les pays qu'ils avaient conquis, et souvent aussi ils s'en sont bien trouvés. On a vu qu'en Afrique ils donnèrent à Massinissa et à ses successeurs non seulement le royaume de Syphax, mais cette partie du territoire

---

[1] Appien, *De reb. Punicis*, 57 et sq.
[2] Florus, III, 12.

de Carthage qui longeait le désert. La Numidie ainsi constituée devait former une sorte de ceinture autour de la province d'Afrique, qui la protégerait contre les invasions des nomades et permettrait aux sujets de Rome de cultiver en paix leurs plaines fertiles. L'inconvénient de ce régime, c'est que les royautés sujettes. ne servent de rien si elles sont faibles, et que, si au contraire elles sont fortes, elles peuvent être tentées de se rendre indépendantes et devenir un danger au lieu d'être une défense. En Afrique, elles causèrent de grands embarras aux Romains, et pourtant on a vu qu'ils eurent beaucoup de peine à y renoncer : c'est seulement sous Caligula que le dernier de ces petits rois disparut, et que, dans le pays entier, le protectorat fut remplacé par l'administration directe.

Le système de l'occupation restreinte n'a pas eu plus de succès chez les Romains que chez nous. L'expérience leur montra vite qu'il ne leur était pas possible de se tenir dans les frontières étroites qu'ils s'étaient tracées. Au temps d'Auguste, les Gétules ayant attaqué la province furent vigoureusement refoulés dans leurs montagnes[1] ; mais alors on s'aperçut qu'ils étaient aidés par les Garamantes, qui habitaient derrière eux : qu'on le voulût ou non, il fallut avoir raison des Garamantes pour être sûr que les Gétules resteraient tranquilles. Cornelius Balbus, le neveu de cet Espagnol dont l'amitié de César fit la fortune, franchissant la frontière, pénétra jusqu'à Cidamus (Ghadamès) et traversa les oasis du Fezzan. A son triomphe, il fit porter sur des écriteaux, devant le peuple ébahi, les noms des vingt-six tribus, villes, rivières et montagnes inconnues, qu'il avait visitées et soumises, parmi lesquelles le mont Gyrus, où naissent les perles[2]. Sous Claude, les Maures de l'Ouest s'étant révoltés, on envoya contre eux un général qui savait bien son métier, Suetonius Paulinus, celui qui plus tard conquit la Bretagne. Il 'n'était pas homme à se contenter d'un demi-succès. Il se mit à la suite des Maures, qui fuyaient devant lui, osa se jeter après eux dans des pays qu'on ne connaissait pas, pour les empêcher de recommencer, et poussa, dit-on, jusqu'à ce fleuve du Maroc qu'on appelle l'Oued-Guir[3]. Son successeur, Hosidius Geta, recommençant la campagne, pénétra si loin dans le désert, qu'il faillit y périr de soif avec son armée et ne fut sauvé que par un miracle[4]. On voit que les Romains prirent bravement leur parti, et qu'une fois convaincus qu'il leur fallait rompre avec la pratique timide des premiers conquérants ils allèrent en avant sans hésitation.

Et ce n'étaient pas là seulement quelques pointes hardies pour effrayer les pillards, des expéditions de quelques semaines ou de quelques mois, après lesquelles ils s'empressaient de rentrer chez eux : ces pays où la guerre les avait conduits, ils entendaient en rester définitivement les maîtres, et ils y faisaient des établissements solides. Chaque fois qu'ils poussaient leurs conquêtes en avant, une ligne de places fortes leur en assurait la possession. Aujourd'hui encore on en retrouve les restes. Ils s'étaient contentés, au premier siècle, d'occuper le versant septentrional de l'Aurès, de Theveste (Tébessa) à Lambèse, en passant par Mascula et Thamugadi, et ils y avaient construit des villes qui gardaient les défilés de la montagne. Au siècle suivant, par une initiative hardie, la frontière est reportée de l'autre côté. On la recule résolument vers le sud, on la protège par des châteaux forts partout où des accidents naturels ne la mettent

---

[1] Dion, LV, 28.
[2] Pline, *Hist. naturelles*, V, 5.
[3] Pline, V, 14.
[4] Dion, LX, 9.

pas à l'abri d'un coup de main. A partir de Gafsa, c'est-à-dire à l'endroit où cessent les chotts de la Tunisie, nous relevons les débris de postes qui s'appelaient *Ad Speculum*, *Ad Turres*, *Ad Majores* (près de l'oasis de Negrin), *Ad Medias* (Taddert), puis *Thabudei* (Sidi-Okba), *Bescera* (Biskra). Tous ces postes, qui sont encore très reconnaissables, défendaient l'approche de l'Aurès. D'autres, dont la trace est moins apparente, placés au pied des monts du Zab et le long de l'Oued-Djedi, protégeaient le Hodna. C'était donc, de l'est à l'ouest, comme une ceinture, derrière laquelle les tribus soumises à leur domination respiraient en paix. De là ils pouvaient s'élancer, quand il en était besoin, sur toutes les routes du désert..

Où se sont-ils définitivement arrêtés ? quelle fut, dans ces régions du Midi, la limite exacte de leur domination ? On le saura, quand on les aura mieux explorées. Ce qu'on peut dire, en attendant, c'est qu'il ne se rencontre guère de pays, dans nos possessions africaines, si lointain, si sauvage qu'il soit, où l'on puisse assurer qu'ils ne se sont pas établis avant nous. Presque partout où nos soldats se sont hasardés, ils ont trouvé, non sans surprise, quelques traces de leurs vaillants devanciers. Le général Saint-Arnaud écrivait à son frère, le 7 juin 1850, qu'il venait de s'engager dans une des gorges les plus inaccessibles de l'Aurès, une sorte d'entonnoir, entouré de rochers à pic, de cinq cents mètres de haut, qu'on pourrait appeler la fin du monde. Il comptait bien inscrire, sur une des parois de la montagne, le numéro des régiments, le nom des chefs, et la date du jour où, pour la première fois sans doute, une armée s'était montrée dans ce site sauvage. Mais, quelques jours après, il est obligé de changer de langage : Nous nous flattions, dit-il, cher frère, d'avoir passé les premiers dans le défilé de Kanga : erreur ! Au beau milieu, gravée sur le roc, nous avons découvert une inscription parfaitement conservée, qui nous apprend que, sous Antonin le Pieux, la sixième légion romaine avait fait la route à laquelle nous travaillons seize cent cinquante ans après. Nous sommes restés sots[1].

C'est ainsi que la domination romaine, après s'être quelque temps cantonnée dans le territoire de Cartilage, avait débordé de tous les côtés le petit fossé de Scipion. A l'époque la plus florissante de l'empire, sous les Antonins et les Sévères, elle s'étendait en longueur à toute l'Afrique du Nord, depuis les sables de Cyrène jusqu'à l'Atlantique ; en largeur elle s'était avancée dans le désert aussi loin qu'on y pouvait aller. Elle occupait donc la Tripolitaine, la Tunisie, l'Algérie et une partie du Maroc.

II

La province proconsulaire. — La Numidie. — Comment les Romains ont résolu la question du gouvernement civil et du gouvernement militaire. — Les deux Maurétanies.

Un territoire si vaste, habité par des races guerrières, mal soumises, souvent peu civilisées, n'était pas d'une administration facile. Aussi les Romains n'ont-ils pas trouvé du premier coup le meilleur moyen de le gouverner. Comme nous, ils tâtonnèrent, ils hésitèrent longtemps entre divers systèmes. Ce n'est qu'à partir

---

[1] Je prends cette intéressante citation dans le mémoire de M. Masqueray sur le mont Aurès.

du règne de Claude que le problème fut résolu, et le gouvernement de l'Afrique définitivement organisé.

Scipion, on vient de le voir, fit une province romaine de ce qu'il avait pris aux Carthaginois. On l'appela plus tard l'Afrique vieille (*Africa vetus*) ; elle comprenait à peu près la Tunisie d'aujourd'hui. César, après la victoire de Thapsus, y ajouta la Numidie, qui devint une sorte d'Afrique nouvelle (*Africa nova*), à côté de l'ancienne. Comme le pays était encore agité, on y laissa des troupes, qui naturellement résidèrent dans la partie la moins tranquille, c'est-à-dire en Numidie. On sait que quelques années plus tard Auguste, en réorganisant l'empire, imagina de partager avec le Sénat l'administration des territoires que Rome avait conquis. Il lui abandonna les provinces entièrement pacifiées et se réserva celles où la turbulence des habitants et le voisinage des frontières rendaient indispensable la présence des légions. De cette façon, il gardait toute l'armée dans sa main, ce qui était pour lui d'une grande importance. Cependant l'Afrique, où une légion séjournait, n'en fut pas moins placée parmi les provinces sénatoriales. Il est difficile de comprendre quel fut le motif de cette exception, qui était si contraire à la politique de l'empereur ; elle n'en dura pas moins pendant plus d'un demi-siècle, et c'est seulement Caligula qui la fit cesser. Il ordonna que la légion d'Afrique ne serait plus aux ordres du proconsul, mais qu'elle dépendrait directement de l'empereur. Ce n'était encore qu'une demi-mesure : on la compléta en décidant que la Numidie, où la légion campait, serait séparée de l'Afrique proconsulaire. On en fit une province impériale, et elle fut administrée, sous l'autorité directe du prince, par le chef de la légion, qui s'appelait *legatus*[1]. Le légat réunissait donc dans sa main l'administration du pays et le commandement des troupes.

C'est ainsi que les Romains tranchèrent une question qui nous a beaucoup divisés. On a longtemps discuté chez nous, à propos de l'Algérie, pour savoir ce qui valait mieux du gouvernement civil ou du gouvernement militaire. Jusqu'en 1870 toute l'autorité était aux mains d'un général, ce qui soulevait beaucoup de plaintes. Aussi le premier acte de la révolution fut-il d'enlever au chef de l'armée le pouvoir souverain et de placer en dehors de lui un gouverneur civil. Les Romains ont résolu la difficulté d'une autre manière. Comme ils craignaient que, si l'autorité était partagée, elle ne fût affaiblie, ils se décidèrent à séparer le territoire civil du territoire militaire ; mais dans chacun des deux le pouvoir fut laissé tout entier dans la même main. L'Afrique proconsulaire, riche, florissante, paisible, groupée autour de Carthage, qui venait de renaître, était gouvernée par un grand seigneur, un homme du monde, qui n'avait besoin que de quelques soldats pour maintenir le bon ordre ; au contraire, la Numidie, qui de tous les côtés faisait face à des tribus remuantes, fut mise sous les ordres du général qui commandait la légion. De cette façon tous les tiraillements étaient évités, et, ce qui plaisait beaucoup aux Romains, les deux gouverneurs, le magistrat civil et le militaire, restaient maîtres chez eux. On choisissait comme proconsul d'Afrique un personnage important, qui possédait d'ordinaire une grande fortune et portait un nom connu. Il devait résider à Carthage, qui était en train de devenir une des plus belles villes du monde, et y tenir une sorte de cour. Il était nommé par le Sénat, pris parmi les consulaires et, selon un ancien usage, désigné par le sort. Il ne restait jamais qu'un an en fonction. Auguste ayant réglé que tous les fonctionnaires recevraient, hors de Rome ; un salaire en argent, à la place de ces prestations en nature, qui donnaient lieu à tant d'exactions, les appointements

---

[1] Ou, comme on disait autrefois chez nous, lieutenant général.

du proconsul d'Afrique furent fixés à un million de sesterces, c'est-à-dire à un peu plus de deux cent mille francs. Sans avoir autant d'importance apparente, le légat de Numidie tenait aussi un rang très considérable. Il était pris dans le Sénat, ancien préteur, quelquefois désigné consul. L'empereur le choisissait lui-même, et il devait rester à son poste tant qu'il plairait au prince de l'y laisser. On comprend qu'il ne fût pas nommé dans les mêmes conditions que le proconsul : il avait une tâche moins brillante peut-être, mais plus difficile. C'est sur lui que reposait la sécurité des deux provinces, et il était chargé d'arrêter les ennemis à la frontière. On ne pouvait donc pas le prendre au hasard, comme l'autre, et il eût été dangereux de l'enlever trop tôt à ses fonctions, quand il les remplissait bien.

Au delà de la Numidie, du fleuve Ampsaga (Oued-Kébir) à l'Atlantique, s'étendait la Maurétanie. Quand le roi du pays, Ptolémée, eut été tué par Caligula, ses États furent réunis à l'empire. On en fit deux provinces : d'abord la Maurétanie césarienne, qui comprenait notre département d'Oran et la plus grande partie de celui d'Alger, avec Césarée, la ville de Juba II, pour capitale ; puis la Maurétanie tingitane, qui tirait son nom de Tingis (Tanger), qui en était la ville la plus importante. Ce furent deux provinces impériales, c'est-à-dire de celles dont l'empereur se réservait de nommer les gouverneurs ; seulement, comme elles étaient fort imparfaitement connues et très peu civilisées, il n'y envoya pas des légats pour les gouverner, mais de simples intendants (*procuratores*), et ce nom montre qu'il les traitait comme ses domaines propres et qu'il entendait les tenir tout à fait sous sa main. Ces procurateurs étaient pris parmi les chevaliers ; ils recevaient le titre de *vir egregius*, et touchaient un traitement de deux cent mille sesterces (40.000 francs). Ainsi que les légats, ils étaient chargés à la fois de l'administration civile et du commandement militaire ; mais ils ne commandaient pas, comme eux, à des soldats des légions, c'est-à-dire à des citoyens romains : ils n'avaient sous leurs ordres que des troupes auxiliaires, levées parmi les nations vaincues.

Ainsi, pendant la plus grande partie de l'empire, les possessions des Romains dans l'Afrique du Nord ont formé quatre provinces : l'Afrique proconsulaire, la Numidie et les deux Maurétanies. Il est à remarquer que l'importance et la civilisation de ces provinces diminuaient à mesure qu'on s'avançait vers l'Océan. La Proconsulaire rivalisait de richesses, d'éclat, de culture littéraire, avec l'Italie ; la Numidie était déjà plus rude, moins paisible ; quant aux Maurétanies, surtout à la Tingitane, elles étaient en partie barbares.

III

L'armée romaine d'Afrique. — Nombre des soldats. — Emplacement des postes. — Castella et burgi. — Communications télégraphiques. — Les grands chemins. — Appel de troupes étrangères. — Les goums.

Le premier devoir de celui qui gouverne un pays est d'y maintenir la paix ; c'est ce qui n'était pas facile en Afrique, au milieu de populations guerrières et peu disciplinées, en face de ces tribus errantes qui parcouraient le désert et les hauts plateaux. Les Romains le savaient bien, et voilà sans doute pourquoi ils témoignaient si peu d'empressement à s'y établir. Ils n'ignoraient pas qu'il faudrait y entretenir une armée, et qu'une occupation militaire coûte cher. Les empereurs, tout maîtres du monde qu'ils étaient, ont toujours éprouvé beaucoup de peine à payer leurs légions, ou, comme on dirait aujourd'hui, à mettre leur budget de la guerre en équilibre : aussi les voit-on fort occupés à réduire le nombre des soldats qui gardaient les provinces. Ils se sont conduits en Afrique comme ailleurs, et il est intéressant et instructif pour nous de chercher comment ils sont parvenus, avec aussi peu de troupes et au moins de frais possible. à y assurer leur domination[1].

Mais pour mieux comprendre quelle fut leur politique dans cette province, il faut donner d'abord quelques explications plus générales. Souvenons-nous qu'à la mort d'Auguste l'armée romaine proprement dite, ce qu'on pourrait appeler l'armée de ligne, se composait de vingt-cinq légions ; il y en avait trente sous Vespasien et trente-trois sous Septime Sévère, c'est-à-dire près de 200.000 hommes. C'était peu de chose quand on songe à l'étendue de l'empire ; mais en réalité les légions ne formaient guère que la moitié de l'armée ; elles ne devaient contenir que des citoyens romains, et, à côté d'elles, d'autres corps de troupes furent organisés dont les rangs étaient ouverts à ceux qui ne jouissaient pas encore du droit de cité. Parmi les peuples que Rome avait soumis, il s'en trouvait d'énergiques, qui ne s'étaient pas laissé vaincre sans résistance, et qu'elle avait appris à estimer en les combattant. Comme elle avait cette science de savoir tirer parti de tout, il était impossible qu'elle négligeât un élément de force que la victoire lui mettait dans la main ; elle prit donc à sa solde les plus braves parmi les vaincus. Laissés libres, ils auraient pu devenir ses ennemis : elle en fit ses soldats. Les uns formaient des troupes de cavalerie, qu'on appelait des ailes (*alæ*) ; d'autres, des cohortes de fantassins[2]. En général on leur, donnait le nom des pays où elles avaient été levées (*ala Thracum, cohors Lusitanorum*), ou celui de l'arme particulière à laquelle elles appartenaient (*sagittarii, funditores*). Dans les premiers temps, on leur avait laissé leurs chefs nationaux ; mais après la révolte des Bataves, sous Vespasien, on mit généralement des officiers romains à leur tête, comme nous le faisons pour nos tirailleurs indigènes. C'étaient surtout les ailes qui étaient utiles aux Romains ; comme leurs légions se composaient presque exclusivement de fantassins, ils n'avaient de cavalerie véritable que celle, que leur fournissaient les provinces. Les ailes et les cohortes formaient ce qu'on appelait l'armée auxiliaire (*auxilia*). On les employait quelquefois seules, mais le plus souvent elles servaient à côté des légions, et alors on avait soin en général que leur nombre ne fût pas plus considérable que celui des légionnaires.

Revenons maintenant à l'Afrique, et cherchons quelles étaient les troupes chargées de la défendre et comment on les y avait distribuées. Les inscriptions nous le font parfaitement savoir ; il n'y a pas de question sur laquelle nous ayons plus de lumière. L'Afrique proconsulaire, étant une province sénatoriale, n'avait

---

[1] J'emprunte presque tout ce que je vais dire au livre de M. Cagnat, professeur d'archéologie romaine au Collège de France, intitulé : *l'Armée romaine d'Afrique* (1 vol. in-4°, chez Leroux). Cet ouvrage est assurément l'un des meilleurs auxquels l'exploration scientifique de l'Algérie ait donné naissance jusqu'aujourd'hui. On peut y renvoyer tous ceux qui sont curieux de saisir dans ses moindres détails l'organisation de ces armées qui ont vaincu le monde et qui veulent les voir vivantes devant eux. M. Cagnat connaît l'Afrique à merveille. Il a parcouru à plusieurs reprises la Tunisie, quand il y avait quelque danger à le faire, et il en a rapporté une si abondante moisson d'inscriptions nouvelles, que l'Académie de Berlin l'a chargé de publier, avec M. Schmidt, le supplément du VIIIe volume du *Corpus inscriptionum latinarum*.
[2] Quelques-unes de ces cohortes contenaient aussi des cavaliers. On les appelait *Cohortes equitatæ*.

d'autres soldats que la garnison de Carthage1. La Numidie possédait une légion, la troisième Augusta, qui campait à Lambèse, et les troupes auxiliaires qu'on adjoignait ordinairement à la légion, ce qui devait faire à peu près 12.000 hommes. Les deux Maurétanies, qui obéissaient à des procurateurs de rang équestre, ne pouvaient pas avoir de légionnaires dans leurs garnisons, puisque les légions étaient toujours commandées par des légats de rang sénatorial : elles étaient donc gardées par l'armée auxiliaire toute seule. En faisant le compte, aussi exact que possible, des ailes et des cohortes qui paraissent y avoir séjourné en même temps, M. Mommsen arrive à un total de 45.000 hommes. C'est donc une armée de 27.000 hommes à peu près que les Romains entretenaient en Afrique, et ce chiffre paraîtra bien peu élevé, si l'on songe que nous ne possédons ni la Tripolitaine, ni le Maroc, et qu'il nous faut 48.000 hommes, en temps de paix, pour garder l'Algérie et la Tunisie.

Comment faisaient donc les Romains pour suffire à une tâche plus lourde que la nôtre avec des forces moins considérables ? Il vaut la peine de le connaître.

D'abord ils savaient fort bien les employer ; ils les avaient très habilement réparties sur ce vaste territoire : c'est un mérite que tous ceux de nos officiers qui ont servi en Afrique sont unanimes à leur accorder. Chaque troupe était placée dans le poste qui lui convenait le mieux, et où elle pouvait rendre le plus de services. Quand une fois elle s'y était solidement établie, on l'y laissait ; elle prenait l'habitude d'y vivre et s'y familiarisait de plus en plus avec le pays et les habitants. L'oasis d'El-Kantara est bien connue des voyageurs. C'est l'endroit où, après avoir longtemps suivi une route triste et monotone, entre des montagnes dépouillées, on aperçoit tout d'un coup, par une déchirure de roche, l'immensité du désert : à ce spectacle inattendu, le voyageur éprouve un éblouissement dont les yeux ne se lassent pas. Les anciens racontaient qu'Hercule, d'un coup de pied, avait fendu en deux la montagne, et, en mémoire de cet exploit, ils appelaient ce lieu *Calceus Herculis* : c'était la porte du Sahara, et, pour la garder, on y avait mis une compagnie de soldats auxiliaires levés à Palmyre (*numerus Palmyrenorum*), qui, accoutumés aux ardeurs du désert de Syrie, devaient presque s'y trouver chez eux. Ils y sont restés sans doute assez longtemps, car on y retrouve des traces de leur séjour, et notamment des autels qu'ils avaient élevés à Malagbal, leur dieu national2. Ce qui prouve que l'emplacement des postes romains était bien choisi, c'est qu'il est rare que nous n'ayons pas été forcés de nous y établir aussi, ou d'en construire d'autres dans le voisinage. En général ils commandent les passages dangereux et surveillent les routes par lesquelles les pillards peuvent déboucher. Ces *castella* ou *burgi*, comme on les appelait, sont à peu près tous bâtis de la même façon. Ils se composent d'une enceinte rectangulaire percée de quatre portes, comme les camps romains, et flanquée de tours rondes ou carrées. Les paysans des alentours, dans un danger imprévu, s'y réfugiaient avec leurs familles. A l'abri de ces solides murailles, quelques soldats déterminés pouvaient tenir plusieurs jours, comme nos 125 zéphyrs à Mazagran. L'important était d'avertir au plus vite les chefs de l'armée de la situation où l'on se trouvait. On y avait pourvu par

---

1 M. Mommsen pense que cette garnison, outre un certain nombre de soldats détachés de la légion de Numidie, comprenait une de ces cohortes urbaines qu'on avait formées pour garder Rome, et dont on se servit plus tard pour maintenir l'ordre dans quelques grandes villes provinciales, comme Carthage et Lyon.
2 *C. I. L.*, 2497 et sq. (C'est ainsi que je désignerai dans la suite le VIIIe volume du *Corpus inscriptionum latinarum*, dont j'aurai à faire un grand usage.)

une invention ingénieuse, dont nous avons retrouvé le secret il y a juste un siècle. D'ordinaire les *castella* sont reliés entre eux par des tours isolées dont il reste quelques débris. Ces tours devaient être en général assez étroites. Quelques-unes possèdent une porte et un escalier qui conduit au sommet ; d'autres n'étaient accessibles que par une échelle placée extérieurement et qu'on retirait quand on était monté. Elles étaient destinées, selon M. Cagnat, à faire parvenir /es nouvelles d'un fort à l'autre. Souvent, pour annoncer l'approche de quelque péril, on y allumait un grand feu dont la flamme pendant la nuit et la fumée pendant le jour s'apercevaient au loin ; cette sorte de signal est encore en usage chez les Arabes. D'autres fois on avait recours à un procédé plus compliqué, que Végèce nous a décrit : Sur les tours des châteaux ou des villes, dit-il, on élève des poutres ou on les abaisse, et de cette façon on transmet au poste voisin ce qu'on veut faire savoir. C'est le télégraphe aérien, seize siècles avant l'époque où nous croyons l'avoir inventé[1].

Les chefs ainsi avertis, les troupes se mettent aussitôt en marche. On leur avait fait, d'un bout de l'Afrique à l'autre, des routes superbes, avec des citernes et des hôtelleries, ou, comme on dit là-bas, des *fondouks*. Plusieurs de ces routes existent encore ; pendant des kilomètres, de distance en distance, le voyageur foule ce lit de ciment indestructible sur lequel reposaient de larges dalles bombées. En certains endroits, les routes romaines sont presque intactes. On les retrouve, dit Tissot, telles que les ont parcourues les derniers courriers des gouverneurs byzantins de Carthage et les premiers éclaireurs de l'invasion arabe. Sur ces grands chemins, merveilleusement entretenus par la prévoyance des empereurs, les ailes de cavalerie, les troupes légères, archers et lanciers, s'élançaient contre un ennemi qu'il était encore plus difficile de saisir que de vaincre. Ses attaques, on le sait, ne sont en général qu'une pointe hardie. S'il trouve les gens sur leurs gardes, s'il n'enlève pas du premier coup le poste qui les protège, il s'en retourne chez lui plus vite qu'il n'est venu. Mais d'ordinaire les Romains ne l'y laissent pas tranquille : il faut lui donner une leçon qui l'empêche pour quelque temps de recommencer. On se met à sa poursuite, on va le chercher dans ses montagnes, jusqu'au fond de ses steppes. Au besoin même on s'engage derrière lui dans le désert. C'était une grande audace, car on n'avait pas alors les ressources que nous possédons pour le parcourir. Les Romains ne paraissent s'être servis qu'assez tard du chameau en Afrique ; nous ne voyons pas qu'ils aient jamais songé à y former, comme en Syrie, des corps de cavaliers montés sur des dromadaires (*dromedarii*) : ils se contentaient de ces braves chevaux numides qui portaient non seulement l'homme et son bagage, mais des outres pleines d'eau sous leur ventre : avec eux, ils bravaient le vent de feu et les tempêtes de sable ; ils faisaient des marches forcées, et finissaient par rattraper les pillards et reprendre le butin qu'ils avaient emporté.

Les alertes de ce genre, dans un pays incomplètement soumis, devaient être assez fréquentes ; heureusement ce n'étaient d'ordinaire que des alertes. De tout temps les tribus des indigènes ont été divisées par des rivalités intérieures ; il leur était encore plus difficile de s'entendre entre elles que de s'accorder avec les Romains ; la haine même de l'étranger n'était pas toujours capable de les réunir. Ils attaquaient isolément et se faisaient battre en détail. C'est ainsi que Rome n'a eu presque jamais à combattre en Afrique qu'un ennemi â la fois, ce qui lui rendait la victoire plus aisée. Si cependant il arrivait qu'un chef plus important, plus populaire, fit cesser pour un temps les défiances et les inimitiés

---

[1] Cagnat, *l'Armée romaine*, 683.

parmi les nomades des hauts plateaux et du Sahara, et réunît sous son commandement ces foules indisciplinées, si les frontières étaient menacées de plusieurs côtés, et qu'on prévît une guerre longue et difficile, on avait la ressource d'appeler des troupes des pays voisins. Nous avons la preuve que, dans les circonstances graves, il est arrivé en Afrique des légions non seulement de l'Espagne et de la Cyrénaïque, mais même de la Syrie et des bords du Danube. C'était un puissant effort et une grande dépense ; mais les Romains étaient convaincus avec raison que ces sortes d'insurrections devaient être arrêtées promptement, et qu'en Afrique surtout une répression vigoureuse et rapide pouvait seule les empêcher de s'étendre et de se renouveler. C'est par ces mesures habiles, l'aménagement heureux de leurs forces, la rapidité de leurs mouvements, leur énergie, leur décision dans les moments critiques, leur connaissance du pays et des peuples qui l'habitaient, enfin l'appui que se prêtaient entre elles les troupes des diverses provinces, que les Romains suppléaient à la faiblesse de leurs effectifs, et qu'avec des armées qui nous semblent insuffisantes, ils ont dominé et gouverné l'Afrique pendant cinq siècles.

Il faut dire pourtant que les troupes que je viens d'énumérer ne sont probablement pas les seules qu'ils aient employées dans leurs provinces africaines. M. Cagnat pense qu'ils en avaient d'autres, dont on ne parle guère, et qui pouvaient leur rendre de grands services. On a remarqué que, parmi les cohortes et les ailes de l'armée auxiliaire établies en Numidie et en Maurétanie, il n'y en a que trois ou quatre dont le nom nous apprenne qu'elles avaient été levées dans le pays[1]. C'est ce qui est de nature à nous causer quelque surprise. Nous venons de voir que les Romains enrôlaient volontiers dans leur armée les bons soldats qu'ils trouvaient dans les États qu'ils avaient soumis ; pourquoi auraient-ils négligé de le faire en Afrique ? Elle leur pouvait fournir des fantassins invincibles à la fatigue, et surtout, ce qui leur était plus utile, une cavalerie incomparable. Il faut donc croire que, s'ils n'en ont pas formé des ailes et des cohortes, comme ils faisaient ailleurs, c'est qu'ils les employaient d'une autre façon. Tacite, en parlant d'un général qui commandait aux deux Maurétanies, nous dit qu'il avait sous ses ordres dix-neuf cohortes et cinq ailes de cavalerie, avec une troupe de Maures que les courses et le brigandage rendent très propres à la guerre[2]. Ce numerus Maurorum devait être une réunion de soldats irréguliers. qui représentaient assez bien ce qu'on appelle aujourd'hui les goums. Les Romains en avaient donc comme nous, et, comme nous, ils les recrutaient parmi ces gens d'aventure qui s'étaient fait la main dans leurs querelles intérieures, en pillant sans merci les tribus voisines. Nous voyons qu'ils leur laissaient leurs chefs nationaux. L'un d'eux, qui s'appelait Lusius Quietus, parvint, à force de courage et de talent, à se faire une grande renommée. Il venait de loin, s'il faut en croire Themistius, de ces pays de frontière, sur les limites du désert, qui reconnaissaient à peine l'autorité de Rome. Il leva parmi ses compatriotes un corps de cavalerie, avec lequel il se rendit si utile à Trajan, pendant la guerre des Daces, que l'empereur le nomma consul, et que plus tard, voulant laisser l'empire au plus digne, il songea, dit-on, un moment à le faire son successeur. On a cru retrouver, sur la colonne Trajane, la représentation des cavaliers de Liisius. On les voit, dit M. Cagnat, charger l'ennemi sur leurs petits chevaux, qu'ils montent sans selle et sans bride, à l'africaine. Ils ont pour tout vêtement une pièce d'étoffe enroulée autour du corps, de façon à former une

---

[1] Il ne s'en trouve guère non plus dans les autres provinces de l'empire.
[2] *Histoires*, II, 58

sorte de tunique courte, attachée à chaque épaule par une agrafe et serrée à la taille : c'est le costume que les Arabes de la campagne portent encore aujourd'hui. Mais ce qui les caractérise surtout, ce sont les boucles de cheveux frisés qui retombent tout autour de leur tête[1]. Pour arme, ils n'ont qu'une lance, peut-être autrefois peinte sur le marbre de la colonne, aujourd'hui effacée, et un petit bouclier. » Tels étaient assurément les goumiers que l'empire employait en Maurétanie[2].

IV

La troisième légion augusta. — Elle s'établit à Lambèse. — Inspection de l'empereur Hadrien. — Les légionnaires obtiennent le droit do se marier. — Le camp de Lambèse. — Le prætorium. — Le camp n'était la demeure ni des soldats ni des officiers.

Parmi les corps de troupes qui résidaient en Afrique. Jl y en a un qui nous intéresse plus que les autres : c'est la légion de Numidie, dont nous avons retrouvé le campement à Lambèse. Aucune autre, dans aucun pays du monde, n'a laissé d'elle des souvenirs aussi nombreux ; Les inscriptions, les monuments qui nous en restent nous permettent de suivre l'histoire non seulement de la légion elle-même, mais de l'armée romaine sous l'empire. Résumons aussi brièvement que possible ce qu'ils nous apprennent d'essentiel.

On sait qu'Auguste changea tout à fait les conditions du service et le caractère de l'armée. D'abord, il la rendit permanente. Auparavant on levait des troupes pour chaque expédition qu'entreprenait le peuple romain ; l'expédition finie, les soldats rentraient chez eux, et se reposaient jusqu'à la guerre prochaine. Auguste les retint sous les drapeaux, qu'on fût en guerre ou en paix, pendant un temps déterminé. La première conséquence de cette mesure fut de donner à la légion, qui auparavant se reformait à toutes les campagnes nouvelles, pour se dissoudre quand elles étaient terminées, une durée persistante. Elle se rajeunissait tous les ans par les recrues qui remplaçaient les soldats vieillis ou disparus, mais elle continuait d'exister. Dès lors chacune eut son état civil, son histoire, son nom. Celle de Numidie s'appelait la troisième légion auguste (*legio tertia augusta*), et cette désignation un peu longue était nécessaire pour qu'on pût la reconnaître. Comme Auguste avait incorporé dans son armée les légions de ses rivaux, il s'en trouva, dans le nombre, qui portaient des numéros semblables ; il les leur laissa, de peur de les contrarier ; il y eut, par exemple, trois légions troisièmes ; seulement chacune d'elles prit un surnom différent pour se distinguer des autres. Celui que reçut la nôtre semble indiquer qu'elle avait donné des preuves particulières de son dévouement à l'empereur et qu'il voulait lui en témoigner sa reconnaissance.

Mais en donnant aux Romains des armées permanentes, Auguste n'avait pas l'intention d'entreprendre des conquêtes nouvelles : son empire lui semblait assez vaste ; il voulait seulement y maintenir la paix et le faire respecter des voisins. Dans la plupart des provinces, la tranquillité intérieure lui sembla

---

[1] Strabon dit en effet que les Maures regardaient comme une parure de porter la barbe et les cheveux frisés.
[2] Cagnat, *l'Armée romaine*, 552.

suffisamment assurée par les milices municipales, et encore plus par la confiance qu'inspirait le gouvernement impérial. A l'exception de quelques villes importantes, comme Lyon et Carthage, qui reçurent des garnisons, il n'en laissa pas dans les autres, et presque toutes les légions furent distribuées le long des frontières, pour faire face à l'ennemi du dehors. Elles y vivaient dans des camps, où l'esprit militaire se conserve mieux qu'au milieu de la corruption des grandes villes, et en général ne s'éloignaient guère du pays où d'abord on avait fixé leur résidence.

La troisième légion ne paraît pas avoir jamais quitté l'Afrique. Elle y était à la mort d'Auguste ; elle y est restée jusqu'à l'époque où Dioclétien donna aux provinces et à l'armée une organisation nouvelle[1]. Nous la trouvons d'abord établie à Theveste (Tébessa) ; elle y était fort bien placée tant qu'il s'agit de défendre la province proconsulaire contre les Gétules et les Garamantes, c'est-à-dire contre les barbares du Sud-Est. Lorsque la domination romaine s'étendit vers l'Ouest, et qu'il fallut arrêter les incursions des gens de l'Aurès et du Sahara, la légion fut transportée à Lambèse. Elle venait d'y arriver et commençait à construire son camp, lorsqu'elle reçut la visite de l'empereur Hadrien. Cet infatigable voyageur, qui passa sa vie à parcourir son empire, voulut se rendre compte par ses yeux de l'état de son armée d'Afrique, Il fit manœuvrer les légionnaires devant lui ; il les vit travailler à des fortifications de campagne, construire des murs, creuser des fossés ; il assista à des simulacres d'attaque et de défense de places fortes. Il inspecta aussi les auxiliaires, et fut ravi de l'aisance avec laquelle les cavaliers de la sixième cohorte des Commagéniens faisaient leurs conversions, chargeaient l'ennemi en rangs serrés, et tour à tour maniaient la fronde ou lançaient les traits. L'inspection finie, il témoigna sa satisfaction aux troupes dans une sorte d'ordre du jour de forme oratoire, dont la légion dut être très fière, et que nous avons conservé[2].

Le camp de la troisième légion, que l'on était alors en train de bâtir, n'est pas tout à fait le même que nous avons sous les yeux. Il semble que certaines parties aient eu besoin assez vite d'être restaurées ou reconstruites. On y travaillait dès le règne de Marc-Aurèle, et nous voyons la légion occupée alors à consolider des tours qui sans doute menaçaient de s'écrouler. Il dut souffrir beaucoup des troubles qui désolèrent toutes les provinces au troisième siècle et qui firent tant de ruines. Et même, en dehors des réparations de détail, que le malheur des temps devait rendre souvent nécessaires, on ne peut douter qu'on n'ait été forcé d'en remanier plus d'une fois l'ensemble pour l'approprier aux changements que l'armée a subis sous l'empire. Ces changements ne se sont pas accomplis d'un seul coup. Les réformes d'Auguste, dont ils étaient la suite naturelle, ont mis du temps à produire tous leurs effets, et c'est peu à peu, par degrés, qu'elles sont arrivées à modifier tout à fait le caractère de l'ancienne armée romaine.

Voici, par exemple, une innovation qui s'est produite assez tard et dont les résultats ont été très graves. On comprend qu'il fût interdit aux soldats de se marier quand ils ne servaient qu'une saison, et que même on empêchât les femmes de rôder autour des camps, quoiqu'il ne fût pas toujours facile de

---

[1] La troisième légion n'a subi dans son service qu'une seule interruption. Elle fut licenciée sous Gordien III pour avoir pris le parti de Maximin ; mais, quinze ans après, Valérien la reconstitua, lui rendit sou nom et la renvoya servir en Afrique.
[2] C. I. L., 2532. Il est aujourd'hui au musée du Louvre.

l'obtenir. Les généraux sévères y tenaient la main, tant que dura la république. Scipion, à Numance, éloigna d'un coup deux mille femmes dont la présence avait fort affaibli la discipline militaire dans son armée. Mais quand le service devint permanent, et que les soldats restèrent sous les drapeaux pendant les meilleures années de leur vie, il fut très difficile de les empêcher de s'y faire une famille, ou quelque chose qui y ressemblât. On laissa donc des femmes s'établir en grand nombre dans ces amas de maisons dont les camps étaient entourés. Cette tolérance en amena bientôt une autre. Du moment qu'on autorisait ces unions irrégulières[1], il n'était guère possible de se montrer rigoureux pour les suites qu'elles pouvaient avoir. Les enfants qui en naissaient furent inscrits dans une tribu particulière (la tribu *Pollia*), qui n'était pas celle où l'on inscrivait les enfants illégitimes (la tribu *Spuria*), et il faut bien croire qu'ils reçurent le titre de citoyens, puisqu'on les admit à servir dans les légions. Septime-Sévère poussa la complaisance encore plus loin : Il permit aux soldats de son armée, dit Hérodien, d'habiter avec leurs femmes. On a beaucoup discuté sur la portée de ce texte. Willmans pense qu'il faut le prendre à la lettre, et qu'à partir de ce moment les soldats eurent, en dehors du campement de la légion, une demeure qui devint leur domicile véritable et celui de leur famille[2]. — C'est ce qu'une visite au camp de Lambèse achève de démontrer.

Ce camp est construit d'après les règles que les Romains appliquaient ordinairement aux ouvrages de ce genre, sur la pente d'une colline, à proximité d'un cours d'eau, et de façon à commander à toute la plaine environnante. De quelque distance, la forme en apparaît assez nettement dessinée. C'était un grand rectangle, qui avait 500 mètres de long et 420 de large, entouré d'un mur arrondi aux angles, et flanqué de tours qui présentent cette particularité que leur saillie est tournée en dedans. Quand Léon Renier le visita pour la première fois, les murailles s'élevaient encore à près de 4 mètres au-dessus du sol : il n'en reste plus rien aujourd'hui. Dans l'intérieur du camp, deux larges voies se coupent à angle droit et se terminent par quatre portes, dont l'une, celle du nord, est encore visible. A l'endroit où les deux voies se rencontrent, un monument se dresse, qui de tous les côtés, quand on approche, attire les yeux sur lui : c'est une grande bâtisse de 30 mètres de long sur 23 de large, dont la conservation est assez remarquable. La façade du nord, qui est la principale, est percée de trois portes, dont une, monumentale, est ornée de colonnes corinthiennes. Des deux côtés de la porte, de grandes niches, aujourd'hui vides, devaient contenir des Statues ; au-dessus on distingue ou on devine des Victoires portant à la main des palmes, des aigles, des enseignes militaires, que le temps a fort maltraitées. Du côté du midi, en avant de la muraille, deux colonnes isolées, dont l'une est restée debout à sa place, portaient sans doute des statues ou des trophées. L'édifice est d'une assez basse époque ; une inscription, dont il ne reste que quelques mots, mais que Willmans a fort adroitement complétée, indique qu'il a été construit en 268, sous l'empereur Gallien, après un tremblement de terre, qui sans doute avait ravagé le pays. A ce moment, l'art romain était en pleine décadence : les débris des sculptures informes qui décoraient les murailles ne le prouvent que trop. Cependant l'architecture s'était mieux défendue. Jusqu'à la fin elle conserva quelques-unes

---

[1] Cette union était-elle mise sur le même rang que le mariage légal, ou était-elle seulement regardée comme un quasi-mariage, auquel certains privilèges étaient accordés ? C'est une question qui est discutée entre les jurisconsultes.
[2] Voyez la discussion de Willmans dans le huitième volume du *Corpus*, p. 283.

de ses anciennes qualités ; elle a de bonne heure perdu l'élégance, niais il lui reste la majesté. A la veille même des invasions, Rome construisait encore des édifices qui ont grand air. Celui-ci, quoique bâti dans des temps de malheur public, quand le trésor était vide et l'empire à moitié disloqué, n'en produit pas moins un bel effet, et l'on ne peut se défendre d'une très vive impression quand on voit ce grand mur presque nu, que le temps a revêtu d'une couleur merveilleuse, s'élever au milieu des ruines. Sur le nom qu'il faut lui donner et l'usage auquel il devait servir, aucun doute n'est possible : c'était le *prætorium*, c'est-à-dire la résidence du chef de la légion. Comme le commandement (*imperium*) était chez les Romains une chose sacrée, le prétoire est une sorte de temple. Devant la porte principale se trouvent l'autel, où le général sacrifie et prend les auspices au nom de l'empereur, le tribunal, d'où il rend la justice, et ce tertre de gazon du haut duquel il harangue ses soldats.

Il ne reste aujourd'hui du prétoire de Lambèse que les quatre murs ; l'intérieur est rempli de décombres de toute sorte. En les parcourant, on a été frappé de voir qu'on n'y trouve aucun de ces débris de tuiles ou de briques qui se rencontrent si souvent ailleurs. C'est ce qui a fait tout d'abord soupçonner que l'édifice ne devait pas être couvert, et l'examen de ce qui en reste a confirmé de tout point cette supposition. On arrive donc à conclure que l'intérieur du bâtiment ne consistait qu'en une vaste cour, une sorte d'atrium à ciel ouvert pour les réunions et les solennités militaires : l'habitation et les bureaux du général devaient donc être ailleurs. On les a cherchés dans les autres parties du camp, mais sans pouvoir les rencontrer. Ce qu'on y trouve, ce sont des monuments dont les débris laissent deviner la destination, des bases qui portaient des statues consacrées aux empereurs ou à leur famille, les thermes destinés aux légionnaires, qui occupent un espace très considérable, surtout des salles où se réunissaient les associations d'officiers ou de sous-officiers qui s'étaient formées en si grand nombre dans la légion ; mais de logements particuliers il n'y a pas la moindre trace. Et ce n'est pas seulement la demeure du général qui est absente ; dans cet entassement d'édifices de toute sorte, il ne reste aucune place pour loger les soldats. On se souvient alors du texte d'Hérodien que j'ai cité plus haut, et l'on est confirmé dans la pensée qu'à l'époque où le camp fut réparé pour la dernière fois et mis en l'état où nous le voyons, ni le général ni les soldats n'y habitaient plus : ils profitaient de la permission qu'on leur avait donnée pour vivre ailleurs en famille. La situation des légionnaires, dit Willmans, après le décret de Sévère, ressemblait à celle de la milice indigène de l'Algérie française sur la frontière da la Tunisie : les spahis, à une petite distance du camp fortifié, ont leurs tentes, ou plutôt leurs cabanes réunies en douar ; ils y habitent avec femmes, enfants, bestiaux, et ne paraissent au fort que pour faire l'exercice.

V

La ville de Lambèse. — Son histoire. — Le temple d'Esculape. —Les soldats et les officiers en famille. — Dispositions des soldats pour leurs chefs. — Caisse des retraites. — Les associations militaires.

Puisque les soldats ne logeaient pas dans le camp, peut-on savoir où ils demeuraient ? Rien de plus facile[1].

Sortons du camp par la porte de l'est, nous rencontrons devant nous les amorces d'une grande voie romaine qui inclinait à droite vers le midi. Nous en savons le nom : c'est la *Via Septimiana*. Elle passe d'abord à côté d'un mamelon pelé, qui est tout ce qui reste de l'amphithéâtre ; elle se perd ensuite sous des jardins qui la recouvrent pendant près d'un kilomètre, puis elle reparaît et aboutit à un arc de triomphe à trois portes, qui, tout ruiné qu'il est, conserve un air d'élégance et de grandeur. A partir de là les décombres s'amoncellent de tous les côtés ; aussi loin que l'œil s'étend, on ne voit que des ruines : ce sont, à chaque pas, des monticules de terre, des amas de pierres brisées, avec des tronçons de colonne, des blocs de marbre et des fragments de mosaïques. — Nous sommes dans la ville de Lambèse : c'est là qu'à deux kilomètres du camp, habitaient, avec leurs familles, les officiers et les soldats de la troisième légion.

Comme toutes les villes qui sont nées dans les mêmes conditions, Lambèse eut sans doute des débuts fort modestes. Ce ne devait être à l'origine qu'une de ces réunions de baraques de vivandiers et de fournisseurs, auxquelles on donnait le nom de *canabæ legionis*. Au bout de quelques années, ces baraques formèrent un village (*vicus*) ; sous Marc-Aurèle, c'est un municipe, qui possède une administration régulière, et s'appelle magnifiquement lui-même : *Respublica Lambæsitanorum*. On y avait bâti deux forums, entourés d'une colonnade, avec un capitole dont il reste de très beaux débris, et qui, comme celui de Rome, était consacré à Jupiter, à Junon et à Minerve. La ville a dû s'agrandir et s'embellir très vite : chaque génération tenait à y ajouter des ornements nouveaux. Par exemple, les pères s'étaient contentés de capter la source, qui s'appelle aujourd'hui Ain-Drin, et de la canaliser ; les fils, à l'endroit où elle sort de terre, construisirent un temple à Neptune ; les petits-fils, non contents de le réparer, l'entourèrent d'un portique[2] : c'était entre eux une émulation de magnificence. Parmi les édifices qui ne sont pas tout à fait en ruines, c'est le temple d'Esculape qui m'a paru le plus curieux. Il ne ressemble pas à ce qu'on voit d'ordinaire, et c'est un grand mérite en Algérie, où les monuments paraissent presque tous construits sur le même modèle. Le temple proprement dit, un temple petit et coquet, est bâti, au fond d'une sorte de cour ou de parvis, sur une terrasse qui s'élève de quelques marches au-dessus du sol. L'inscription qui en couvrait le fronton, et qui est aujourd'hui à terre, nous apprend qu'il a été construit sous Marc-Aurèle, et qu'il était consacré à Esculape et à la Santé, ou, comme disaient

---

[1] Les personnes qui, voyageant en Afrique, voudront visiter avec soin les ruines de Lambèse, feront bien de se munir du Guide que M. Cagnat vient de publier. En quelques pages il en fait l'histoire et conduit les touristes au milieu des ruines du camp et de la ville romaine. En lisant M. Cagnat, j'ai cru les visiter de nouveau.
[2] *C. I. L.*, 2652.

les Grecs, à la déesse Hygie1. Mais le temple lui-même n'est qu'une petite partie de l'édifice. La terrasse sur laquelle il est construit s'avance à droite et à gauche, de manière à former avec la ligne du fond une sorte de trapèze ; elle portait une colonnade, qui encadrait le parvis, et se terminait des deux côtés par deux chapelles circulaires, soutenues aussi par des colonnes, et dédiées à Jupiter (*Jovi valenti*) et à Sylvain. Rien ne devait être plus élégant, plus gracieux que ce mélange de lignes droites et de formes rondes, si harmonieusement fondues ensemble. Par malheur ce charmant monument est dans un déplorable état : le temps avait commencé à le détruire ; les hommes l'achèvent, et les hommes sont bien plus terribles que le temps : il avait mis des siècles à endommager l'édifice ; en quelques années, ils n'en ont presque plus rien laissé subsister. J'ai cherché dans une des chapelles latérales la mosaïque que Léon Renier y avait vue, et sur laquelle était écrite cette phrase si belle, si religieuse, qu'un chrétien pourrait placer au seuil d'une église : *Bonus intra, melior exi* ; elle a disparu ; il est probable que quelque entrepreneur de travaux publics l'aura détruite pour caillouter une route du voisinage.

Quoique Lambèse fût en apparence un municipe comme les autres, administré par un conseil de décurions, par des édiles, des questeurs, des duumvirs, il devait avoir un caractère particulier : c'était une ville toute militaire, habitée surtout par des soldats, en activité ou à la retraite, et des officiers de tout grade. On avait longtemps défendu aux fonctionnaires romains, proconsuls, légats ou procurateurs impériaux, de se faire suivre de leurs femmes dans les pays qu'ils allaient gouverner ; mais avec l'empire on se relâcha de cette sévérité. Tacite nous a conservé le récit d'une discussion qui eut lieu à ce sujet dans le Sénat, sous Tibère. Un sénateur rigoureux, Cécina, demanda qu'on revînt aux anciens usages, sous prétexte que les femmes se mêlent de tout quand on les laisse faire, qu'elles sont un grand embarras par leur luxe, pendant la paix, par leurs frayeurs, pendant la guerre. On répondit que, s'il y avait quelque inconvénient à les emmener avec soi dans les provinces, il y en avait bien plus à les laisser seules à Rome. C'est à peine, disait-on, si, sous les yeux de leurs maris, elles se conduisent toujours honnêtement : qu'arrivera-t-il quand elles ne seront plus surveillées ? et comment pourront-elles supporter cette sorte de divorce qui dure quelquefois plusieurs années ?2 Ces raisons parurent convaincantes, et nous ne voyons pas que la discussion se soit renouvelée depuis cette époque. Ce qui est sûr, c'est qu'à Lambèse les femmes des légats de la légion accompagnent leur mari, et que nous les trouvons quelquefois associées dans les honneurs que les soldats rendent à leurs chefs. Naturellement les officiers suivaient l'exemple que leur donnait le général, et les soldats encore plus. Les inscriptions nous les montrent adressant des prières aux dieux, et leur élevant des autels, avec leurs femmes et leurs enfants. Ces enfants, en général, suivent la profession de leur père ; de même qu'on est marin dans les ports de mer, on voulait être soldat à Lambèse. On y a trouvé de longues listes de légionnaires, qui se sont réunis, à diverses époques, pour témoigner leur reconnaissance au prince ou au légat. D'ordinaire ils ajoutent à leur nom la mention de leur pays d'origine3, et l'on voit,

---

1 Dans les décombres on a retrouvé les statues des deux divinités. On peut les voir aujourd'hui dans le petit musée qu'on a installé dans le *prætorium*.
2 Tacite, *Ann.*, III, 33.
3 Ces listes ont pour nous cet avantage de nous faire connaître une conséquence très importante des réformes militaires d'Auguste. Du moment qu'un corps de troupes ne changeait pas de garnison et séjournait toujours dans le même pays, il devait se faire qu'il finît par s'y recruter. C'est ce qui est arrivé à la troisième légion comme aux autres.

dans les plus récentes, que la bonne moitié d'entre eux est née aux alentours du camp. Ainsi la légion, à ce moment, se recrutait parmi les enfants de troupe : on était soldat par tradition, de père en fils, et il tendait à se former une sorte de caste militaire où se recrutait la meilleure partie de l'armée et la plus saine. Les empereurs le voyaient avec plaisir, car c'était leur tendance d'enfermer tout le Inonde dans sa profession. On sait qu'ils finirent par décider que le fils d'un soldat serait soldat, comme son père ; mais les inscriptions de Lambèse nous montrent que les choses se passaient ainsi avant qu'ils ne l'eussent ordonné, et leur loi ne fit que confirmer une habitude plus ancienne qu'elle.

Ces inscriptions, dont le sol de Lambèse est couvert, nous aurions grand plaisir et grand profit à les étudier en détail ; rien ne nous ferait mieux connaître l'armée romaine dans son organisation et sa hiérarchie ; mais M. Cagnat a fait ce travail et il n'est pas à refaire. Un autre intérêt, et plus grand peut-être, qu'elles ont pour nous, c'est qu'elles nous permettent de surprendre ce que d'ordinaire on ignore, ce que les livres ne nous apprennent pas, les sentiments véritables des soldats, ce qu'ils pensent de leur métier, les peines et les plaisirs qu'ils y trouvent. L'impression qui résulte des épitaphes de leurs tombes ou de ces dédicaces qu'ils inscrivent sur les monuments qu'ils érigent, c'est qu'en somme ils n'étaient pas mécontents de leur sort. Dans ce qu'ils nous disent on ne retrouve jamais l'accent amer et menaçant que Tacite donne aux plaintes des légionnaires de Germanie dans les premiers temps de l'empire. Ceux de Lambèse paraissent aimer leurs chefs ; ils en parlent avec respect, ils se louent de leur justice et de leur bienveillance ; le service ne leur semble pas trop dur ; ils se plient sans murmurer aux exigences de la règle : il y en a même qui ont élevé des autels à la discipline militaire ![1] Lorsque, après vingt-cinq ans, le temps de la retraite arrive, ils ne quittent leurs camarades qu'avec chagrin ; avant de partir, ils aiment à dédier un petit autel au Génie de la légion ou de la centurie dans laquelle ils servaient, comme pour le remercier des jours heureux qu'ils lui doivent. Puis, quand ils le peuvent, ils ne s'éloignent guère du camp où ils ont passé leurs meilleures années ; ils s'établissent à Lambèse même, ou, si ce n'est pas possible, à Verecunda, à Thamugadi, à Mascula, dans le voisinage. Leur vieillesse est loin d'être sans ressources. D'abord ils reçoivent, avec leur congé, une somme qui est fixée pour les simples soldats à douze mille sesterces (2.400 francs) ; ils y joignent les économies qu'ils ont pu faire au service, et qui souvent ne sont pas sans importance. D'abord ils ont épargné sur leur solde, qui suffisait amplement à tous leurs besoins, comme ils le reconnaissent eux-mêmes avec une sincérité peu commune[2]. Mais ce qui leur rapportait encore plus, c'étaient

---

Dans les plus anciennes des listes trouvées dans, le camp de Lambèse, nous voyons que les soldats qui forment la légion viennent d'un peu partout ; les autres ne contiennent presque que des Africains, ce qui est très significatif. Ainsi les Romains n'avaient pas cru devoir prendre de précautions contre le réveil de l'esprit provincial. Ils n'éprouvaient pas le besoin, comme on fait aujourd'hui en Italie, de dépayser les soldats des diverses provinces et de les disperser dans différents corps d'armée, de peur que, s'ils étaient réunis, il ne leur revint à l'esprit quelque souvenir et quelque regret de leur ancienne indépendance. Ils avaient pleine confiance dans la force de cohésion de leur empire ; ils savaient que ces Africains, comme les Espagnols et les Gaulois, étaient devenus Romains.
[1] *C. I. L.*, 10857.
[2] Les lieutenants des centurions, faisant construire une salle pour leurs réunions et l'ayant ornée des images de leurs dieux protecteurs et de la famille impériale, nous disent qu'ils ont pu faire cette dépense grâce à la solde qui leur est très libéralement

les dons que les empereurs leur faisaient en certaines circonstances. Auguste en avait donné l'exemple à ses successeurs : il leur était si important de s'attacher l'armée, qu'ils se ruinaient en libéralités pour elle. De ces sommes que les soldats devaient à la munificence impériale, ils ne touchaient réellement que la moitié ; le reste était versé dans une sorte de Caisse d'épargne et placé sous la garde du drapeau. Voilà pourquoi, dit Végèce, on choisit, pour être porte-drapeau, des gens qui non seulement soient honnêtes, mais qui sachent compter, car ils ont à la fois une caisse à garder et des livres à tenir. La part de chacun lui était remise quand il quittait le service, et s'ajoutait à ce qu'il touchait pour sa retraite, ce qui lui faisait quelquefois une petite fortune[1]. Il la laissait, en mourant, à ses parents ou à ses amis, et ses héritiers reconnaissants lui bâtissaient une tombe sur laquelle ils avaient soin d'inscrire, avec quelques mots d'affection, la mention de ses états de service. Les pierres de ce genre se retrouvent à chaque pas le long des grandes routes qui entourent Lambèse.

Parmi les débris qui couvrent le *prætorium*, on a remarqué un certain nombre de monuments d'une médiocre étendue, qui ont la forme d'un rectangle dont un des côtés est arrondi en abside. C'étaient les salles où se réunissaient les lieutenants (*optiones*), les joueurs de trompettes (*cornicines*), les sergents-majors (*tesserarii*), les éclaireurs (*speculatores*), à leurs moments de loisirs ; on appelait ces salles *scholæ*, nous dirions aujourd'hui des cercles. Les empereurs avaient autorisé diverses catégories d'officiers à former des associations, ou, pour employer le mot propre, des *collèges*, et ils laissaient ces collèges bâtir leurs *scholæ* au milieu du camp, ce qui était un moyen de les surveiller de plus près. Les associés versaient tous les ans à la caisse commune une certaine somme, dont une partie leur était rendue quand ils quittaient le service, ou, s'ils mouraient avant leur retraite, servait à les faire enterrer convenablement. Le souci de la sépulture était, sous l'empire, le motif ou le prétexte de toutes les sociétés de ce genre ; elles ne semblaient exister que pour assurer à leurs membres une tombe et un convoi décents ; toutes sont, au moins en apparence, des associations pour les funérailles (*collegia funeraticia*) : mais ce n'était qu'une étiquette ; les nôtres paraissent avoir d'autres visées, et se moins préoccuper de la mort que de la vie. Dans toutes les armées du monde on souhaite avancer vite ; c'était le désir des officiers de la troisième légion comme des autres, et ils demandaient avant tout à ces collèges militaires auxquels ils étaient associés de les aider à faire leur chemin. Nous voyons le collège des lieutenants donner huit mille sesterces (1.600 francs) à l'un de ses membres qui travaille à devenir porte-drapeau ou centurion. La somme est forte et laisse croire que les démarches qu'il avait à faire pour cultiver ses espérances, comme il dit, devaient être assez dispendieuses. C'est que, pour devenir centurion, il ne suffisait pas d'adresser une pétition à l'empereur, comme semble le dire Juvénal[2], il n'était pas inutile d'aller solliciter à Rome en personne. Le voyage était long, et le séjour dans la capitale de l'empire coûtait cher ; cependant on bravait la dépense pour être plus sûr de réussir. On a trouvé à Lambèse, au milieu d'une assez belle mosaïque, qui, sans doute, décorait la maison d'un homme riche, une base, qui devait porter une statue de Bacchus. C'est un préfet du camp (sorte de major de la légion) qui l'avait élevée, et comme il était poète en même temps qu'officier, il y avait gravé quelques

---

payée : *ex largissimis slipendiis* (*C. I. L.*, 2554). Il n'est pas commun de trouver des fonctionnaires qui ne se plaignent pas de leurs appointements.
[1] Voyez Cognat, *l'Armée romaine*, p. 457 et sq.
[2] *Aut vitem posce libello*. Juvénal, *Sat.*, XIV, 193.

petits vers, que nous avons conservés. Voici ce qu'il disait au dieu en finissant : En récompense des présents que je t'offre, conserve mes enfants et leur mère ; accorde-moi de voir Rome et d'en revenir revêtu de l'honneur que je souhaite et couronné de la faveur de mes maîtres. Espérons que ces prières ont été exaucées, et que, grâce à la protection de Bacchus, ce préfet du camp est revenu tribun militaire à Lambèse[1].

VI

Services qu'a rendus la troisième légion. — Luttes qu'elle a soutenues. — Tacfarinas. — Alarmes journalières. — Pourquoi l'Afrique n'a été qu'imparfaitement soumise.

L'histoire nous montre que, de toutes les armées que Rome entretenait dans les provinces, il n'y en a peut-être aucune qui ait mieux servi son pays et aussi bien accompli sa tâche que l'armée d'Afrique. Elle était peu nombreuse, nous venons de le voir, et avait à surveiller un territoire immense ; mais elle a suppléé au nombre par sa vigilance, sa fermeté, sa connaissance des lieux et des hommes. Elle a eu quelquefois à soutenir des guerres véritables, qui lui ont demandé de grands efforts. Sous Tibère, le chef numide, Tacfarinas, tint les Romains en échec pendant sept ans, et ne fut vaincu que par la trahison. Comme Jugurtha et Abd-el-Kader, il avait des réguliers, équipés et organisés à la romaine, et qu'il n'engageait que dans les combats sérieux. Sous ses ordres, un chef vaillant, Mazippa, conduisait des nuées de cavaliers qui se précipitaient dans les plaines, ravageaient les fermes, enlevaient les troupeaux, pénétraient même dans les villes, les mettaient au pillage, et avaient disparu avant qu'on eût pu se réunir pour se défendre. Quand l'armée romaine parvenait à les atteindre, elle en avait facilement raison. Les généraux faisaient alors de beaux bulletins et recevaient les ornements du triomphe. Mais pendant qu'à Rome on remerciait les dieux de ces succès et qu'on proclamait que la guerre était terminée, Tacfarinas, qui avait refait son armée, reparaissait sur la frontière, et c'était à recommencer. Il fallut, pour en finir, avoir recours à la tactique qui donna plus tard la victoire à Bugeaud, former des colonnes mobiles qui entourèrent l'ennemi de tous les côtés et se resserrèrent successivement sur lui, l'enfermer dans un cercle de plus en plus étroit, le poursuivre dans ces contrées inaccessibles où il avait ses réserves d'hommes et de provisions, jusqu'à ce qu'il fût abandonné et trahi par les siens, qui se lassaient de le suivre.

Les grandes guerres ne sont pas pourtant ce qui a coûté le plus de peine à l'armée et lui a fait courir le plus de risques. Les petites incursions, qui se renouvelaient sans cesse et finissaient par lasser la patience des soldats, étaient bien plus dangereuses. La situation de l'Afrique n'était pas tout à fait celle des autres provinces de l'empire. La Gaule, par exemple, une fois conquise, l'a été entièrement. La domination romaine s'est très vite étendue à tout le pays : il n'y a pas eu de montagne assez haute, de rivière assez profonde, de forêt assez épaisse pour en arrêter les progrès. Les légions qui surveillaient les bords du Rhin n'avaient à regarder qu'en face d'elles ; si elles empêchaient les barbares de passer, tout était tranquille ; par derrière, elles n'avaient pas d'ennemis. Il en

---

[1] C. I. L., 2631.

était autrement en Afrique. La configuration du pays, qui place des contrées sauvages au milieu de contrées fertiles, le rend très difficile à garder. La nature semble s'être chargée d'entretenir la barbarie auprès de la civilisation, en lui procurant, au milieu même des terres les plus riches, des asiles à peu près inabordables. C'est ce qui a rendu la pacification de l'Algérie si difficile à nos troupes. Les Romains avaient eu les mêmes difficultés à vaincre, et il ne me semble pas qu'ils les aient aussi vite et aussi complètement surmontées que nous.

Après plusieurs siècles de domination, ils n'étaient pas aussi avancés que nous le sommes. Il y a déjà trente-cinq ans que nous avons conquis la Kabylie, et tous les jours nous la pénétrons davantage. Vers le milieu du troisième siècle, sous Dèce, les Romains n'étaient pas encore solidement établis dans le massif du Babor et du Djurjura. Cette citadelle de montagnes contenait une réserve de tribus barbares toujours prêtes à se jeter sur les villes qui bordaient la mer et sur les riches campagnes du Chélif. C'était bientôt fait à ces cavaliers intrépides de se glisser sans être vus entre deux postes romains, de faire une pointe dans le pays et de rentrer chez eux avec leur butin et leurs prisonniers ; une fois les prisonniers amenés dans ces montagnes qu'on ne connaissait pas, il n'était pas facile de les aller reprendre, et quand la décadence de l'empire commença, vers le troisième siècle, on trouva plus simple de les racheter. Nous avons une lettre touchante de saint Cyprien qui adresse cent mille sesterces (20.000 francs) aux évêques de Numidie, pour aider à payer la rançon des chrétiens et des chrétiennes qu'ont enlevés les barbares. C'est le produit d'une quête entre les fidèles de Carthage, et il envoie leurs noms, avec leur argent, afin qu'on n'oublie pas de prier pour eux[1].

Il faut que ces brigandages aient été bien fréquents pour qu'il en reste tant de traces dans les inscriptions que nous avons conservées. Rien n'y est plus commun que la mention de ces vols ou de ces meurtres. A Simittu (Chemtou) où l'on exploitait les belles carrières de marbre africain, et qui devait être le centre d'un grand mouvement commercial, un vétéran est un jour assassiné traîtreusement sur la route, et ses camarades ne peuvent que lui élever une tombe à leurs frais[2]. En Maurétanie, près de Césarée, c'est le fils d'un officier des troupes auxiliaires, un enfant, qui un beau jour est trouvé mort, avec les deux esclaves qui le gardaient. A Auzia (Aumale), nous lisons sur la tombe d'un jeune homme ces mots touchants : Adieu, Secundus, fleur de jeunesse, que les barbares ont moissonnée ![3] Un vétéran de la troisième légion, architecte et arpenteur de son état (la légion, devant se suffire à elle-même, contenait des gens de toutes les professions), nous raconte qu'appelé à Saldæ (Bougie), pour la construction d'un aqueduc, il avait été attaqué par des brigands, sur une des routes les plus fréquentées de la province, dans un pays soumis depuis longtemps et pacifié ; que ses compagnons et lui avaient eu grand'peine à leur échapper, et qu'il ne s'était tiré de leurs mains qu'avec quelques blessures et sans son bagage[4].

Ainsi Rome, malgré tous ses efforts, n'est pas arrivée à dompter toutes les tribus indépendantes de l'Afrique. Il en est resté, le long des frontières, et même au

---

[1] Saint Cyprien, *Epist*., 62, page 608 (Hartel).
[2] C. I. L., 14603.
[3] C. I. L., 9238.
[4] C. I. L., 2728.

cœur du pays, qui se sont tenues en dehors de la paix romaine. Jamais la sécurité n'y a été tout à fait complète ; la civilisation et la barbarie y ont souvent vécu côte à côte. C'était une inquiétude pour le présent et un danger pour l'avenir. Cependant nous allons voir que cette situation n'a pas empêché l'Afrique de devenir un des pays les plus riches et les plus civilisés du monde.

CHAPITRE IV. — LES CAMPAGNES.

I

L'abondance des ruines, en Afrique, prouve la prospérité du pays sous les Romains. — Surprise qu'on en éprouve. — Difficultés que les Romains ont dû rencontrer. — Habitudes des indigènes. — Résistances de la nature. — Comment ils l'ont vaincue. — Travaux hydrauliques. — Puits et citernes. — Barrages.

Si l'on veut savoir quels ont été les résultats de la domination romaine en Afrique, le moyen le plus sûr n'est pas de consulter les livres et de se l'enseigner auprès des historiens ; il vaut mieux parcourir le pays. Un voyage, même rapide, en Algérie et en Tunisie, nous en apprendra plus qu'un long séjour dans les bibliothèques.

Il n'existe pas de contrée au monde où les ruines antiques soient plus nombreuses. On les rencontre partout, et non seulement dans les plaines fertiles, qui de tout temps ont dû attirer les habitants, niais sur les plateaux les plus sauvages, où l'on ne trouverait plus à vivre aujourd'hui. Quand on veut aller de Kairouan soit à Tébessa, soit à Gafsa, soit à Gabès, il faut se résigner à traverser de grandes étendues de sable rougeâtre, où rien ne pousse, et qui sont presque inhabitées. Ce pays pourtant est l'ancienne Byzacène, dont tin vantait autrefois la richesse, et nous avons la preuve manifeste que les éloges qu'on en faisait devaient être mérités. M. Paul Bourde rappelle[1] qu'au milieu de ces solitudes se dressent les ruines de villes dont on peut mesurer l'importance avec assez d'exactitude par leurs monuments en partie debout et par leur assiette encore visible. C'est d'abord Thysdrus, dont l'amphithéâtre, le cirque et le grand temple étaient colossaux, et qui a dei avoir plus de cent mille habitants ; Suffetula en avait sans doute vingt à vingt-cinq mille ; Cillium, douze à quinze mille ; et Thélepte, une des plus grandes villes de la Tunisie ancienne, cinquante à soixante mille. Outre ces grands centres, ajoute M. Bourde, de gros bourgs comptaient eux-mêmes plusieurs milliers d'habitants ; et outre ces villes et ces bourgs, un grand nombre de villages et de fermes isolées, dont on rencontre les restes pour ainsi dire à chaque pas, couvraient la campagne.

Ces fermes, ces villages, qui peuplaient l'Afrique romaine, on n'en saura jamais bien exactement le nom-ire, car il y en a beaucoup dont le temps a fait disparaître jusqu'au dernier vestige. Mais, si l'on ne peut plus restituer ce qui est perdu, tout le monde comprend combien il serait utile qu'on prît la peine de signaler avec soin tout ce qui reste : c'est ce qu'on essaie précisément de faire en ce moment, au moins pour la Tunisie. Le ministère de l'Instruction publique vient de commencer la publication d'un atlas archéologique de ce pays, qui nous rendra les plus grands services quand il sera complet[2]. Sur la belle carte

---

[1] Dans son très intéressant rapport adressé à M. Rouvier, résident général de France à Tunis, *Sur les cultures fruitières, et en particulier sur la culture de l'olivier au centre de la Tunisie.*
[2] *Atlas archéologique de la Tunisie*, avec un texte explicatif, par MM. Babelon, Cagnat et Salomon Reinach. Le premier travail, dans cette œuvre si utile, est exécuté par les

topographique dressée par l'état-major de notre armée d'occupation, on reporte, sans en omettre aucune, toutes les traces de ruines antiques qui subsistent encore. C'est un moyen de nous donner quelque idée de ce que devait être le pays aux belles époques de la domination romaine. Prenons, par exemple, les environs de la petite ville de Mateur, située près de Bizerte. Cette contrée est encore aujourd'hui fertile et, relativement au reste de la Tunisie, assez habitée ; mais qu'elle l'était davantage dans l'antiquité ! Il suffit, pour en être convaincu, de consulter les cartes de l'atlas archéologique. Sur un territoire qui ne dépasse guère l'étendue d'un de nos arrondissements, les ruines romaines qui ont été notées sont au nombre de plus de 300 ; et qu'on songe à tout ce qui a disparu sans retour depuis quatorze siècles ! Aujourd'hui il ne se trouve plus dans le pays qu'une seule ville, celle de Mateur, l'ancien *oppidum Mataurense*, qui renferme à peu près trois mille habitants. Il y en avait plusieurs du temps des Romains, deux d'abord dont nous savons le nom, Thubba et Chiniava, puis trois ou quatre que nous ne distinguons plus que par les ruines qu'elles ont laissées. Ces ruines, qui occupent quelquefois plus d'un kilomètre, sont à peu près désertes ; c'est à peine si sur l'une d'elles se dressent quelques huttes misérables qu'habitent une cinquantaine d'Arabes ; elles devaient être autrefois florissantes et peuplées. Quant aux autres débris, ils ne manquent pas non plus d'importance : ce sont des pans de mur écroulés, des puits, des citernes, des pierres taillées qui proviennent d'anciennes habitations disparues, et de temps en temps des colonnes, des mosaïques, des tours rondes ou carrées, restes de belles villas ou de fermes fortifiées.

Ce que nous remarquons dans les environs de Mateur, soyons sûrs que nous le retrouverions à peu près partout : tout nous démontre que ce pays était autrefois couvert de villes, de bourgs, de villages, de maisons de plaisance ou d'exploitation, et qu'il s'y pressait une population riche et industrieuse. En voyant ce qu'il est aujourd'hui, et en songeant à ce que les Romains en avaient fait, nous éprouvons d'abord une très vive admiration pour eux, mais en même temps nous ne pouvons nous défendre d'une très grande surprise.

C'est qu'en effet, pour rendre l'Afrique aussi florissante. pour y réunir dans les campagnes et les villes une population aussi serrée, pour faire produire au sol de belles récoltes, pour amener partout l'abondance et la vie, il nous semble que Rome avait à lutter contre des difficultés presque insurmontables : il lui fallait vaincre à la fois la résistance des hommes et celle de la nature.

Les hommes d'abord ne paraissaient pas en général d'un caractère à pouvoir être aisément attachés au sol. Nous voyons aujourd'hui que, même parmi ceux qui semblent être devenus des cultivateurs sédentaires, il y en a beaucoup qui se déplacent avec une grande facilité, et qui, l'été venu, habitent moins volontiers le gourbi que la tente. Un plus grand nombre encore est tout à fait nomade et ne se fixe jamais. Aux approches de l'été, dit M. Wahl, les caravanes se mettent en route vers le Tell ; elles y arriveront après la moisson faite ; les bêtes trouveront encore leur pâturage dans les champs dépouillés. A l'automne, quand tombent les premières pluies, on revient sur les hauts plateaux et dans le Sahara. C'est un curieux spectacle que celui d'une tribu en marche : les chameaux s'avancent gravement, en file, portant les provisions, les tentes, les ustensiles de ménage ;

---

officiers composant les brigades topographiques, sous la direction du général Derrécagaix. C'est dire qu'ici, comme en toute occasion, l'armée a rendu les services les plus signalés et les plus intelligents à l'exploration scientifique de l'Afrique.

puis viennent quelques bœufs ou vaches maigres, les chèvres et la masse serrée des moutons qu'entoure un nuage de poussière ; les femmes, leurs enfants sur le dos, cheminent à pied ; seules, les grandes dames du désert prennent place dans l'*attatouch*, le palanquin installé sur le chameau. Les hommes, le fusil au poing, sont en avant, pour éclairer la route, ou en arrière, pour la protéger : d'autres courent sur les flancs de la longue colonne, surveillant les bêtes, les empêchant de s'égarer ou d'être volées. Le soir, on s'arrête et l'on campe[1]. Si les anciens n'avaient pas tout à fait sous les yeux le même spectacle, ils en avaient d'autres assez semblables. Virgile a décrit en beaux vers le berger africain qui emmène avec lui son chien, ses armes, sa maison, ses troupeaux, et s'enfonce dans la solitude, qu'il parcourt pendant des mois entiers, sans y trouver aucune demeure hospitalière, tant le désert est immense !

Sæpe diem noctemque et totum ex ordine mensem
Pascitur, itgue pecus longa in deserta sine ullis
Hospitiis, tantum campi jacet ![2]

Il ne faut donc pas croire, comme on l'a fait trop souvent, que le goût de la vie errante date seulement en Afrique de l'invasion musulmane ; il est probable que le Numide ou le Gétule ressemblait à l'Arabe et au Berbère de nos jours. Comme eux, il n'aimait guère à s'enfermer sous un toit de tuile ou de chaume, et il a dû être toujours difficile d'en faire un fermier et un laboureur. Cependant il ne faut rien exagérer non plus : si la majorité des indigènes a toujours été nomade, ce serait aller trop loin que de prétendre qu'elle l'est de nature et ne peut pas être autre chose. Ce qui le prouve, c'est qu'il y en a qui se sont groupés d'eux-mêmes dans des villages, et qui n'en sortent que pour cultiver leur champ ; le Kabyle, par exemple, est un laboureur aussi énergique que le Touareg est un nomade obstiné ; et pourtant le Touareg et le Kabyle appartiennent à la même race, et parlent presque la même langue. On a dit souvent, et l'on a eu raison de le dire[3], que ce qui les a rendus à la longue si différents l'un de l'autre, c'est la diversité même des pays qu'ils habitent, et qu'ils ont subi les nécessités que leur imposait la nature. Celui des deux peuples qui a trouvé dans ses montagnes un abri sûr pour s'y reposer et quelques arpents de terre fertile pour vivre y est resté ; l'autre, auquel le désert n'offrait que des pâturages intermittents, a bien été forcé de voyager sans cesse pour éviter de mourir de faim. Il n'était donc pas interdit de croire qu'avec un ensemble de mesures sages, qui changeraient les conditions d'existence des gens du pays, on pourrait changer aussi leurs habitudes. C'est ce que comprit Massinissa et ce qu'il essaya de faire : on nous dit qu'il tenta d'arracher les Numides à leur vie vagabonde, de les attacher au sol, de les forcer de vivre ensemble dans des villages ou des villes ; et Polybe laisse entendre qu'il y avait assez bien réussi[4]. Mais sa dynastie ne régna pas assez longtemps et fut battue Cie trop d'orages pour que l'œuvre du roi berbère ait produit des résultats durables. L'honneur de celte grande entreprise revient donc tout entier aux Romains ; tout ce que nous disent les historiens prouve que la civilisation de l'Afrique est bien leur ouvrage. Pour parler encore ici de la

---

[1] *L'Algérie*, par Maurice Wahl, p. 187.
[2] *Géorgiques*, III, 543. On lit chez M. Boissière (*l'Algérie romaine*, I, 53) un commentaire intéressant de ces vers de Virgile. On y verra comment aujourd'hui encore ils n'ont pas cessé d'être vrais.
[3] Voyez, pour ne citer que l'ouvrage le plus récent où cette question est traitée, le *Sahara* de M. H. Schirmer, ch. XIV.
[4] XXXVII, 3.

Byzacène, dont il a été déjà question plus haut, nous savons par Salluste que quand Marius, dans sa marche sur Capsa, traversa ce pays, il était inculte, aride et désert[1]. Cet état est celui où nous le voyons encore aujourd'hui ; mais les ruines qui le couvrent montrent que, dans l'intervalle, et tant qu'a duré la domination romaine, il a dû être riche et habité. Ce sont donc les Romains qui ont peu à peu attiré les indigènes dans les terres fertiles et les y ont retenus par la sécurité et l'attrait du bien-être ; puis, ils les ont poussés à la conquête des landes voisines, en sorte que le pays habitable a été s'agrandissant sans cesse, et qu'il n'est guère resté de terre susceptible de culture qui n'ait été cultivée. Partout les huttes errantes se sont groupées ensemble pour former des villages, et un peu plus tard ces villages, où s'entassaient les laboureurs et les commerçants, sont devenus des villes.

C'était un résultat important, qui leur a demandé plusieurs siècles d'efforts obstinés ; et pourtant la victoire qu'il leur fallut remporter sur la nature présentait plus de difficultés encore. Assurément ils durent avoir moins de peine à faire des agriculteurs de ces pâtres nomades qu'à récolter du blé, du vin ou de l'huile où poussent à peine aujourd'hui l'alfa et le palmier nain. Ils y ont si bien réussi qu'en présence de ces restes de villas et de fermes, dans des lieux qui nous semblent inhabitables, nous sommes tentés de supposer que le climat a dû subir quelque changement depuis l'antiquité, que les pluies étaient autrefois plus régulières, les sources plus abondantes, les fleuves moins sujets à tarir. Il faut avouer que, s'il en était ainsi, nous aurions quelque raison de nous décourager, et qu'il nous faudrait beaucoup rabattre du bel avenir que nous rêvons pour nos colonies africaines. Mais il me paraît difficile de prouver que les conditions climatologiques diffèrent beaucoup aujourd'hui de ce qu'elles étaient 'du temps des Romains. Sans doute il est possible que le déboisement des montagnes ait influé d'une manière fâcheuse sur le régime des pluies et la marche des rivières[2]. Les sources aussi peuvent être devenues moins nombreuses et moins riches : nous voyons qu'à l'époque romaine il faut toujours en avoir soin et qu'elles cessent de couler dès qu'on les néglige[3]. Combien ont dû se perdre et tarir depuis quatorze cents ans qu'on ne s'en occupe plus ! Et pourtant les anciens ont toujours parlé de l'Afrique comme d'un pays sec et mal arrosé ; il ne faut pas l'oublier. C'est ce qui frappa d'abord les premiers Romains qui vinrent s'y établir : *Cælo terraque penuria aquarum* ; et cette phrase de Salluste n'a pas cessé d'être vraie dans la suite. Du temps de l'empereur Hadrien, c'est-à-dire quand les Romains étaient les maîtres du pays depuis trois siècles, on nous dit

---

[1] *Jugurtha*, 89.
[2] On s'est demandé, sans se mettre tout à fait d'accord, si l'Afrique était très boisée du temps des Romains. Il importerait pourtant de le savoir, pour être sûr qu'elle puisse le redevenir. Avant eux, les arbres devaient y être rares ; Salluste dit que le sol ne leur est pas favorable. Au contraire, les plus anciens écrivains arabes prétendent que, lorsqu'ils y sont entrés, on pouvait la traverser tout entière sous une voûte de feuillage. S'il était prouvé qu'on peut se fier à ce témoignage, il faudrait croire que les forêts s'étaient beaucoup multipliées pendant la domination romaine. Ce qui est certain, c'est qu'à la fin de l'empire, l'Afrique, non seulement suffisait à sa propre consommation, mais exportait en Italie des approvisionnements considérables de bois de charpente et de chauffage. Il reste encore des chênes et des cèdres en Kroumirie et sur l'Aurès. Ailleurs il n'est pas rare qu'on vous montre un bel arbre au milieu d'une plaine pelée et qu'on vous dise qu'il est le dernier survivant d'une forêt disparue.
[3] *C. I. L.*, 8809.

qu'il resta cinq ans entiers sans pleuvoir[1]. Il n'est pas probable non plus que les fleuves aient eu à cette époque un autre aspect qu'aujourd'hui. La description que fait Silius Italicus du Bagrada, le plus important de tous, n'a pas cessé d'être vraie : il continue, comme autrefois, à traîner ses eaux bourbeuses à travers les sables d'un cours si lent qu'il ressemble parfois à un marécage :

Turbidus arentes lento pede sulcat arenas[2].

Je crois enfin qu'à défaut d'autre preuve, ces grands travaux hydrauliques qu'ont entrepris les Romains, et dont il reste de si admirables débris, sont la démonstration la plus évidente que le pays devait être alors à peu près aussi sec que nous le voyons : des gens qui calculaient si bien n'auraient pas pris tant de peine et dépensé tant d'argent à se procurer de l'eau s'il en était assez tombé du ciel pour leur suffire.

Ce sont ces travaux merveilleux qui ont suppléé en partie pour l'Afrique à ce que lui refusait la nature. Il est impossible d'essayer de les décrire en détail, car le sol en est partout couvert ; contentons-nous d'en donner rapidement une idée.

Personne n'a su comme les Romains reconnaître les ressources d'un pays et en mettre en valeur les richesses. S'il s'agissait de l'arroser pour le rendre fertile, ils savaient se servir des moindres sources, en augmenter le débit, les entretenir, les aménager, les distribuer selon les besoins, en tirer le plus de profit possible. En Afrique, les inscriptions nous les montrent partout occupés à nettoyer les conduits, à reconstruire les aqueducs, à réparer les bassins. Ils se rendaient parfaitement compte qu'ils ne pouvaient rien faire de plus utile dans ce pays sans cesse menacé de mourir de soif ; aussi n'y a-t-il rien dont ils soient plus disposés à se glorifier que de ces sortes de travaux. Il faut voir avec quel orgueil un habitant de Calama (Guelma) se vante des réparations qu'il a faites à une piscine : *Autrefois*, nous dit-il, *il y coulait à peine un mince filet d'eau ; aujourd'hui c'est un véritable fleuve qui fait un bruit de tonnerre*[3]. Les magistrats municipaux, quand ils voulaient laisser quelque souvenir de leur administration, construisaient souvent des fontaines, et quelques-unes d'entre elles, dont il reste des débris, devaient être des monuments élégants, qui joignaient l'agréable à l'utile. Il s'en trouve une à Tipasa, prés de Cherchel, qui formait une sorte d'hémicycle ou de château d'eau, avec des colonnes de marbre bleuâtre et des statues. L'eau coulait d'en haut dans de petits bassins superposés, de manière à tomber de l'un dans l'autre et à y faire entendre ce bruit léger qui repose et rafraîchit aux heures chaudes du jour. De là elle se répandait dans un canal semi-circulaire où il était facile d'aller la puiser[4]. On a découvert à Thysdrus (El-Djem) une inscription très curieuse où un magistrat se félicite d'y avoir amené de l'eau avec tant d'abondance qu'après qu'on l'a répandue dans la ville entière, au moyen de fontaines qui coulent sur les places publiques, on a pu la distribuer dans les maisons des citoyens, pour leur usage particulier, à de certaines conditions : *Aqua adducta... coloniæ sufficiens, et per plateas lacubus impertita,*

---

[1] Spartien, *Vita Hadr.*, 22.
[2] Silius, *Punica*, V, 140.
[3] *C. I. L.*, 5335.
[4] Voyez Gsell, *Tipasa*, p. 546 (dans le XIVe volume des *Mémoires d'archéologie et d'histoire de l'École française de Rome*). A ce propos, M. Gsell rappelle quelques autres châteaux d'eau dont on a retrouvé des restes en Afrique, et qui devaient être plus remarquables encore que celui de Tipasa.

domibus etiam certa conditione concessa[1]. Il y avait donc dans les villes d'Afrique, aux portes du désert, il y a dix-sept cents ans, des concessions d'eau pour les habitants, ce qui n'existait, il y a un siècle, dans aucune ville de France ! Quand l'eau ne se trouve pas à fleur de terre, on creuse des puits pour l'aller prendre dans les couches souterraines — beaucoup d'entre eux existent encore, et les Arabes s'en servent, quand ils ne les ont pas laissés s'envaser ; — ou bien l'on a grand soin de recueillir toute celle qui tombe du ciel ; il en tombe si peu, qu'on n'en veut rien laisser perdre. Des citernes étaient creusées sous presque toutes les maisons de quelque importance ; et indépendamment de celles qui servaient aux particuliers, il y en avait de beaucoup plus grandes à l'usage du public. Celles de Carthage, qui sont probablement d'origine phénicienne, mais que les Romains ont réparées, font l'admiration des visiteurs. Elles se composaient de deux groupes, dont l'un a été restauré de nos jours et sert à l'alimentation du voisinage ; dans l'autre, qui est en ruines, tout un village s'est logé, et les voûtes à moitié effondrées sont devenues des chambres ou des écuries. A Tupusuctu, dont les Romains avaient fait une place de ravitaillement dans la crainte d'une guerre avec les Berbères du Djurjura, ils avaient creusé des citernes qui mesurent 5.000 mètres carrés.

Mais voici des travaux encore plus considérables peut-être, et qui ont pour nous plus d'importance, car ils nous montrent clairement ce que nous devons faire. Les fleuves africains ne sont guère que des torrents ; à la suite d'un orage, ils débordent et ravagent le pays ; le reste du temps, ils sont presque à sec et disparaissent quelquefois dans les sables. Pour retenir ces eaux de passage et les empêcher de se perdre sans profit dans la mer, les Romains construisaient des systèmes de digues et de réservoirs immenses. Il reste assez de ces grands ouvrages pour nous faire admirer l'habileté des ingénieurs qui les exécutèrent. Toutes les précautions étaient prises pour en assurer la durée[2]. Nous voyons, par exemple, qu'on a soin de les placer après une courbe du fleuve, ce qui diminue le choc que les murailles du barrage auront à supporter. Comme on veut dépenser le moins possible, on prend d'ordinaire, pour les construire, les matériaux qu'on a sous la main. Mais avec des cailloux roulés et du ciment, on fait un béton si solide que la pioche a peine à l'entamer. Ces réservoirs, ces barrages existent partout ; dans le Hodna, une contrée presque sauvage, on en a retrouvé jusqu'à trois, l'un sur l'autre, et dans le nombre il y en a un qui pouvait contenir douze cent mille litres. L'eau ainsi conservée dans de vastes bassins descendait des hautes régions dans la plaine où de petits canaux la conduisaient à travers les champs. La distribution en était faite très exactement et d'après des lois fixes ; chaque propriétaire y avait droit à son tour et pendant un certain nombre d'heures, comme on fait encore aujourd'hui dans les oasis. On a retrouvé à Lamasba, petite ville qui n'est pas loin de Lambèse, un règlement fort minutieux, qui était affiché sans doute sur la place publique, et qui indique la part qui revenait à chacun[3]. Il est probable que ces règlements ont survécu même à la domination romaine. Ils existaient sans doute encore — Procope semble le dire — du temps des Vandales, qui, comme tous les Germains,

---

[1] *C. I. L.*, 51.
[2] Voyez, sur ces travaux hydrauliques, *Société arch. de Constantine*, 1864-1868, et les mémoires du docteur Carton, dans le *Bulletin arch. du minist. de l'inst. publ.*, 1888 et 1891.
[3] *C. I. L.*, 4440.

conservèrent l'administration des anciens maîtres du pays[1]. Ce sont les Arabes qui ont tout laissé périr. Grâce à leur apathie et à leur imprévoyance, les sources ont tari, les barrages se sont effondrés, les fleuves ont de nouveau emporté toutes leurs eaux à la mer ; et voilà comment ces plaines, qui semblèrent si belles aux compagnons de Sidi-Okba, et qu'ils appelaient un jardin fleuri, sont devenues presque partout un désert.

II

La petite propriété. — Les habitants des mapalia. — Un paysan enrichi à Mactaris. — Les produits principaux de l'Afrique. — Les marchés. — L'Afrique fournit du blé à Rome.

Naturellement, ce sont les petites propriétés dont il reste aujourd'hui le moins de traces : les paysans ne bâtissent pas pour l'éternité. Salluste nous dit que, dans les premiers temps, les habitations des Africains étaient fort grossières et qu'elles ressemblaient à des barques qui auraient la quille en l'air[2]. On les appelait *mapalia*. Il est probable que lorsque, au contact des Carthaginois, puis des Romains, les indigènes se furent un peu civilisés, leurs demeures devinrent moins rustiques. Elles l'étaient pourtant beaucoup encore. M. de la Blanchère a cru en retrouver quelques débris en parcourant le Sud-Oranais et il nous en fait la description[3]. Ce sont des amas de murailles éboulées dont les ruines reproduisent à peu près la forme des bâtiments d'où elles proviennent, ce qui prouve qu'on ne les a pas renversées avec violence et qu'elles sont tombées toutes seules. Ces murailles se composaient de pierres non taillées, réunies par un mortier, comme celui dont se servent encore les gens du pays, et qui n'est guère que de la boue. Vienne une pluie un peu forte, le prétendu mortier se détrempe, retourne à la terre, et le mur s'écroule. Ces bâtisses, où n'entraient encore que très rarement la brique et la tuile, étaient souvent isolées ; elles occupaient le milieu d'un petit champ que le propriétaire cultivait en famille. Souvent aussi, dans les endroits qui n'étaient pas sûrs, les cultivateurs s'étaient réunis pour se protéger. Leurs maisons serrées les unes contre les autres, le long des flancs ou sur la crête de quelque colline abrupte, où il est moins facile d'être surpris, formaient des villages inaccessibles, qui devaient ressembler à ceux des Kabyles.

Dans ces villages ou dans ces fermes vivait une population sobre et robuste. Le pays, en somme, est sain. Les fièvres sans doute y sont à craindre[4] ; mais nous savons par notre expérience qu'elles s'atténuent beaucoup ou même disparaissent entièrement quand le sol est drainé et assaini par la culture. Hérodote nous dit qu'il n'y a pas de gens au monde qui se portent aussi bien que les Africains, et Salluste prétend qu'ils ne connaissent pas la maladie et ne

---

[1] Voyez Tissot, I, p. 55.
[2] *Jugurtha*, 18 : *quasi navium carinæ sunt*.
[3] *Voyage d'étude*, p. 27.
[4] Dans l'épitaphe d'une femme d'Auzia (Aumale), son mari fait remarquer comme un miracle qu'elle a vécu quarante ans sans avoir la fièvre ; *Quæ vixit sine febribus*. (*C. I. L.*, 9050.)

meurent que de vieillesse[1]. Tous ceux qui ont fait quelque étude de l'épigraphie africaine ont été frappés du grand nombre de centenaires qui sont mentionnés dans les inscriptions. La chose était même si ordinaire que les parents des morts s'étonnent et s'indignent quand ils ne sont pas devenus très vieux. Une femme d'Haïdra, qui a perdu son mari à quatre-vingt-deux ans et sept mois, lui dit : Tu es mort trop tôt : tu devais vivre cent ans ; et pourquoi pas ?[2] Dans une ville de la Byzacène, à Cillium, on a découvert un vaste mausolée bâti en forme de pyramide, et qui était surmonté d'un coq, comme nos clochers de village ; une longue épitaphe de plus de deux cents vers nous apprend que c'était la tombe d'un notable de l'endroit, Flavius Sabinus, et de sa femme. Le mari avait vécu cent dix ans et la femme cent cinq ; ce qui n'empêche pas l'auteur des vers de se plaindre douloureusement que l'existence des hommes soit si fugitive :

Sint licet exigure fugientia tempora vitæ[3].

Quelques-uns de ces petits fermiers, à force d'ordre, de travail, d'économie, arrivaient à la fortune. Il y en a un, à Mactaris, qui a pris la peine de nous le faire savoir, dans une inscription métrique qu'il nous a laissée. Assurément il ne l'avait pas faite lui-même, car son éducation avait dû être fort négligée ; mais, comme c'était l'usage que les gens d'importance plaçaient volontiers quelques vers sur leur tombe, ses héritiers ou lui durent s'adresser à quelqu'un des beaux esprits de la province. Ils ne le choisirent pas trop mal, et l'épitaphe a un accent de simplicité et de sincérité assez rare dans les morceaux de ce genre. Je suis né, nous dit le paysan enrichi, dans une pauvre cabane, d'un père misérable, qui ne m'a laissé ni argent ni maison. Heureusement il avait de l'activité, du courage, ce qui supplée à tout. Il n'a fait autre chose en sa vie que de cultiver la terre, mais il n'y avait pas de cultivateur plus laborieux que lui. Dès que la saison avait mûri le blé, j'étais le premier à le couper ; puis, quand les gens qui portent la faucille s'en allaient moissonner dans les plaines de Cirta ou les champs de Jupiter (Zagouan ?), je marchais en tête, le premier à l'ouvrage, et je laissais des amas de gerbes liées derrière moi. J'ai ainsi coupé, sous un soleil de feu, deux fois six moissons jusqu'au jour où je devins moi-même le chef de la troupe. Pendant onze ans encore, j'ai moissonné avec eux l'épi mûr dans les campagnes numides. Voilà comment il gagna de l'argent et finit par devenir propriétaire d'une maison et d'une ferme qui ne manquaient de rien. Avec la fortune vinrent les honneurs, il fut élu décurion — c'est-à-dire conseiller municipal — dans son pays, et même il fut choisi par les décurions ses collègues pour être le premier magistrat de sa ville, en sorte que, de pauvre laboureur qu'il était, il-en vint un jour à siéger, en qualité de président, au beau milieu de la curie. C'est ainsi, ajoute-t-il, que mon travail m'a valu des années brillantes qu'aucune langue envieuse n'osa jamais troubler ; et, comme un paysan ne perd pas l'occasion de faire un peu de morale, il prend un ton plus solennel et termine en disant : Apprenez, mortels, par mon exemple à passer une vie sans reproche, et, comme moi, méritez par une existence honnête une douce mort[4].

---

[1] Au temps d'Ibn Khaldoun, dit Tissot, la durée habituelle de la vie chez les Touaregs était de quatre-vingts ans. C'est encore la moyenne actuelle ; les centenaires sont nombreux, et l'on cite des individus qui ont vécu jusqu'à cent trente et cent cinquante ans. (*Géogr. de la prov. d'Afrique*, p. 479.)
[2] *C. I. L.*, 11504.
[3] *C. I. L.*, 211.
[4] *C. I. L.*, 11824.

Mais en Afrique, comme partout, ceux qui faisaient fortune ne devaient pas être les plus nombreux. Il suffisait à la plupart d'avoir de quoi vivre ; encore n'arrivaient-ils à gagner leur vie qu'a la condition d'être fort industrieux. Ils tiraient parti de tout. Sur les coteaux, dans les plaines mal arrosées, ils plantaient l'olivier et la vigne. On voit bien au nombre des pressoirs, qu'on rencontre à tous les pas dans les ruines,' que l'olivier devait être une des richesses du pays ; c'est là que Rome se fournissait de l'huile qui lui, était nécessaire pour ses gymnases et ses bains publics. La vigne est en train de reconquérir, eu Algérie et en Tunisie, le terrain qu'elle avait perdu ; elle en fera bientôt la fortune. Mais la principale culture était celle des céréales ; tout le monde vantait l'abondance des récoltes africaines, elle était devenue proverbiale ; pour faire entendre qu'un homme possédait une fortune incalculable, on disait qu'il avait dans ses greniers tout le blé que récolte l'Afrique[1]. Le blé d'Afrique passait pour produire beaucoup plus que les autres : on racontait qu'un procurateur d'Auguste lui avait un jour envoyé quatre cents grains qui étaient sortis d'un seul[2] ; et pourtant ces moissons étaient obtenues par les moyens les plus simples : J'y ai vu, nous dit Pline, la terre retournée, après les pluies, par une charrue à laquelle étaient attelés d'un côté un pauvre petit âne, de l'autre une femme[3]. C'est un spectacle qu'on peut se donner encore, et Tissot, qui en a souvent été témoin, nous apprend que l'indigène d'aujourd'hui ne se fait pas plus de scrupule que le Libyen d'autrefois d'attacher au joug sa femme avec son âne, surtout si elle est vieille[4]. Ajoutons que la charrue à l'époque romaine, comme celle dont on se sert de nos jours, était d'une simplicité toute primitive. Le soc écorchait à peine le sol ; mais qu'importe ? la terre y est si naturellement fertile qu'elle n'a pas besoin d'être beaucoup travaillée pour produire. Vienne, à l'entrée du printemps, une pluie favorable et la plaine sera jaune d'épis en quelques semaines. Puis, la moisson finie, quand les silos sont pleins, le laboureur charge la récolte sur son âne ou une méchante voiture et va la porter au marché.

Les Africains de cette époque fréquentaient beaucoup les marchés, ainsi que le font encore leurs descendants ; c'est un usage qui, comme tant d'autres, s'est conservé. Il n'en manquait pas, dans les villes, de commodes, d'élégants, de bien installés, dont les débris existent encore. Il y en avait aussi au milieu des champs, auprès des grands domaines, dans les endroits où les paysans des environs pouvaient se réunir. Les riches propriétaires, qui trouvaient leur intérêt à en établir chez eux. en demandaient la permission au Sénat, si la province était sénatoriale, ou au représentant du prince, si elle était impériale. Il existait à l'époque romaine, au pied des montagnes qui séparaient la Proconsulaire de la Numidie, et qui sont aujourd'hui la frontière de la régence de Tunis, à la hauteur de Tébessa, un domaine très important, qui s'appelait *Saltus Beguensis* (aujourd'hui El-Begar) : on y a trouvé, au milieu d'un champ, les restes encore visibles d'un grand portique qui entoure des débris moins considérables, dans lesquels on a reconnu des boutiques ruinées. C'était donc un marché, et celui qui l'a construit, L. Africanus, qui voulait faire savoir à tout le monde qu'il était en règle, a eu soin de reproduire deux fois le sénatus-consulte qui en autorisait l'établissement. Nous l'avons en deux exemplaires, avec la signature des témoins qui en affirment l'authenticité. Il y est dit que L. Africanus, dans la province

---

[1] Horace, *Carmina*, 1, 1, 10 : *quidquid de libycis verritur arcis*.
[2] Pline, *Histoires naturelles*, XVIII, 21.
[3] Pline, *Histoires naturelles*, XVII, 3.
[4] *Géographie*, I, 306.

d'Afrique, sur le territoire de Begua, occupé par les Musulamiens, dans le lieu appelé *Ad Casas*, aura le droit de tenir un marché deux fois par mois, le quatrième jour avant les nones et le douzième jour avant les calendes (le 2 et le 21 de chaque mois) ; que les gens d'alentour et les étrangers pourront s'y réunir, mais seulement pour vendre et pour acheter (on redoutait toujours les réunions politiques), et à la condition qu'ils ne commettront aucun acte illégal et ne feront de tort à personne[1]. Le propriétaire avait tout intérêt à attirer dans son marché les petits fermiers du voisinage et à faire de son domaine le centre d'un commerce important. Ces sortes de trafics profitent toujours au plus riche : comme sa fortune lui permet d'attendre et qu'il peut garder sa récolte dans ses greniers, il lui est loisible de profiter des circonstances, de se procurer le blé à bon marché dans les temps d'abondance et de le revendre très cher dans les moments difficiles.

Une partie du blé qui se récoltait en Afrique était réservée à l'alimentation de Rome. Il y avait longtemps que Rome ne parvenait plus à se nourrir ; elle avait eu d'abord recours aux provinces les plus rapprochées, à la Sicile et à la Sardaigne, pour suppléer à ce qui lui manquait ; mais elles n'y suffirent pas longtemps. Il fallut alors s'adresser à l'Égypte et à l'Afrique, qui devinrent, après Auguste, sa principale ressource. Les bons citoyens étaient fort attristés de cette nécessité : Ils gémissaient, nous dit Tacite, de voir que la subsistance du peuple romain était le jouet des vents et des tempêtes[2]. Mais qu'y faire ? On ne pouvait pas songer à ramener les cultivateurs de l'Italie dans les champs qu'ils avaient désertés pour habiter les villes. Ce qu'il y avait de mieux, puisqu'on était forcé de s'adresser aux pays voisins, c'était d'éviter tous les mécomptes et de se mettre à l'abri de toutes les surprises, en réglant d'une manière fixe la part que chaque pays devait fournir et en prenant des mesures pour qu'elle arrivât sans encombres et sans retard à sa destination : c'est ce qui fut fait. On décida que l'Égypte et l'Afrique enverraient chacune un tiers de ce qui se consommait à Rome, près de 1800.000 hectolitres ; le reste venait de la Sicile et de l'Italie. Les Africains payaient donc une partie de leurs contributions en nature. Le blé qu'ils devaient à l'État était réuni sous la surveillance des procurateurs de l'empereur, et on l'amenait dans les ports d'où il devait être expédié. On sait qu'à Rusicade (Philippeville) des greniers immenses furent construits dans lesquels il était gardé jusqu'au départ[3]. Pour le faire parvenir de là en Italie, Commode institua une flotte particulière, à l'exemple de celle d'Égypte, qui devait, à époque fixe, l'apporter à Pouzzoles et à Ostie[4]. Nous savons que l'arrivée de ces flottes donnait une grande animation aux ports italiens : on se précipitait, pour les voir venir, sur les jetées et le long des rivages ; on suivait des yeux les petits navires, qu'on reconnaissait à leurs voiles légères, et qui précédaient et annonçaient l'approche des grandes galères chargées de blé ; on saluait de loin ces vaisseaux impatiemment attendus qui portaient la nourriture de Rome[5]. On comprend que le service des subsistances, ou, comme on disait, l'*annone*, eût une très grande importance : aussi l'avait-on déifiée. L'*Annona sancta* était une déesse qu'on représentait l'épaule et le bras nus, un croissant de lune sur la tête, à la main

---

[1] *C. I. L.*, 270 et 11451. On a trouvé dans la Numidie l'enseigne d'un autre de ces marchés. *C. I. L.*, 6357.
[2] *Annales*, XII, 43. Voyez aussi III, 54.
[3] *C. I. L.*, 7975.
[4] Lampride, 17.
[5] Voyez le tableau que Sénèque trace de l'arrivée à Pouzzoles de la flotte d'Alexandrie (*Epist.*, 77).

des épis, des cornes d'abondance devant elle. On la fêtait beaucoup dans les ports de mer où le blé était recueilli et embarqué pour Rome. et qui lui devaient ainsi une partie de leur animation. Les portefaix, les mesureurs, les ouvriers de toute sorte, à qui l'*Annona* faisait gagner leur vie, lui témoignaient leur reconnaissance en lui élevant des autels. Les Romains aussi devaient avoir pour elle une grande vénération, car ils savaient bien que, le jour où elle leur distribuerait ses dons moins libéralement, ils seraient exposés à mourir de faim. L'Afrique était donc, suivant le mot d'un écrivain du temps, l'âme de la République ; et Juvénal a bien raison de demander qu'on traite avec égard ces vaillants moissonneurs qui nourrissent Rome et lui permettent de se livrer sans crainte aux plaisirs du cirque et du théâtre :

Qui saturant urbem circo scenæque vacantem[1].

III

Comment se sont formés les grands domaines en Afrique. — Les bains de Pompéianus. — Sa villa. — Son écurie. — Le bosquet du philosophe.

Après avoir étudié quelles étaient les conditions de la petite propriété dans l'Afrique romaine, occupons-nous un peu de la grande.

Dans le passage célèbre où Pline l'Ancien attribue à l'extension des grands domaines la ruine de l'Italie, il ajoute que le mal avait gagné les provinces, et que six propriétaires possédaient la moitié de l'Afrique[2]. Il est aisé de comprendre comment ces propriétés énormes s'étaient formées. Les indigènes, après leurs défaites, avaient été plus d'une fois ou transportés en masse dans des contrées éloignées, ou cantonnés dans les montagnes. Les terres qu'ils laissaient libres, appartenaient de droit aux vainqueurs. L'État en garda sans doute une bonne part ; mais il dut en vendre aussi ou en donner à quelques personnages d'importance, et ce ne fut pas un mal, car il fallait des capitaux pour entreprendre des travaux d'utilité publique et mettre en rapport un sol fertile qui n'avait guère été cultivé. Dès la fin de la république, de grandes spéculations de terrains se sont faites en Afrique. C'est là disait-on, que le père de Cœlius, un chevalier romain de Pouzzoles, avait gagné cette fortune que sou fils s'entendait si bien à dépenser[3]. Cornélius Nepos rapporte qu'un certain Julius Calidus fut mis sur la liste des proscriptions parce qu'on voulait lui prendre les biens immenses qu'il possédait en Afrique[4]. Le mouvement continue sous l'empire : les grands personnages, que le prince envoyait commander les troupes ou gouverner les provinces, séduits par la richesse du pays, ne manquaient pas plus tard d'y acheter des terres et d'y placer une partie de leur fortune. Nous voyons que Julius Martialianus, qui fut légat de Numidie sous Alexandre Sévère, possédait des domaines considérables dans les environs de Lambèse, à Mascula ; on peut croire que son séjour en Afrique, où il commandait la troisième légion, lui donna l'idée de les acquérir. C'est ainsi qu'avec le temps, des familles illustres de Rome s'établirent dans ce pays, les Lollii à Tidsis, les Arrii Antonini à Milève,

---

[1] VIII, 118.
[2] *Histoires naturelles*, XVIII, 35.
[3] Cicéron, *Pro Cælio*, 30.
[4] *Vita Atticus*, 12.

et bien d'autres encore. Ces grands seigneurs se bâtissaient des résidences somptueuses, avec des greniers pour les denrées, des étables pour les bêtes, des logements pour les serviteurs, et naturellement il a dû rester plus de traces de ces vastes constructions que de l'humble demeure de ces pauvres fermiers dont je viens de parler.

Le hasard nous a précisément conservé quelques débris d'une de ces grandes maisons, et nous pouvons, en les visitant, nous représenter la façon dont l'aristocratie africaine s'installait dans ses terres[1]. Sur la route de Constantine à Sétif, près du petit village d'Oued-Atménia, dans une grande plaine ondulée qui est encore aujourd'hui fertile et bien arrosée, un Arabe qui labourait un champ rencontra un obstacle sur lequel vint se briser le soc de sa charrue : on fouilla le sol pour savoir d'où venait la résistance, et l'on découvrit d'abord une muraille, puis un commenc9ment de mosaïque, qui parut très bien conservée.

Les travaux furent continués avec soin, et l'on finit par mettre au jour les restes d'un édifice qui mesurait plus de 800 mètres carrés. Il fut aisé de voir que c'étaient des bains, et qu'il n'y manquait rien de ce qu'on trouve à Rome et ailleurs dans les établissements de ce genre. A l'une des extrémités, on reconnaît l'hypocauste, entouré de corridors pour faciliter le service, avec des bancs de pierre où les esclaves chargés d'allumer et d'entretenir le fourneau s'asseyaient pour se reposer ; puis viennent les salles où l'on passait par des degrés divers de chaleur, le *caldarium*, le *sudatorium*, le *tepidarium* ; le pavé y est suspendu sur des piliers de brique, pour qu'on puisse chauffer par dessous ; les plinthes de marbre qui couvrent les murs sont séparées de la grosse maçonnerie par un vide de trois centimètres pour faire circuler partout la chaleur, tandis que des tuyaux de grès la distribuent dans les couloirs et empêchent qu'on ne passe trop brusquement d'une température à une autre. D'autres salles, grandes ou petites, rondes, carrées, avec des absides à leur extrémité, devaient servir aux divertissements, aux entretiens, aux repas, à toutes ces occupations variées qui faisaient du bain un des plus grands plaisirs et des plus compliqués de la vie antique. Mais la partie la plus somptueuse et la mieux ornée est un atrium de près de 10 mètres de long, séparé en trois compartiments par des colonnes de marbre ornées de chapiteaux corinthiens. L'atrium, qui devait être un lieu charmant de réunion et de promenade, donne accès à un grand bassin de natation entouré d'une galerie demi-circulaire. Cet ensemble, qui se composait de vingt et une pièces, devait former un édifice d'une commodité rare et d'une parfaite élégance. Toutes les salles étaient pavées de mosaïques qui furent

---

[1] Les fouilles, dont je vais parler, ont été faites par la Société archéologique de Constantine, une de celles qui, en Algérie, ont le mieux servi la science. M. Poulie, qui la présidait alors, en a rendu compte dans un mémoire détaillé que je me contenterai de résumer (*Mém. de la Soc. arch. de Const.*, 1878, p. 434 et sq.). La Société a publié aussi un plan de l'édifice et une reproduction des mosaïques dans de très belles planches dont Tissot s'est servi dans sa *Géographie de l'Afrique*, et M. Duruy dans son *Histoire romaine*. Malheureusement on s'est aperçu, depuis, que les planches n'étaient pas toujours d'une exactitude rigoureuse. Pour être renseigné sur le dessinateur avait prises avec l'original, je me suis adressé à M. Mercier, président actuel de la Société de Constantine, dont je savais l'obligeance, et qui est connu par d'excellents travaux sur l'histoire de l'Algérie. M. Mercier a bien voulu m'indiquer les petites irrégularités de détail qu'on a relevées dans la copie, et me faire parvenir une reproduction nouvelle, et cette fois absolument exacte, d'une partie de la mosaïque, celle qui couvrait le sol de l'atrium. Il ajoute qu'aujourd'hui tout est irrémédiablement perdu.

trouvées dans un état merveilleux de conservation ; les débris des ornements de marbre et de stuc qui devaient revêtir les murailles couvraient le sol.

En présence d'un monument si vaste et si riche, on a été d'abord tenté de croire que tant de dépense n'était pas faite pour une seule personne, et que c'étaient des bains publics qu'on avait découverts. Mais il est bien difficile de s'arrêter à cette opinion. Si ces bains étaient publics, à qui pouvaient-ils servir ? On ne connaît pas de ville romaine dans les environs ; les plus rapprochées sont à vingt ou trente kilomètres de distance. On n'a même trouvé, dans un rayon de plusieurs lieues, aucune ruine importante : il est donc vraisemblable qu'un seul domaine occupait toute la plaine. Le propriétaire, qui devait être fort riche, et qui sans doute y habitait avec sa famille, avait dû y réunir toutes les commodités de la vie ; c'est pour lui et pour les siens qu'il avait fait bâtir ce bel édifice, et nous n'avons pas lieu d'être surpris qu'il soit si vaste et si somptueux, quand nous songeons que, dans toute l'étendue de l'empire, surtout en Afrique, les bains étaient devenus une nécessité pour tout le monde, et que les riches y déployaient un luxe extravagant. Sénèque raconte qu'étant allé visiter, à Literne, la villa du grand Scipion, il fut émerveillé de voir combien les bains y étaient simples, étroits, nus, obscurs. Qui s'en contenterait aujourd'hui ? dit-il. Qui ne se croirait un mendiant, s'il se baignait dans une salle dont les murs n'étincelleraient pas du feu des pierreries ? si le marbre d'Égypte n'y était incrusté de marbre de Numidie et encadré de mosaïques ? si le plafond n'était lambrissé de cristal ? si les piscines n'étaient taillées dans le marbre de Paros ? si l'eau ne coulait pas de robinets d'argent ? Et je ne parle encore que des bains du vulgaire : que sera-ce si nous en venons à ceux des affranchis ? Que de statues, que de colonnes, qui ne soutiennent rien, et qui ne sont qu'un pur ornement ! quelles masses d'eau qui tombent en cascade avec fracas ! Nous sommes arrivés à un tel raffinement de délicatesse, que nos pieds ne peuvent plus fouler que des pierres précieuses[1]. Voilà les folies que se permettaient les riches Romains au premier siècle de l'empire. L'exemple de Rome était imité dans tout l'univers, et l'on comprend qu'un grand propriétaire d'Afrique qui voulait se mettre à la mode ait tenu à reproduire quelque chose de ces prodigalités.

S'il s'était fait construire des bains si magnifiques, soyons assurés que sa maison devait être plus grande encore et plus belle ; mais il n'en existe plus rien, ou du moins on n'en a rien découvert jusqu'à ce jour. Heureusement nous n'avons pas besoin de faire des fouilles pour la connaître, et, sans sortir des bains, nous allons avoir le moyen de nous figurer ce qu'elle était. Je viens de parler des mosaïques qui en tapissent le sol ; elles ont un caractère qui nous les rend particulièrement précieuses. Le propriétaire aurait pu se contenter, comme tant d'autres, d'y faire copier un sujet banal, le triomphe d'Amphitrite ou de Bacchus, les travaux d'Hercule, etc. ; mais il a voulu quelque chose qui fût fait pour lui et ne convint qu'à lui ; il a demandé à l'artiste de reproduire sa maison, son parc, ses jardins avec leurs agréments, comme nos rois ont fait décorer quelquefois leurs palais de tableaux ou de tapisseries qui représentaient leurs principales résidences. Le maître mosaïste a dû prendre sans doute de grandes licences avec la réalité ; il n'a pas dû tenter de donner à un travail purement décoratif la perfection et l'exactitude qu'on apporte à des œuvres d'art achevées : c'est un à peu près qu'il faut juger d'ensemble, mais qui nous donne pourtant une idée d'un grand domaine romain à l'époque impériale. Puisque le voilà sous nos yeux, ne résistons pas à la tentation de le parcourir un moment.

---

[1] Sénèque, *Epist.*, 86, 1, 6.

Remercions d'abord l'auteur des mosaïques des indications précieuses qu'il nous a données ; comme il craignait qu'on ne se reconnût pas toujours dans ses peintures, il a pris le parti de placer à côté de chacun des tableaux des légendes qui nous font connaître les lieux et les hommes. Au-dessus de la maison s'étale en grosses lettres le nom du propriétaire : il s'appelait Pompéianus. Sa maison, qui occupe le haut d'une des mosaïques, ne présente pas ce large développement de façade et ces belles apparences de régularité qui sont à la mode chez nous, surtout depuis la Renaissance. Les Romains paraissent y avoir médiocrement tenu. Leurs villas, faites pour l'usage, se composaient d'ordinaire d'une réunion de corps de logis différents, plus juxtaposés qu'unis, et qu'on avait construits à mesure qu'on en sentait le besoin. C'est bien ainsi qu'était bâtie celle de l'empereur Hadrien, à Tibur, qui passait pour une merveille. Quand on la voyait de loin, avec ses bâtiments de toute dimension et ses toits de toute forme, elle devait ressembler à une petite ville. Pline le Jeune emploie précisément cette expression pour caractériser l'aspect des maisons de plaisance qu'on rencontrait le long du rivage d'Ostie : *Præstant multarum urbium faciem*. Dans celle de Pompéianus, quoiqu'elle fût encore très librement construite, la symétrie est un peu plus respectée. Les deux ailes sont occupées par deux grands pavillons carrés, surmontés d'une sorte de dôme ; au centre, à côté d'une porte monumentale, s'élève une tour à trois étages, comme il s'en trouvait dans toutes les villas romaines, pour donner au propriétaire le plaisir de la vue et l'agrément du grand air ; puis vient un corps de logis, avec de grandes fenêtres cintrées, qui paraissent éclairer une galerie intérieure. Des deux côtés, en dehors de la villa, deux petites maisonnettes, qui se répondent, complètent le logement du maitre et des serviteurs. Elles donnent sur des jardins, et, pour l'indiquer, l'artiste a placé par derrière de grands arbres, dont le sommet dépasse les toits ; aux deux extrémités commencent des palissades de buis, comme on en trouve dans le parc de Versailles, qui entouraient les bosquets et emprisonnaient les allées : la mode s'en est conservée depuis les Romains jusqu'à l'époque de Louis XIV.

Au-dessous de sa maison, Pompéianus avait fait représenter son écurie, montrant ainsi quels étaient ses goûts et ses préférences. C'étaient celles de presque tous les gens de son pays. Les indigènes, alors comme aujourd'hui, aimaient par-dessus tout leurs chevaux : ils les soignaient, ils en étaient fiers. Ceux que nous montre Pompéianus, les meilleurs sans doute qu'il eût chez lui, portent leurs noms écrits au-dessus d'eux : ils s'appellent *Delicatus*, *Pullentianus*, *Titas*, *Scholasticus*[1] ; mais Pompéianus ne se contente pas toujours de les nommer, il y joint parfois quelques paroles de flatterie et d'affection qui témoignent à quel point il les admire et il les aime. S'adressant à celui qui s'appelle *Altus* (le Haut), il lui dit : Tu es sans pareil, tu fais des bonds comme des montagnes (*unus es, ut mons exultas*). Au-dessus d'un autre, on lit ces mots : Que tu sois vainqueur ou non, nous t'aimons, Polidoxe (*vincas, non vincas, te amamus, Polidoxe*). Celui-ci, on le voit, est un cheval de course, qu'on dresse à remporter des prix. Les courses étaient le divertissement à la mode dans tout l'empire ; mais il semble que nulle part on ne les aimât autant qu'en Afrique. Il nous est

---

[1] C'est dans la peinture de ces chevaux que le dessinateur parait avoir commis ses fautes les plus graves. Il a eu le tort, m'écrit M. Mercier, de placer entre eux une sorte de mangeoire qui n'existait absolument pas. De plus, le dessin laisse croire qu'ils sont revêtus d'une sorte de camail à ramages, comme le djellal de nos indigènes, alors qu'en réalité ils sont nus et que l'artiste n'a cherché qu'à imiter que des jeux de lumière sur leur robe luisante.

resté de cette passion qu'on avait pour elles un souvenir très curieux. On croyait alors que, lorsqu'on avait à se plaindre de quelqu'un, il n'y avait rien de plus sûr, pour lui faire du mal, que de confier aux morts sa vengeance ; on écrivait donc le nom de celui à qui on voulait nuire sur une lame de plomb qu'on insinuait dans une tombe : on supposait que le défunt se chargerait de remettre la requête aux dieux infernaux. On a trouvé en Afrique un assez grand nombre de ces lames, et vraisemblablement on en trouvera bien davantage. Quelques-unes nous révèlent de petits romans inconnus : ce sont quelquefois des amoureux qui se plaignent d'avoir été trompés et réclament la punition des coupables. Ô toi, qui gouvernes le monde souterrain, dit l'un d'eux, je te recommande Julia Faustilla ; viens la prendre le plus tôt possible et mets-la au nombre de tes sujets. Ce qui arrive le plus souvent, c'est que les lames ont été déposées par des cochers qui veulent se débarrasser de leurs rivaux. Ils appellent à leur aide les divinités de tous les pays : ils nomment l'un après l'autre tous les chevaux qui pourraient leur disputer le prix ; ils demandent aux dieux de les rendre impuissants : Arrêtez-les, enchaînez-les, enlevez-leur toutes leurs forces ; qu'ils ne puissent pas sortir de l'écurie, passer la porte de l'hippodrome, s'avancer d'un pas sur la piste, et quant à ceux qui les conduisent, paralysez leurs mains, qu'il leur soit impossible de voir, d'agiter les rênes, de se tenir debout ; précipitez-les du char, jetez-les à terre et qu'ils soient foulés aux pieds de leurs chevaux. Sans retard, sans retard ; tout de suite, tout de suite ![1] Ces supplications furieuses montrent l'ardeur qu'on mettait aux luttes de ce genre. La victoire ne donnait pas seulement la réputation aux chevaux et aux cochers qui l'avaient remportée : elle pouvait leur donner aussi la fortune. Une inscription trouvée il y a quelques années à Rome nous apprend que le cocher Crescens, Maure d'origine (les cochers étaient alors africains comme aujourd'hui ils sont anglais), a gagné en dix ans 1.500.000 sesterces (un peu plus de 300.000 fr.)[2]. Pompéianus faisait courir, ce qui explique l'importance qu'il attachait à son écurie.

Il aimait aussi beaucoup la chasse, et il n'a eu garde d'oublier ce divertissement dans ses mosaïques. Elle y est le sujet de deux tableaux, l'un qui nous montre simplement le parc où il entretenait les gazelles, *sæptum venationis* ; l'autre beaucoup plus compliqué qui contient une dizaine de personnages, et représente ce qu'on appellerait aujourd'hui l'équipage de chasse de Pompéianus. On y voit des chiens, *Fidelis* et *Castus*, qui poursuivent la bête, avec des cavaliers et des piqueurs, dont on a soin, comme toujours, de nous dire le nom. Ils sont vêtus, presque comme certains montagnards d'aujourd'hui, de pantalons serrés au genou ; ils ont un béret plat sur la tête ; une sorte de justaucorps enferme leur taille, ils portent le manteau rejeté sur l'épaule, à la façon des Espagnols. Les cavaliers ont la lance en arrêt ; les gens de pied tiennent une épée à la main ; le maître de la maison, sur un cheval qui se cabre, conduit la chasse ; il est vêtu comme les autres, mais sans armes.

Assurément l'artiste n'a pas pu décrire tous les détails de la vie qu'on menait dans ces grands domaines ; il n'a reproduit qu'une partie des bâtiments qui entouraient la maison du maître. Mais il en indique au moins les plus essentiels : ici, c'est la résidence du chef du troupeau (*pecuarii locus*) ; là celle du forestier (*saltuarii janus*), construction énorme, avec son toit aux tuiles rouges, ses

---

[1] *C. I. L.*, 12504 et sq. On était si bien convaincu de l'efficacité de ces maléfices, qu'une loi de Valentinien condamne à mort ceux qui les commettent.
[2] Cette inscription a été publiée, avec un savant commentaire, par Mme la comtesse Hersilia Lovatelli.

pavillons à quatre étages et ses dépendances plus basses1. Mais voici un tableau plus étrange et plus curieux ; l'artiste a représenté un verger, avec des arbres d'espèce différente, le long desquels grimpe la vigne ; au pied d'un palmier chargé de fruits mûrs, une dame est assise sur une chaise à dos, comme une matrone respectable. Elle est élégamment vêtue et porte à la main un éventail ; devant elle, un jeune homme, couvert d'une tunique courte, tient en laisse un petit chien, et, de l'autre main, abrite la dame sous une ombrelle. Sur le haut du tableau on lit : *filosofi locus*. Nous voilà donc bien avertis ; nous avons devant les yeux le bosquet où se tient le philosophe. Mais lui-même, où est-il ? Faut-il le reconnaître dans le jeune homme qui tient le chien et tend l'ombrelle ? Je suis d'abord assez tenté de le croire, quand je me souviens des récits malins de Lucien, qui nous montre les sages de son temps fort empressés auprès des grandes dames et les amusant de belles paroles pendant qu'elles font leur toilette. Il en cite même un, le stoïcien Thesmopolis, qui, comme notre jeune homme, se charge de la petite chienne Myrrhine, et pousse même la complaisance jusqu'à recueillir ses petits dans son manteau. Je pense pourtant qu'il ne faut pas prendre ici le mot de philosophe à la lettre. Vers la fin de l'empire on donnait ce nom à tous les lettrés, et même à tous les gens habiles dans quelque art ou quelque science. L'emplacement du philosophe, c'est le lieu des entretiens agréables et distingués, où l'on touche d'une façon discrète aux lettres ou aux sciences, et, à l'occasion, le lieu des propos galants, où on lit ces petits vers, qui étaient à la mode en Afrique, et dont quelques-uns nous ont été conservés dans l'*Anthologie*. Il y a donc quelque place, dans cette magnifique maison, pour les élégances de la vie mondaine ; mais, tandis que c'est Pompéianus qui guide les chasseurs et poursuit l'antilope, c'est sa femme qui, dans un parterre charmant, donne audience aux beaux esprits et préside aux conversations délicates.

IV

Les domaines impériaux. — Administration des saltus. — Le Saltus Burunitanus. — Les conductore. — Les coloni. — Origines du colonat. — Fonctionnaires qui administraient les domaines de l'empereur.

Parmi ces grands propriétaires, qui occupaient la meilleure partie de l'Afrique, il faut mettre d'abord l'empereur. Les, princes qui ont été les maîtres de Rome pendant les deux premiers siècles, les *Julii*, les *Flavii*, les Antonins, appartenaient à des familles très riches, qui avaient des biens un peu partout2. Leur fortune

---

1 Les mosaïques si intéressantes que M. de la Blanchère a réunies au musée Alaoui, à Tunis, contiennent quelques reproductions de bâtiments de ferme, qui nous mettent sous les yeux, d'une manière très vivante, les exploitations rurales à l'époque romaine. Les plus curieuses sont celles qu'on a trouvées dans la ferme Godmet, à Tabarka. L'une d'elles nous offre l'image d'une maison à plusieurs étages, parfaitement conservée, avec des canards et des poules dans la basse-cour. Dans une autre, tandis que le cheval est attaché à la porte de l'écurie, une femme, assise sur un banc, file en gardant les moutons. Ce sont des scènes de la vie rustique des Romains, prises sur le vif.
2 Pour n'en citer qu'un exemple, comme on a trouvé en deux endroits de la table de Peutinger et sur une inscription le nom de Matidia, on en a conclu que cette nièce de Trajan, qui était fort riche, possédait des terres en Afrique et qu'elles ont dû faire partie de son héritage. Il est question de cet héritage dans les lettres de Fronton, et l'on croit y

privée, qui était considérable, s'accrut de la fortune publique. Sur les terres enlevées aux vaincus, l'État s'était réservé partout une part importante, qui formait ce qu'on appelait *ager publicus populi romani*. Sous l'empire, l'*ager publicus* ne tarda pas à se confondre avec le patrimoine particulier du prince ; ce fut, comme on dirait aujourd'hui, sa liste civile, qui lui permettait de pourvoir à tous ses besoins. Les empereurs l'augmentaient sans cesse par la confiscation des biens des condamnés, et il arriva souvent que l'on ne condamnait les gens que pour prendre leurs biens. Dans le passage de Pline que j'ai cité, et où il dit que la moitié de l'Afrique appartenait à six propriétaires, il ajoute que Néron les fit tuer et qu'il s'empara de leurs terres. C'est ainsi que d'un coup la moitié de l'Afrique s'ajouta à ce qu'il en pouvait déjà posséder.

Les grands domaines, surtout en Afrique, portaient quelquefois le nom de *saltra* : on les appelait ainsi parce qu'ils se composaient primitivement de bois et de pâturages. Plus tard de grands défrichements eurent lieu ; les champs de blés remplacèrent les vaines pâtures, la vigne et l'olivier se substituèrent aux broussailles ; mais, quoique la nature en fût très changée, on leur conserva leur ancien nom. Ces *saltus* étaient ordinairement des exploitations énormes, qui égalaient, nous dit Frontin, le territoire d'une cité, et même le dépassaient1, ce qui fait songer à l'Enfida, qui contient plus de 150.000 hectares. Au centre, ajoute Frontin, s'élève la villa du maître, qu'une ligne de villages entoure comme une ceinture ; ailleurs il parle d'un peuple de cultivateurs qui remplit les champs. Les plus importants de ces *saltus* appartenaient aux empereurs.

Dans l'un d'eux, qui s'appelait *Saltus Burunitanus*, et qui était situé dans la vallée du Bagrada, on a découvert, il y a peu d'années, une inscription qui est assurément l'une des plus curieuses que nous ait conservées l'Afrique2. C'est une requête des cultivateurs du *saltus*, adressée à l'empereur Commode, avec la réponse du prince ; elle a pour nous cet intérêt de nous faire connaître comment ces vastes territoires étaient administrés. Nous voyons qu'il s'y trouvait d'abord un *procurator* de l'empereur, qui dirigeait tout le domaine, et qui dépendait lui-même du *procurator* de Carthage, et au-dessous de lui des *conductores* et des *coloni* dont la situation n'était pas la même. Les *conductores*, comme leur nom l'indique, avaient pris à ferme une partie du *saltus*, l'exploitaient à leurs risques et périls, et payaient au propriétaire une redevance stipulée par le contrat. Leur bail était, comme au temps de la république, renouvelé tous les cinq ans. La période finie, ou bien le fermier se retirait, ou il faisait un bail nouveau, et ce bail pouvait être le même que l'ancien ou contenir des clauses différentes. La condition des *coloni* est tout autre. D'abord ils sont pauvres, tandis que les *conductores* semblent avoir été des gens assez riches ; vraisemblablement ils cultivent les parcelles de terre que les *conductores* n'ont pas voulu affermer, c'est-à-dire les moins bonnes. Il ne parait pas qu'ils aient payé au propriétaire une redevance fixe ; il est plus probable qu'ils partageaient les fruits avec lui.

---

voir que Marc-Aurèle, peut-être par quelque scrupule de délicatesse, ne voulait pas l'accepter, ce qui mécontentait sa femme, beaucoup moins difficile que lui. Il est probable qu'ici, comme toujours, Faustin finit par l'emporter et que les terres de Matidia s'ajoutèrent au domaine impérial d'Afrique.
1 Gromatici, ed. Lachm., p. 53.
2 C. I. L., 10570. Cette inscription a été souvent étudiée. Parmi les travaux les plus importants qu'on a faits sur elle, je signalerai celui de Mommsen (*Hermes*, XV, p. 385), ceux de MM. Cagnat et Fernique (*Revue archéol.*, 1880) et de M. Fustel de Coulanges (*Recherches sur quelques problèmes d'histoire*, p. 53 et sq.).

Enfin, on ne dit nulle part qu'il y ait eu entre eux et le propriétaire un bail qui se renouvelait à époque fixe, comme celui des *conductores*. Leurs droits, comme leurs devoirs, ont été fixés par ce qu'ils appellent *lex Hadriana* ou *forma perpetua*, un règlement qui a été fait une fois pour toutes, et qu'on n'a pas modifié depuis près d'un siècle. Les coloni ne sont pas sous les ordres des *conductores* ; ils leur doivent seulement un certain nombre de prestations. A l'époque où le travail presse, où la main-d'œuvre est rare, il a été entendu que les *coloni* devront aider les ouvriers qu'emploie le *conductor*. C'était une cause de conflits perpétuels ; partout où les *conductores* ou les *coloni* ont vécu les uns près des autres, nous voyons ces malheureuses prestations engendrer des querelles qui ne finissent pas. Cependant l'empereur Hadrien, qui s'entendait si bien à mettre de l'ordre partout, a pris la peine de régler de la façon la plus nette les obligations des *coloni* : ils doivent aux *conductores* deux journées de labour, deux journées de sarclage et deux journées de moisson, voilà tout ; mais les *conductores* exigent bien davantage, et ils trouvent moyen d'obtenir ce qu'ils demandent. Comme ils sont riches, ils achètent par des présents la complaisance du *procurator*, qui les laisse faire. C'est précisément ce que rapporte en grand détail l'inscription qu'on a trouvée dans le *Saltus Burunitanus*. A la suite d'une de ces injustices, les malheureux *coloni*, voyant qu'ils n'ont rien à espérer de leurs chefs naturels, ont eu l'idée d'écrire directement à l'empereur pour se plaindre. Mal leur en a pris ; le *procurator* de Carthage, gagné par l'argent des *conductores*, et sans doute furieux de voir son administration dénoncée au prince, a envoyé des soldats sur le domaine. Il a fait saisir et maltraiter les mécontents ; quelques-uns ont été jetés en prison, d'autres battus de verges, quoiqu'ils fussent citoyens romains. Mais il avait affaire à des gens énergiques, qui ne se laissaient pas facilement effrayer. Ils adressèrent une nouvelle requête à l'empereur, qui, cette fois, lui parvint, et l'empereur y répondit par une lettre signée de sa main, dans laquelle il ordonnait que les prescriptions d'Hadrien fussent respectées et qu'on n'exigeât des *coloni* que ce qu'ils devaient. Et cependant cet empereur était Commode, un fort méchant homme ; mais sous les plus mauvais princes, les affaires allaient leur train ordinaire et les provinces avaient moins à souffrir qu'on ne croit. La joie, comme on pense, fut grande chez ce petit monde qui avait enfin obtenu justice. Comme ils s'étaient associés ensemble (nous dirions aujourd'hui syndiqués) pour mieux se protéger, le président (*magister*) de l'association fut chargé de faire graver plusieurs exemplaires de la requête des *coloni* et de la réponse de l'empereur[1] ; et le jour des ides de mars de l'an 181 ou 182, où l'inscription fut dédiée, il dut y avoir une fête parmi les *coloni* du *saltus*.

C'étaient pourtant des gens bien misérables et qui ne cherchent pas à s'en faire accroire. Nous ne sommes, disent-ils, que de pauvres paysans, qui gagnons notre vie par le travail de nos mains. Et plus loin, s'adressant à l'empereur : Prends pitié de nous ; fais que tes paysans, les enfants de ta terre, qui sont nés et qui ont grandi sur elle, ne soient plus molestés par les fermiers de ton domaine. Ces expressions ont frappé les historiens et les jurisconsultes ; ils se sont demandé si ces gens qui s'appellent eux-mêmes *vernulæ, alumni saltuum imperatoris*, ne sont pas déjà des colons attachés à la glèbe, comme on en trouve au commencement du bas-empire, et si l'institution du colonat, qu'on fait

---

[1] M. Cagnat a trouvé en Tunisie, à 30 kilomètres de Souk-el-Khmis, un fragment d'inscription qui contient un autre exemplaire de la requête des *coloni* du *Saltus Burunitanus*.

dater ordinairement de Constantin, n'est pas beaucoup plus ancienne. Ce qui est sûr dans tous les cas, c'est que, si elle n'existait pas encore du temps de Commode, sous sa forme légale et définitive, elle se préparait à naître. Sans doute aucun texte ne nous dit que ces paysans, qui sont nés sur les terres de l'empereur, n'ont pas le droit dé les quitter : la loi qui doit les y attacher pour toujours n'est pas encore promulguée ; et pourtant ils y demeurent, ils y sont depuis plusieurs générations, ils y seront vraisemblablement toujours, non par contrainte, mais parce qu'ils ont pris l'habitude d'y demeurer, et qu'ils n'ont guère le moyen de vivre ailleurs. Ils sont donc, en réalité, forcés d'y rester, quoiqu'il ne leur soit pas défendu d'en sortir, et la loi qui, un siècle plus tard, les attachera définitivement au sol ne changera rien à leur situation réelle. Ainsi le colonat n'a pas été créé de toute pièce par le législateur du bas-empire ; il est en germe dans le statut d'Hadrien, qui n'est probablement lui-même qu'une application d'une coutume remontant aux origines de Rome[1]. Dans ce monde romain, qui est le triomphe de la logique et de l'esprit de suite, rien ne se fait d'un seul coup, rien ne naît au hasard, et c'est un grand plaisir pour l'historien, qui l'étudie, de voir les institutions se préparer lentement et sortir les unes des autres par une sorte de génération naturelle.

Le domaine impérial ne se composait pas seulement de ces immenses *saltus* qui ressemblaient à des provinces : les mines aussi, ou plutôt ce qu'on appelait d'un nom général *metalla*, en faisaient partie ; on entendait par là non seulement les mines d'or, d'argent, de cuivre, de plomb, mais les carrières de marbre et de pierre et même les salines. Presque tous les *metalla*, dans le monde entier, furent acquis ou confisqués par l'empereur et administrés par ses intendants. Quoiqu'on parle peu de ceux d'Afrique, il y en avait pourtant, et qui ne manquaient pas d'importance. Ce fut un des plus grands supplices infligés aux chrétiens, pendant les persécutions, d'être contraints d'y travailler. Nous avons les lettres courageuses que les malheureux écrivaient à leur évêque Cyprien, pour lui demander ses prières, et la belle réponse de l'évêque. On y voit quelle triste vie menaient les ouvriers des mines : on y était peu vêtu, mal nourri ; on couchait sur la terre, on grelottait l'hiver, l'été on était brûlé du soleil ; et ces souffrances, dures à tout le monde, paraissaient intolérables à des vieillards, à des femmes, à des enfants, à des gens accoutumés à l'aisance des villes, et qui n'avaient pas connu la misère. Mais ils étaient soutenus par la foi, heureux de souffrir pour la vérité. Et quand quelque lettre de l'évêque pénétrait jusqu'à eux, toutes les souffrances étaient oubliées : Les condamnés vous bénissent, lui disaient-ils, d'avoir relevé leur courage. Leurs membres ne sentent plus les atteintes des coups de fouet ; il leur semble que leurs pieds ne sont plus liés : c'est la lumière qui luit dans les ténèbres de leur prison. Ces horribles montagnes deviennent des plaines riantes, et l'odeur affreuse des lampes dans les sombres galeries se change en parfums des fleurs[2]. Les mines de Sigus, au centre de la Numidie, d'où les martyrs adressaient à saint Cyprien ces belles paroles, n'ont pas été retrouvées, mais on tonnait et l'on exploite les carrières de Simittu

---

[1] Une inscription nouvelle, relative à l'administration des *saltus*, a été trouvée récemment, près d'Aïn-Ouassel, en Tunisie, par M. le docteur Carton, médecin militaire, à qui l'archéologie africaine est redevable de tant de découvertes importantes. Il l'a publiée dans la *Revue archéologique* (1892, p. 214). Beaucoup de commentaires ont été donnés de cette inscription. J'adopte ici les conclusions d'un travail que M. Mispoulet a fait paraître dans les *Collections du musée Alaoui*, publiées sous la direction de M. de la Blanchère.
[2] Saint Cyprien, *Epist.*, 77.

(Chemtou) qui fournissaient le fameux marbre de Numidie. La vogue de ce marbre était grande dans l'empire. Hadrien en avait orné sa villa de Tibur ; Constantin en tira quelques-unes des colonnes qui soutenaient les voûtes de Sainte-Sophie. Il est resté à Chemtou quelques blocs qui ont été extraits de la carrière il y a plus de quinze siècles, et qui, on ne sait pourquoi, n'avaient pas été employés ; ils portent, avec un numéro d'ordre, la mention de l'endroit où on les avait pris. Nous voyons qu'il existait à Simittu un certain nombre de chantiers : le Chantier royal, qui remontait peut-être à l'époque des rois numides, le Chantier neuf, celui du Génie de la montagne. C'est à l'époque des Antonins que le travail paraît avoir été le plus actif ; il le fut assez pour amener la création d'une ville dont les débris indiquent l'importance.

Des possessions si étendues, si nombreuses, de nature si différente, exigeaient toute une armée de fonctionnaires, les uns disséminés un peu partout, les autres réunis soit au chef-lieu des divers districts (*tractus*), soit dans la capitale même de la province. Les plus importants d'entre eux nous sont connus, mais nous risquions d'ignorer toujours les plus humbles, lorsqu'un hasard heureux en a tiré quelques-uns de l'oubli. Le Père Delattre, en fouillant le sol à Carthage, auprès de la Malga, découvrit deux cimetières où reposaient des esclaves et des affranchis attachés à l'administration des domaines impériaux. Leur tombe est très simple et répond à leur humble fortune ; elle se compose d'ordinaire d'un cippe en maçonnerie dans l'intérieur duquel sont noyées deux ou trois urnes de formes très diverses ; ce qu'elles ont de particulier, c'est qu'elles sont surmontées d'un tuyau en brique qui débouche soit au sommet, soit sur les côtés du cippe. Par ce tuyau on introduisait des libations qui arrivaient jusqu'aux cendres du mort ; — c'était aussi le chemin qu'on faisait prendre à ces petites lames de plomb dont j'ai parlé et qui contenaient des imprécations contre certaines personnes. Sur le devant du cippe, une ou plusieurs tablettes de marbre contiennent les épitaphes de ceux dont les restes y sont renfermés[1]. Elles ont cet intérêt de nous faire connaître les degrés inférieurs de cette domesticité impériale transplantée en Afrique. Ce sont des gens attachés au service des hauts fonctionnaires (*pedisequi*, *medici*), des comptables de toute sorte qui travaillaient dans les bureaux de l'impôt et des domaines (*notarii*, *librarii*, *tabularii*), des arpenteurs (*agrimensores*), des coureurs qui portent partout les dépêches et qui ont formé une association (*collegium cursorum et Numidarunt*) : tous, à l'exception de ces derniers, qui sont des gens du pays, paraissent venir de Rome, et ils ont l'air de regretter leur pays d'origine. L'un d'eux, qui a perdu une jeune femme de vingt-six ans, se plaint amèrement de la Fortune, qui ne lui a pas permis de revenir avec elle en Italie[2]. Ce sont déjà les misères des fonctionnaires qui se regardent comme exilés dans les pays qu'ils administrent.

Je n'ai pu donner, dans ce qui précède, qu'un aperçu très général et fort incomplet de l'état des campagnes africaines sous la domination de Rome ; il n'est pas possible, en ce moment, de faire autre chose. L'enquête de détail se poursuit ; en étudiant chaque contrée à part, et presque chaque domaine, on cherche à savoir, quand on le peut, ce que les Romains en avaient tiré, de quelle façon ils l'exploitaient, comment ils l'avaient rendu si fertile. Cette étude, je n'en doute pas, aura pour nous de sérieux avantages : il est bon de profiter de l'expérience des autres. Mais, en dehors de ces grands travaux d'utilité publique

---

[1] Les inscriptions sont réunies dans le *C. I. L.*, 12590 et sq., avec un résumé du mémoire du Père Delattre.
[2] *C. I. L.*, 12792.

que le temps et l'observation nous feront connaître, il est une cause plus générale qui a singulièrement servi à la prospérité de l'Afrique : c'est la sécurité que Rome procurait à ceux qui vivaient sous sa domination. Pour que l'agriculture puisse fleurir, il faut d'abord que les paysans soient certains de récolter le blé qu'ils sèment, que la moisson, quand ils l'auront faite, ne risque pas de leur être enlevée soit par le percepteur de l'impôt, soit par des pillards de passage, en un mot, que le gouvernement les protège des autres et de lui-même ; il faut en outre qu'en dehors de leur pays, les transactions soient faciles, qu'ils puissent se fier aux routes de terre et de mer pour exporter le surplus de leurs récoltes. C'est ce que leur assurait la *paix romaine*[1], et dont ils lui étaient si reconnaissants. Nous la leur avons rendue, et déjà les bienfaits commencent à s'en faire sentir : le reste viendra plus tard.

---

[1] Au moins d'une manière générale, car on a vu, à la fin du chapitre précédent, que cette paix fut souvent troublée par les incursions des indigènes.

CHAPITRE V. — LES VILLES - TIMGAD.

Il y avait certainement des villes en Afrique avant l'arrivée des Romains, mais elles n'y devaient pas être en très grand nombre. Ils n'eurent pas de peine à comprendre que, s'ils voulaient se rendre tout à fait les maîtres du pays et y détruire l'esprit d'indépendance et de rébellion, il était de leur intérêt de les multiplier. Dans les campagnes, l'indigène, même attaché au sol et devenu cultivateur et fermier, avait encore des contacts fréquents avec la barbarie et pouvait s'y laisser reprendre ; dans les villes il lui échappait davantage. Comme il vivait au milieu de la civilisation et presque uniquement avec elle, il arrivait plus vite à lui appartenir tout entier.

Il est donc naturel que les Romains aient fait beaucoup pour les villes d'Afrique. Nous savons d'abord que, sous leur domination, les anciennes sont devenues plus importantes. Thysdrus (El-Djem) n'était qu'une bourgade du temps de César[1] ; il faut bien qu'elle ait été plus tard très `étendue et très peuplée, puisqu'on y a bâti un amphithéâtre qui avait presque les dimensions du Colisée. Mais surtout ils en ont construit un très grand nombre de nouvelles ; de grandes villes se sont' élevées où il n'y avait avant eux que des villages et même dans des endroits entièrement déserts. Seulement tout ne s'est pas fait en un jour. Il importe de le remarquer pour répondre à nos impatients qui se plaignent que nos, progrès ne soient pas assez rapides, et qui trouvent qu'après un demi-siècle d'occupation il nous reste encore trop à faire. On peut leur dire que les Romains allaient encore moins vite que nous. Carthage, relevée par les Gracques, ne sortit que très lentement de ses ruines ; Pomponius Mela nous dit, à l'époque de Claude, qu'elle est plus célèbre par les souvenirs de ses malheurs passés que par sa fortune présente[2] ; et il fallut bien des années encore pour qu'elle devînt la merveille de l'univers, comme l'appelle Aurelius Victor[3]. Pline l'Ancien laisse entendre que, de son temps, il n'y avait guère en Afrique, à peu d'exceptions près, que des *castella*, c'est-à-dire des postes fortifiés[4]. C'est surtout avec les Antonins, dans cette prospérité admirable de l'empire, que les villes deviennent plus nombreuses et plus florissantes. Il y a des pays où un hasard heureux nous permet de suivre, en quelque sorte, pas à pas, leurs progrès ; nous les voyons naître et croître presque sous nos yeux[5]. A l'ouest de la province proconsulaire, dans une plaine fertile, non loin de la Medjerda, on rencontre les débris de plusieurs villes puissantes, qui semblent se serrer les unes contre les autres. Elles ont laissé de belles ruines qui attestent leur ancienne grandeur : c'est Thubursicum Bure (Teboursouk), Thignica (Aïn-Tomiga), et surtout Thugga (Dougga), qui parait avoir été la plus vaste et la plus belle de toutes. Les inscriptions, qui, par bonheur, ne manquent pas, nous montrent par quels degrés elles sont arrivées à cette prospérité. Ce sont d'abord de petits bourgs (*vici*) qui se forment par la réunion de quelques gens de campagne ; ils ont chacun leurs magistrats particuliers, et même quanti il leur arrive de se rapprocher, de se rejoindre, ils conservent quelque temps leurs administrations séparées. Puis ces

---

[1] *De bello afric.*, 97.
[2] I, 34 : *priorum excidio rerum quam ope præsentium clarior*.
[3] *Cæs.*, 19 : *Carthaginem, terrarum decus*.
[4] *Hist. naturelles*, V, 1 et sq.
[5] Voyez *C. I. L.*, p. 173.

administrations 's'unissent ; les petites bourgades constituent une cité (*civitas*), et la cité devient à son tour un municipe où une colonie. A chaque évolution, les empereurs, pour la favoriser, accordent de nouveaux privilèges, et la ville, fière de leur protection, s'empresse d'ajouter leur' nom au sien ; pour leur témoigner sa reconnaissance, elle est heureuse de s'appeler *Aurelia*, *Antoniniana*, *Alexandriana*. C'est sous la dynastie des Sévères que cette prospérité atteint son apogée. Comme ils étaient Africains d'origine, ils se plurent à combler leurs compatriotes de toutes sortes de faveurs.

On pense bien que je n'ai pas l'intention de m'occuper ici de toutes les villes romaines dont on a retrouvé quelques débris en Afrique. Il vaut mieux en étudier une avec soin, qui nous fera connaître les autres. Si je choisis Timgad, ce n'est certes pas à cause de son importance ou de sa réputation, elle ne parait avoir joué aucun rôle dans les événements politiques ; à l'exception d'un ou deux historiens, qui la mentionnent en passant, les autres n'en disent rien. Il n'est pas probable qu'elle fut très peuplée ; il est certain qu'elle n'avait qu'une médiocre étendue ; c'est pourtant celle dont il nous reste le plus de ruines, et, dans l'ensemble, les ruines les mieux conservées. Elle le doit sans doute à la façon dont elle a péri. Procope raconte qu'à l'approche des Byzantins, les montagnards de l'Aurès, qui ne voulaient pas les voir se fixer dans leur voisinage, détruisirent Timgad pour les empêcher de s'y établir[1]. Les Byzantins y sont pourtant venus, et même ils y ont assez demeuré pour avoir le temps d'y construire une très solide forteresse et une église. Mais il est probable que la ville, qu'on avait détruite, ne fut pas relevée ; les propriétaires des maisons renversées ne revinrent pas les occuper de nouveau, et quand, à son tour, la garnison byzantine fut partie, il ne resta pas dans la contrée d'autres habitants que les indigènes cachés dans leurs montagnes. Le pays étant devenu désert, personne n'éprouva le besoin d'aller prendre les pierres des anciennes maisons pour en bâtir d'autres. Elles sont restées à leur place, et il suffit d'enlever la terre qui les couvre pour les retrouver. La Commission des monuments historiques a donc été très bien inspirée en consacrant, pendant plusieurs années, toutes les ressources dont elle dispose à déblayer Timgad. Ce travail, fort habilement conduit[2], est assez avancé pour que nous puissions dès à présent en étudier les résultats avec profit. Non seulement la plupart des monuments principaux nous sont rendus, mais on a découvert, dans les décombres, beaucoup d'inscriptions curieuses qui nous renseignent sur ceux qui les ont construits et qui les fréquentaient. Une visite à Timgad nous apprendra comment se passait la vie dans une ville de l'Afrique romaine du temps des Antonins ou des Sévères.

---

[1] *De bello Vand.*, II, 1. — Il est vraisemblable que le feu fut employé pour activer la destruction. Bruce, qui visita les ruines de Timgad au milieu du siècle dernier, trouva de gros blocs de marbre calciné dans le temple de Jupiter.
[2] Les fouilles ont été commencées par un architecte très distingué, N. Duthoit, aidé par MM. Milvoy et Sarrazin ; elles sont confiées aujourd'hui à M. Roger Ballu. MM. Bœswilwald et Cagnat ont entrepris de publier les croquis et les dessins de ceux qui y ont travaillé, avec une description détaillée de la ville et de ses monuments. Cette publication formera un ouvrage magnifique, dont trois livraisons ont déjà paru (*Timgad, une cité africaine sous l'empire romain*, Paris, Leroux). Je m'aiderai beaucoup de cet excellent livre. Je leur ai notamment emprunté deux cartes. celle de la ville et celle du Forum, qui aideront le lecteur à se reconnaître dans les descriptions qu'on va lire.

Thamugadi. — L'arc de triomphe. — Le chemin de Lambèse à Théveste. — Le Forum. — Les statues. — La basilique. — L'autel de la Fortune Auguste. — La Curie. — La tribune aux harangues.

La ville de Thamugadi[1], qu'on appelle aujourd'hui Timgad, est située dans l'ancienne province de Numidie, sur les dernières pentes de l'Aurès. Elle occupe le centre d'un plateau qui, du côté du nord, s'abaisse peu à peu vers la plaine. Il faut, pour y arriver, suivre d'abord la route qui va de Batna à Tébessa. Après avoir fait une trentaine de kilomètres, on quitte le grand chemin pour s'engager dans un sentier, ou, comme on dit, dans une piste arabe, qui court bravement à travers champs, et où l'on se heurte à chaque pas aux pierres 'et aux racines. Quand on a franchi un oued desséché et remonté péniblement la berge, la vieille ville apparaît. C'est un amas pittoresque de murailles et de colonnes qui, au milieu de cette désolation, cause d'abord une très vive surprise ; on prend alors une voie romaine bien conservée, et, à mesure qu'on avance, les ruines des deux côtés augmentent. On arrive enfin devant un arc de triomphe qu'entourent des restes de constructions antiques, et l'on est au cœur de la cité.

Cet arc de triomphe est l'un des plus élégants qui existent en Afrique, où ils sont en si grand nombre. Quoiqu'on l'ait un peu alourdi pour le consolider, il produit un très bel effet. Comme celui de Septime Sévère à Rome, il contient trois portes, celle du milieu pour les chars et les cavaliers, les deux autres pour les piétons. La façade est ornée de quatre colonnes de marbre qui portent des chapiteaux corinthiens ; dans l'intervalle, deux niches, encadrées de colonnes plus petites, contenaient des statues, sans doute les images des princes de la famille impériale : on va les trouver partout à Timgad. Ce qui est original et rare, dans les monuments de ce genre, c'est que chacune des deux ailes, au-dessus des niches, est surmontée de frontons circulaires qui tranchent avec la ligne droite du centre. Rien n'est plus gracieux que cette disposition.

Au pied de l'arc de triomphe on a recueilli une inscription tombée du faite ; elle était destinée à raconter en quelques mots, dans cette langue si simple et si grande, que les Romains ont parlée mieux qu'aucun autre peuple, comment la ville avait pris naissance. On y lit que l'empereur Trajan Auguste le Germanique, fils du divin Nerva, grand Pontife, Père de la patrie, quand il était pour la troisième fois consul, et revêtu, pour la quatrième, de la puissance tribunitienne, a fondé la colonie de Thamugadi, par les soins de la troisième légion auguste ; L. Munatius Gallus étant légat impérial et propréteur[2]. C'est donc en l'an 100 de notre ère que Trajan, qui n'était empereur depuis deux ans, décida de bâtir une ville entre Lambèse et Mascula. Il est assez probable que sur l'emplacement qu'il choisit pour la construire, il y avait déjà quelque fortin, un *burgus*, qui pouvait abriter une petite garnison. On sait que tous les passages de l'Aurès étaient surveillés avec soin ; or, non loin de Timgad débouche un couloir de près de 3 kilomètres de long par lequel s'écoule un de ces petits *oueds* qui mènent les

---

[1] On a prouvé que tel est bien le nom de l'ancienne ville et qu'elle ne s'appelait pas *Thamugas*, comme on l'avait cru, mais *Thamugadi*. Les désinences de ce genre ne sont pas rares dans les noms des villes berbères.
[2] *C. I. L.*, 2355.

eaux des montagnes se perdre dans le Sahara1. Ce défilé devait donc être gardé comme les autres. Mais Trajan pensa sans doute que les leçons qu'on avait données aux pillards du désert étaient suffisantes, qu'on n'avait plus de ce côté d'invasion à craindre, et qu'on pouvait sans danger remplacer le *burgus* crénelé par une ville ouverte. Cette ville, il la fit bâtir par la légion fidèle qui, depuis un siècle, maintenait l'ordre en Afrique et qui devait la défendre jusqu'à l'époque de Dioclétien. Le soldat romain était bon à tout : il jetait des ponts sur les torrents, il traçait des routes à travers la montagne, il maniait la pioche comme le pilum. Dans le camp de Lambèse, où nous savons qu'il y avait des ingénieurs, des arpenteurs, des ouvriers de toute sorte, on devait trouver facilement aussi des architectes. Le travail fut mené très rapidement. Nous avons la preuve qu'en l'année 117, à la mort de Trajan, les principaux édifices du Forum étaient achevés, et, malgré cette hâte, il faut bien croire qu'on ne les avait pas trop mal construits, puisque après dix-huit siècles il en reste encore de si beaux débris.

Quand on a passé l'arc de triomphe et qu'on marche devant soi, on suit la rue principale de la ville, qui a été déblayée pendant plusieurs centaines de mètres. Elle est très belle, cette rue, plus large et plus droite que ne le sont d'ordinaire celles de Pompéi. C'est que nous sommes ici dans une ville neuve, bâtie d'un seul coup, sur un espace libre, où l'on n'était pas gêné par les constructions anciennes.

La rue que nous parcourons en ce moment, était aussi le grand chemin qui menait de Lambèse à Théveste, et comme il traversait des villes importantes, des campagnes fertiles et peuplées, il devait être très fréquenté : on le reconnaît aux ornières profondes que les roues des chars ont laissées sur les dalles. Des deux côtés, un large trottoir était réservé aux promeneurs qui voulaient se donner le plaisir de voir passer les voyageurs et les chariots, ce qui est une des distractions des petites villes ; et pour qu'ils fussent plus à l'aise, un portique, dont les colonnes ont été retrouvées et relevées, les mettait à l'abri du soleil. Le long de la rue, deux fontaines, de forme assez élégante, sont restées en place. Les gens de passage y faisaient boire leurs chevaux, et les femmes de Thamugadi venaient y emplir leurs urnes. Elles ont dû beaucoup servir, car la margelle en est fort usée2. A ce propos, je ferai remarquer que l'eau est ce qui manque le plus à Timgad aujourd'hui. Les quelques indigènes qui habitent sous la tente à côté des ruines de la ville antique sont obligés de l'aller chercher très loin. Les voyageurs ont grand'peine à s'en procurer pour tremper ce petit vin clairet que fournissent les tribus voisines. Autrefois elle coulait en abondance, on l'avait été prendre dans la montagne, et des canaux qui subsistent encore la conduisaient dans les rues. L'un de ces canaux, qui descendait du Forum le long d'un escalier, s'étant crevé dans les bas temps, à une époque où la municipalité n'était plus assez riche pour le réparer, on s'est borné à creuser, à côté, une entaille où l'eau pouvait couler sans envahir le reste des marches. Elle a continué

---

1 Je prends ce détail dans la petite brochure de M. Moliner-Violle sur *Timgad, ses fouilles et ses découvertes*.
2 Là aussi se trouve une salle carrée et assez grande, dont la destination est très facile à reconnaître. C'étaient des latrines publiques ; une large fontaine pour les ablutions nécessaires occupe l'un des côtés de la salle. Les trois autres écrient garnis de vingt-cinq sièges, dont l'un fut retrouvé en place. Chaque siège était séparé des voisins par un dauphin sculpté, où le bras pouvait s'appuyer. L'eau coulait dans des rigoles qui maintenaient la propreté et entraînaient tout à l'égout. M. Milvoy prétend que l'aménagement de cette salle est d'un confortable qui n'a pas été dépassé de nos jours.

très longtemps à suivre le lit provisoire qu'on lui avait fait, si bien qu'elle a fini par y déposer un sédiment considérable, comme on en trouve au Pont du Gard, dans les canaux de la Fontaine d'Eure.

Vers le milieu de la rue, on distingue les restes d'une porte monumentale, dont les montants étaient formés par deux belles colonnes, avec des chapiteaux corinthiens. C'était l'entrée principale du Forum. Quand on a passé sous la porte, et gravi un large escalier de dix marches, on débouche sur la place. Avant de l'étudier en détail, plaçons-nous au centre, pour en mieux juger l'ensemble.

Le Forum parait d'abord très petit. C'est la première impression qu'on éprouve lorsque du milieu on jette les eux autour de soi. Mais il ne faut pas 'oublier que les anciens n'avaient pas le même goût que nous pour ces vastes étendues où le regard se perd, et que, par exemple, la place de la Concorde, qui fait notre admiration, leur aurait paru ridicule. D'ailleurs Timgad était une petite ville, et Vitruve dit formellement que le Forum doit être partout proportionné au nombre des habitants. Trop étroit, il ne pourrait pas suffire aux usages auxquels on le destine ; trop grand, le peuple y semblerait perdu[1].

Ce qui rapetisse encore pour nous celui de Timgad, c'est qu'il n'était pas vide ; on l'avait encombré de statues de toutes formes et de toutes dimensions, distribuées d'une façon assez capricieuse. Il en était à peu près de même dans toutes les villes romaines, et nous savons, par exemple, qu'à Cirta il y en avait un si grand nombre et qu'elles y étaient si mal rangées, qu'on fut obligé de les aligner, pour que la circulation devint plus facile. Celles de Timgad ont été détruites[2], mais nous avons encore de quelques-unes la base sur laquelle on les avait placées et l'inscription qu'on y avait mise. Comme on le pense bien, c'est aux empereurs que cet honneur avait été d'abord réservé, et naturellement aussi les plus anciens, Antonin, Marc-Aurèle, Caracalla, trouvant l'espace vide, avaient pris les meilleures places. On avait mis les autres où l'on pouvait. Maxence était sur l'escalier, le César Galère sous un portique, Julien sur une petite base hexagonale, juste devant un de ses prédécesseurs, dont il devait masquer en partie l'image. D'un autre côté, vers l'entrée, il semble qu'on avait groupé, en les serrant un peu l'un contre l'autre, les bienfaiteurs et les protecteurs de la cité, personnages moins importants, auxquels on élevait des statues plus modestes, mais dont le nombre s'accroissait sans cesse, ce qui à la longue devait devenir un peu gênant.

Le Forum était bordé d'un large trottoir, élevé de deux marches au-dessus du sol, et que surmontait un portique dont la plupart des colonnes ont été retrouvées, quelques-unes presque intactes. La place avait ainsi une apparence de régularité, malgré la variété des édifices qui l'entouraient. Ces édifices, de formes et de grandeurs différentes, s'élevaient de tous côtés, derrière le portique. Comme il n'en reste plus que les fondations et quelques pans de muraille, il n'est pas toujours aisé de savoir à quoi ils pouvaient servir. Je ne veux mentionner ici que ceux dont la destination est sûre. Le côté de l'est est occupé presque tout entier par une grande bâtisse sur laquelle il n'est pas possible de se tromper : c'est une basilique. Sans doute elle ne ressemble pas tout à fait à d'autres monuments de ce genre, par exemple à la basilique de Tébessa, et n'est pas de celles dont on fit si aisément des églises chrétiennes. On n'y trouve pas, comme il arrive souvent, des rangées de colonnes qui la divisent

---

[1] *De archit.*, V, 1.
[2] Ou du moins il n'en reste que quelques lambeaux assez insignifiants.

en plusieurs nefs et soutiennent la voûte. Le mur du fond est droit et ne se termine pas, selon l'usage, par une abside ; mais on y reconnaît cette estrade de pierre qu'on appelait le tribunal, et sur laquelle siégeaient les juges. Par une disposition singulière, l'abside est placée en face, sur le mur opposé au tribunal. C'est une grande niche ronde, qui a dû contenir quelque statue. N'était-ce pas celle de Trajan, le fondateur de la cité ? Il méritait bien d'occuper cette place d'honneur. Ce qui est sûr, c'est que tout autour, le long des murailles, et comme pour lui faire cortège, on avait placé les images des princes de sa maison.

En face de la basilique, sur le côté de l'ouest, se trouvent les monuments les plus curieux et les mieux conservés du Forum. C'est d'abord, au milieu, une grande base de 3 mètres de long sur 1 m. 50 de haut, qui est terminée, à ses extrémités, par deux pilastres simples, mais élégants. Ce que portait cette base, quand elle était intacte, nous le savons grâce à l'inscription gravée entre les deux pilastres, et qui s'est conservée : elle nous dit que deux femmes ont élevé, à la Fortune Auguste une statue de 22.000 sesterces (4.400 fr.) pour exécuter la volonté de leur père, et qu'elles y ont ajouté de leur argent un petit édicule qui leur a coûté 4500 sesterces (900 fr.)[1]. A la place où elle était, attirant les yeux de tous les côtés, cette statué, sur sa base de pierre et dans sa petite chapelle, semblait être le centre du Forum de Thamugadi. Au moment où elle fut dédiée, sous Hadrien, l'empire était parvenu à l'apogée de la gloire et de la grandeur. La ville nouvelle, en se mettant sous la protection de la Fortune Auguste, pensait bien qu'elle s'assurait une longue prospérité.

Les deux édifices qui flanquent des deux côtés le petit monument de la Fortune Auguste présentent beaucoup d'intérêt. A gauche, c'est une grande salle, précédée d'un vestibule auquel on monte par quatre marches ; deux belles colonnes cannelées se dressent à l'entrée. L'intérieur devait être d'une grande richesse ; de fines moulures décoraient le soubassement ; les murs ôtaient incrustés de marbres de diverses nuances ; il y en avait tant, qu'on put emporter un plein tombereau de débris, et qu'il en reste encore. La destination du monument a été révélée par une inscription qu'on a découverte près du fond de la salle, à la place d'honneur. Elle nous apprend qu'on y avait élevé une statue à la Concorde de l'ordre des décurions (*Concordiæ ordinit*)[2] ; une pareille statue ne se comprend guère qu'à l'endroit où les décurions — c'est-à-dire le conseil municipal — se réunissaient pour délibérer : nulle part il ne convenait mieux de leur prêcher la concorde. C'était donc la curie ou, comme nous disons, l'hôtel de ville de Thamugadi ; et ce qui achève de le prouver, c'est que, entre autres inscriptions, on y a trouvé celles qui contiennent la liste des décurions de Timgad au IVe siècle.

Le monument qu'on avait construit de l'autre côté. vers le nord, pour faire pendant à la curie, est. en fort mauvais état ; il semble avoir plus souffert que les autres des tremblements de terre. Cependant on reconnaît que c'était un temple, mais on ignore à quel dieu il était consacré. Sur la façade, un ancien centurion de la légion de Lambèse, après avoir reçu sou congé. avait élevé deux statues en l'honneur de la victoire de Trajan sur les Parthes (*Victoriæ Parthicæ Augustæ sacrum*[3]). Cette façade présente une particularité remarquable : elle n'est pas précédée, comme les autres, d'un large escalier pour monter au temple

---

[1] *C. I. L.*, 17831.
[2] *C. I. L.*, 2341.
[3] *C. I. L.*, 2354.

; l'escalier est relégué sur les côtés, tandis qu'au-devant du temple s'étend une plate-forme qui devait être entourée, d'une balustrade. La même disposition se retrouve à Pompéi, au-devant du temple de Jupiter, qui occupe le fond du Forum. A Timgad, comme à Pompéi, cette plate-forme qui s'avance sur la place publique devait être l'endroit d'où les magistrats parlaient au peuple. Les municipes africains possédaient leur tribune aux harangues, comme la métropole, et nous savons qu'ils n'hésitaient pas à lui donner le nom glorieux de *rostra*. Il y avait donc des *rostres* à Timgad, et l'on a remarqué que la colonnade qui entoure toute la place s'interrompt brusquement devant eux. Il fallait en effet que celui qui parlait du haut de la plate-forme eût un espace libre en face de lui, et que de partout on pût le voir et l'entendre ; — ce qui montre bien que, même dans ce petit municipe, aux extrémités du monde civilisé, à quelques lieues du Sahara, on attachait du prix à la parole et que la tribune y'avait son importance.

II

Destination du Forum. — Les jeux. — Les élections. — La summa honoraria. — Prodigalités des candidats. — Danger de ces prodigalités. — Le culte de Rome et d'Auguste.

Ne quittons pas ce Forum désert sans essayer d'entrevoir ce qu'il devait être et ce qu'on y venait faire quand la ville était peuplée et vivante. Quelques mots suffiront pour dire ce qu'on en peut savoir.

C'était d'abord, pour une grande partie des habitants, un lieu de réunion et de promenade. Les oisifs venaient chercher sous ces portiques un abri pour les jours de pluie et un peu d'ombre pendant les jours d'été ; on y causait sans doute de ce qui fait l'entretien des petites villes ; on y formait de ces réunions en plein air, qu'on appelait des *circuli*, dans lesquelles on racontait et au besoin on inventait les nouvelles, et où l'on se donnait même le plaisir de médire parfois de l'autorité. Les plus désœuvrés s'asseyaient sur les marches et passaient leur temps à jouer. On a retrouvé, gravée sur une des grandes dalles du pavé, une de ces tables de jeu (*tabulæ lusoriæ*) qui vraisemblablement remplissaient l'office de nos damiers ; elle porte ces mots, qui résument à merveille les sentiments de ceux qui les ont tracés : Chasser, se baigner, jouer, rire, c'est vivre1.

Mais le Forum servait aussi à des usages plus sérieux ; c'était pour la petite cité le centre de la vie publique ; ce qui s'y passait d'ordinaire, quand il fallait élire les magistrats, les installer, les remplacer ou traiter les affaires de la ville, il nous est aisé de l'imaginer : nous n'avons qu'à nous souvenir de ce qu'on faisait ailleurs. Qui connaît une ville romaine les connaît toutes, au moins pour l'essentiel, car les institutions municipales ne différaient guère ; et ce n'est pas une de nos moindres surprise=, quand nous étudions l'empire romain, de voir à quel point, d'un bout du monde à l'autre, elles se ressemblent. Comment des peuples de

---

1 VENARI, LAVARI, LVDERE, RIDERE, OCC EST VIVERE.
On remarquera *Occ* pour *Hoc* ; le latin d'Afrique n'est pas toujours correct. Il est vraisemblable que, dans cette *tabula lusoria*, chaque lettre formait une sorte de case où les joueurs plaçaient successivement des cailloux, qui tenaient lieu de dés, en les faisant voyager d'après des règles que nous ne savons pas. Sur d'autres dalles du Forum on trouve des séries de petits trous qui semblent disposés pour y recevoir des billes. Tout parait donc prouver qu'on jouait beaucoup sur le Forum de Timgad.

mœurs et d'origines si diverses se sont-ils pliés si complètement aux mêmes lois et aux mêmes usages, et sont-ils arrivés à vivre à peu près tous de la même façon ? On en serait moins surpris s'il était prouvé que Rome leur a fait violence, qu'elle les a forcés de renoncer à leurs usages et de s'accommoder de lois nouvelles : victorieuse comme elle l'était, on comprend qu'elle n'eût pas trouvé de résistance si elle avait donné des ordres formels. Mais ce n'était pas sa politique ordinaire d'imposer aux nations vaincues une certaine façon de s'administrer : elle leur laissait volontiers l'ancienne quand elle n'y voyait pas de péril. Il est donc probable qu'en Afrique, comme ailleurs, elle n'a pas mieux demandé que de respecter les coutumes de ses nouveaux sujets. Les villes africaines, sous la domination des Carthaginois, étaient gouvernées par des suffètes : Rome les leur laissa, et quelques-unes les ont gardés jusqu'après l'époque des Antonins[1] ; elles y renoncèrent pour recevoir le titre de municipes ou de colonies, et à la manière dont elles remercient les princes qui le leur ont donné, on voit bien qu'elles ont renoncé sans regret à leurs anciens magistrats. Elles paraissent toutes fort heureuses de jouir d'une administration romaine : Timgad se donne fièrement le nom de *Republica Thamugadensium*, et ceux qui parlent du conseil des décurions n'hésitent pas à l'appeler *splendidissimus ordo*, comme s'il s'agissait du Sénat de Rome.

Parmi les usages en vigueur dans les municipes romains, il y en a un qui était pratiqué partout, mais que les inscriptions de l'Afrique font peut-être mieux connaître que celles des autres pays. Quoiqu'on en ait souvent parlé, il faut le rappeler ici, car il nous aide à comprendre pourquoi nous trouvons, à Timgad et ailleurs, les ruines de tant de beaux monuments.

On sait qu'alors non seulement les villes ne payaient pas leurs magistrats, mais que c'étaient les magistrats qui payaient leurs administrés. A chaque élection, pour reconnaître l'honneur qu'on leur faisait, il leur fallait donner une somme d'argent, qu'on appelait *honoraria summa*. Il y avait donc cette différence entre les cités antiques et les nôtres que ce qui nous ruine les enrichissait : autant nous avons intérêt à diminuer le nombre des fonctionnaires, autant il leur était utile de l'augmenter ; on pense bien qu'elles ne manquaient pas de le faire. La liste des décurions dont on a découvert des fragments dans la curie de Timgad devait être fort longue : un seul de ces fragments contient soixante-dix noms ; il est probable qu'il y en avait au moins autant sur les autres[2] : c'est plutôt le parlement d'un royaume qu'un conseil de petite ville. Les municipes, on le comprend, étaient à l'affût de toutes les occasions qui se présentaient d'augmenter ainsi leurs ressources. Dès qu'un citoyen s'était enrichi, on s'empressait de lui ouvrir les rangs de la curie : c'était un contribuable de plus, et l'on pouvait espérer que, s'il arrivait aux premières dignités, il les paierait plus cher que les autres, parce qu'il en serait plus flatté. Quelquefois on allait chercher jusque dans la ville voisine quelque citoyen opulent, qui était très fier de se voir apprécié hors de chez lui ; il devenait donc magistrat de deux pays à la fois[3]. De cette double fonction, il y en avait une dont il ne pouvait guère s'occuper ; mais il avait payé, on le tenait quitte du reste. Il arrivait aussi qu'on s'adressât à quelque affranchi qui avait gagné dans le commerce une fortune assez ronde : on ne pouvait pas sans doute le nommer tout à fait décurion, la loi ne permettait d'accorder cet honneur qu'aux gens de naissance libre ; mais on

---

1 Voyez l'Index du *C. I. L.*, au mot *Suffètes*.
2 Voyez ces listes *C. I. L.*, 2405 et 17905.
3 *C. I. L.*, 2407. Le même personnage est *flamen perpetuus* à Thamugadi et à Lambèse.

tournait la difficulté : au lieu de le revêtir de la dignité elle-même, on lui en conférait les ornements (*ornamenta decurionis*) : il devenait, pour ainsi dire, décurion honoraire, et donnait de l'argent comme s'il eût été décurion véritable[1]. Il faut vraiment admirer l'adresse avec laquelle toutes ces villes ont su se faire de la vanité de leurs citoyens un revenu qui, pendant des siècles, a fort accommodé leurs finances.

La somme honoraire, pour les diverses dignités, n'était pas partout la même : il était naturel qu'elle variât avec l'importance du municipe ; et de plus on soupçonne qu'elle changeait aussi avec la fortune du candidat. Il est dit, dans quelques inscriptions, qu'en certaines circonstances on augmentait la taxe (*ampliata taxatione*)[2]. A Timgad la première dignité de la cité, le duumvirat, s'est payée 4.000 sesterces (800 francs)[3] ; mais en réalité la dépense était beaucoup plus forte. D'abord il ne semblait pas convenable de se contenter de la somme exigée par la loi : le beau mérite de ne donner que ce qu'il était impossible de refuser ! Le candidat promettait donc davantage, et, de peur qu'une fois nommé il n'oubliât sa promesse, on avait soin de l'inscrire sur les *acta publica*[4]. Il arrivait même le plus souvent qu'il dépassait ce qu'il avait promis. Il tenait à contenter ses compatriotes, à leur témoigner sa reconnaissance, et même à mériter leur admiration. C'était entre les divers magistrats comme une émulation de libéralité, aucun ne voulant être moins généreux que tes devanciers ou que ses collègues. Les inscriptions nous montrent comment les plus modestes finissent par se piquer d'honneur et deviennent prodigues. Dans une petite ville de la Byzacène, dont nous ne savons même pas le nom, et qui n'a laissé d'elle d'autre souvenir pie quelques ruines, la n somme honoraire a pour être décurion était de 1.600 sesterces (520 francs). Un candidat de bonne volonté promet de donner le double, puis il se charge de la dette de son frère, décurion comme lui, qui peut-être n'avait pas pu se libérer, et la double comme la sienne. Cet argent était destiné à réparer un temple ; mais les frais furent plus considérables qu'on ne pensait, et la petite-fille du décurion, qui acheva l'ouvrage commencé par son grand-père, eut à y ajouter 5.600 sesterces de son argent. C'était donc 12.000 sesterces (2.400 francs) qu'il en avait coûté à notre homme pour être conseiller municipal d'un hameau[5]. Qu'on juge de ce qu'on devait dépenser dans les grandes villes, quand il ne s'agissait plus de réparer une chapelle, mais qu'on entreprenait de bâtir de grands édifices ! Sans compter que, le jour de la dédicace, il était de bon goût de donner des jeux scéniques, de faire combattre des gladiateurs, ou, tout au moins, de distribuer de l'argent aux magistrats et d'offrir un repas au peuple.

Ces prodigalités devaient avoir, avec le temps, des conséquences très fâcheuses ; elles devinrent pour les gens riches une cause de ruine et firent des fonctions publiques une sorte d'épouvantail et de châtiment ; mais elles avaient produit d'abord des résultats fort heureux. On leur doit la plupart de ces magnifiques monuments dont les ruines nous étonnent. A Calama (Guelma), une grande daine, qu'on avait nommée prêtresse des empereurs, fait don à ses concitoyens d'un théâtre, ce qui excite chez eux une telle reconnaissance qu'ils lui élèvent

---

[1] *C. I. L.*, 2350.
[2] *C. I. L.*, 12018.
[3] *C. I. L.*, 2341. La somme honoraire de l'édilité était, à Thamugadi, de 3.000 sesterces (600 francs). Voyez *C. I. L.*, 17838.
[4] *C. I. L.*, 15576.
[5] *C. I. L.*, 12059.

cinq statues à la fois[1]. A Théveste (Tébessa), un officier supérieur de la légion, en sus d'une somme considérable qu'il légua à la ville pour donner des jeux et orner des temples, y bâtit un arc de triomphe tétrastyle en l'honneur de Caracalla et de la dynastie africaine des Sévères[2]. C'est celui qui existe encore à l'entrée de Tébessa et qui fait l'admiration des voyageurs. Il avait coûté 50.000 francs. Le désir de tous ces généreux citoyens était d'embellir leur patrie, *exornare patriam*, comme disait la grande dame de Calama. On avait alors la passion de la magnificence ; chacun voulait que sa ville eût grand air et fût plus somptueuse que celles qui l'entouraient. De là ce grand nombre de monuments dont les ruines nous surprennent. Mais notre surprise augmente, quand nous songeons qu'on les a bâtis sans épuiser les finances municipales ou recourir à des subventions de l'État, et qu'on les doit presque tous à la libéralité des particuliers.

Il est impossible qu'en parcourant le Forum de Timgad nous ne soyons pas frappés de voir que presque tous les monuments qu'il renferme ont été élevés en l'honneur des princes et leur sont consacrés. C'est ce que nous avions déjà remarqué à Lambèse ; mais Lambèse est une ville militaire, et il semble naturel que l'empereur y ait été particulièrement honoré. Il est le commandant en chef, l'imperator de l'armée, qui porte son image sur ses enseignes ; il prend les auspices pour elle ; il est censé présent quand elle combat ; il triomphe quand elle est victorieuse. On est un peu plus surpris de voir qu'en dehors de l'armée l'empereur reçoive les mêmes hommages que dans les camps, et que ce qui se passe à Lambèse se Te-produise partout. II n'y a pas, dans tout l'empire, de villes ou de villages, dans les contrées les plus lointaines, les moins connues, où ne se retrouvent ces témoignages de respect et de dévouement. Il est difficile d'admettre qu'il n'y ait dans ces protestations unanimes qu'une complicité de servilité et de flatterie, et que le monde entier, pendant quatre siècles, se soit entendu pour mentir. N'oublions pas que ces hommages ne s'adressent pas seulement à un homme : Rome les partage avec lui. Quelquefois on le dit expressément (*Romæ et Augusto*) : dans les provinces où la formule entière n'est pas usitée, comme en Afrique, il faut la sous-entendre. En célébrant l'empereur, c'est Rouie- qu'on remercie de la paix qu'elle donne au monde, et comme les mauvais princes la maintiennent presque aussi vigoureusement que les bons, et que, selon le mot de Tacite, leur tyrannie pèse surtout sur ceux qui vivent dans leur voisinage[3], quand on a la chance d'en être éloignés, on leur rend à peu près les mêmes honneurs qu'aux autres, et l'on ne distingue guère entre Caracalla et Trajan.

En Afrique, comme partout, ces honneurs se résument dans le culte impérial. Aujourd'hui qu'on en connaît mieux la signification et les conséquences, on est moins tenté de s'en indigner ou d'en sourire. Ce qui en fit la longue fortune, c'est qu'il fut l'expression de deux sentiments qui semblaient inconciliables, et qui s'unirent en lui. C'est d'abord une explosion de reconnaissance pour cette autorité souveraine qui gouverne le monde, et sous les lois de laquelle on proteste qu'on est heureux de vivre. Et de plus, comme le culte de l'empereur est célébré au chef-lieu de la province, par ses délégués et à ses frais, elle se reconnaît et se retrouve dans ces réunions, elle y reprend la conscience d'elle-même qu'elle avait perdue depuis que les Romains l'ont vaincue ; sous leur

---

[1] *C. I. L.*, 5368.
[2] *C. I. L.*, 1858.
[3] *Histoires*, IV, 74.

suzeraineté elle se sent revivre. C'est donc à la fois la fête de la grande patrie et de la petite, et dans ces cérémonies, où l'on célèbre l'unité romaine, il se produit peu à peu une sorte de réveil des nationalités distinctes.

Les détails du culte impérial variaient selon les pays. Tantôt il s'adressait surtout aux empereurs morts et déifiés (*Divi*), tantôt à l'empereur vivant (*Augusto*) ; les attributions des prêtres chargés de le célébrer et le nom qu'on leur donnait n'étaient pas toujours les mêmes. Ces différences suffisent pour nous convaincre qu'il n'a pas été institué tout d'une pièce et sur un ordre de Renne. L'initiative a dû venir des provinces et des villes mêmes, chacune d'elles imitant à sa manière la ville voisine et cherchant parfois à la surpasser. Mais ces variétés ne sont qu'a la surface : au fond l'esprit de l'institution est partout le même ; si bien qu'à un moment quelques empereurs eurent l'idée de faire de ce culte le centre de la résistance au christianisme, parce qu'il était le plus répandu de tous et celui dans lequel tous les peuples de l'Empire s'accordaient le mieux. Partout, ou presque par- !out, on le célébrait à la fois dans la capitale de la province, au nom de la province entière, et dans chaque ale. Il était donc provincial et municipal. Timgad, par exemple, pour ne parler que d'elle, prenait part tous les as aux grandes fêtes de la Numidie ; c'est quelquefois parmi ses citoyens que les prêtres provinciaux étaient choisis, et elle en était très fière[1]. Mais elle avait aussi son culte particulier, auquel elle tenait beaucoup. Pour le célébrer, la ville élisait des flamines, et quand ils sortaient de charge, on leur en laissait le titre, afin que l'éclat des fonctions qu'ils avaient une fois remplies éclairât toute leur vie. C'est au moins ainsi qu'on explique d'ordinaire la présence de trente-cinq flamines *perpetui* sur les listes des décurions de Timgad : ils y sont placés immédiatement après les duumvirs, les premiers magistrats de la cité, et avant les pontifes et les augures ; ce qui montre l'estime qu'on faisait de cette dignité, et qu'on la mettait au-dessus des autres sacerdoces. La ville, ayant été fondée par un empereur, avait des raisons particulières pour être dévouée à l'Empire ; elle était fière de son origine, reconnaissante des faveurs qu'elle avait reçues, et très disposée à témoigner son dévouement au prince. Aussi peut-on croire que les fêtes impériales étaient, à Timgad, les plus belles de toutes. Il est facile de se figurer, quand on les célébrait, le concours de tous les citoyens se pressant sous les portiques, contre les statues, sur les marches des édifices, les magistrats de la ville s'avançant gravement, avec leurs faisceaux et leurs licteurs, comme s'ils étaient des sénateurs de Rome, les prêtres vêtus de la robe bordée de pourpre, couronnés de fleurs, tandis que, devant eux, des jeunes gens choisis portaient, sur des piques, les bustes en bronze doré des empereurs déifiés, et tous se dirigeant, au milieu des acclamations de la foule, vers le temple des *Divi*, où devaient se faire les sacrifices. C'est ce jour-là qu'il aurait fallu voir le Forum de Thamugadi.

---

[1] A Simittu, nous voyons les habitants élever une statue à un de leurs concitoyens, prêtre de la province d'Afrique, *qui primus ex colonia sua hunc honorera gessit*. C. I. L., 14611. A Timgad on trouve mentionnés, sur l'album des décurions, deux anciens prêtres (*sacerdotales*). Comme ils sont placés immédiatement après les protecteurs de la cité, et avant les autres magistrats, il faut bien que ce soient d'anciens prêtres de la province, qu'on a voulu honorer en les mettant ainsi à ce rang éminent.

III

Le marché de Timgad. — Le Capitole. — Le théâtre. — Le fort byzantin.

Le Forum est la plus grande curiosité de Timgad, mais ce n'est pas la seule. On a déblayé d'autres édifices qui, sans avoir la même importance, n'en sont pas moins fort intéressants à connaître ; il faut nous remettre en route pour les visiter.

Reprenons la rue par laquelle nous sommes venus, et repassons sous l'arc de triomphe. A notre gauche, nous rencontrons un édifice rectangulaire terminé par une exèdre qui était sans doute la base d'une abside. Comme cette ferme est ordinairement celle des basiliques, nous sommes d'abord disposés à lui en donner le nom ; mais il faut se rendre à l'évidence : une inscription nous en apprend la destination réelle, que nous n'aurions peut-être pas devinée du premier coup. C'est un marché, qui, comme la plupart des autres monuments de Timgad, provient de la munificence d'un riche citoyen. Plotius Faustus, après avoir commandé des cohortes et des ailes de l'armée auxiliaire, et mérité le titre de chevalier romain, était revenu vieillir avec sa femme, Cornelia Valentina, dans sa ville natale, qui s'empressa de l'honorer de dignités sacerdotales ; et c'est pour reconnaître cet honneur qu'ils firent construire le marché[1]. On y avait mis leur statue, dont on a retrouvé quelques débris. Le centre de la cour rectangulaire est orné d'une fontaine élégante ; tout alentour s'élevaient des portiques dont les colonnes sont à terre. J'ai cru voir que les chapiteaux portent des feuilles retombantes moins travaillées que l'acanthe et qui ressemblent davantage à celles du palmier. Ces portiques abritaient sans doute les marchands et les acheteurs aux heures chaudes du jour ; ceux qui n'y pouvaient pas trouver de place circulaient dans la partie découverte, autour de la fontaine. L'abside du fond devait être réservée à des commerces plus importants.

On y distingue sept boutiques, séparées par un mur les unes des autres et assez bien conservées. Une d'elles porte encore sa dalle de granit scellée dans le mur des deux côtés, et qui servait de table pour étaler la marchandise. Comme cette dalle est placée en avant de la boutique et qu'il n'y a pas sur les côtés de porte pour y pénétrer, il faut bien croire que le marchand passait par-dessous, en se baissant, quand il voulait entrer. C'est ce que j'ai vu faire plus d'une fois dans les souks de Tunis. — Ces pays-ci sont conservateurs de nature ; les habitudes ne s'y perdent jamais. — On a trouvé dans les boutiques de Timgad des vases de différentes formes et parfaitement intacts qui devaient contenir les fruits ou les liquides que vendait le marchand.

Derrière le marché, sur une hauteur, on aperçoit un amas de ruines énormes, le plus considérable de tous ceux qui couvrent la plaine. Évidemment il y avait là un édifice plus important que les autres, et qui a encore plus souffert qu'eux du temps ou des hommes. Nous aurions grand'peine à deviner ce qu'il pouvait être, si nous n'étions fort à propos renseignés par une inscription qui décorait autrefois le fronton. Elle nous apprend que, sous le règne de Valentinien Ier, les portiques du Capitole, qui tombaient de vieillesse, furent reconstruits par les magistrats municipaux et que l'ouvrage fut dédié par le consulaire Ceionius Coecina Albinus, un des grands personnages de l'Empire et l'un des derniers païens[2]. Nous avons

---

[1] C. I. L., 2398.
[2] C. I. L., 2388.

donc sous les yeux ce qui reste du Capitole de Timgad. Toutes les villes qui voulaient se donner un air romain avaient soin de se bâtir un Capitole, et y adoraient Jupiter entre Junon et Minerve. Il y en avait beaucoup en Afrique. Celui de Constantine possédait un très riche trésor, dont nous avons conservé l'inventaire[1]. Nous ignorons ce que pouvait contenir à l'intérieur le Capitole de Timgad, et si l'on y voyait un Jupiter en argent, ayant sur la tête une couronne de chêne dont les glands étaient en argent, et dans la main un globe en argent avec une Victoire qui tenait une haste d'argent ; mais ce qui est certain, c'est que l'extérieur en devait être somptueux. La place au milieu de laquelle il était bâti était encadrée dans un portique, comme celle de Saint-Pierre de Rome. Les colonnes qui portaient le fronton du temple mesuraient à la base 1m,50 de diamètre ; les murs étaient décorés d'une profusion de marbres précieux. Je n'en ai découvert, dit M. Milvoy, en aucun autre endroit de l'Algérie, une aussi grande abondance et une aussi complète variété. De toute cette magnificence, il reste aujourd'hui bien peu de chose. Les voûtes, en s'écroulant, ont effondré les dalles des pavés et mis à nu ces caves placées sous les temples où, selon Varron, on déposait les objets du culte hors de service. Il est pourtant probable que ces ruines vont prendre bientôt un autre aspect. La commission des monuments historiques, à qui nous devons la restitution du Forum, travaille en ce moment à les déblayer. On déterre les chapiteaux, les frises, les corniches, les balustrades ; on relève sur leurs bases ces belles colonnes qui sont tombées tout de leur long, comme celles de Sélinonte ; et lorsque tons ces débris auront été remis à leur place, nous aurons quelque idée de ce qu'était le Capitole de Timgad au Ier siècle, quand Ceionius Albinus en vint faire la dédicace.

De l'escalier du Capitole, si nous marchons droit devant nous, dans la direction de l'est, nous arrivons bientôt au théâtre, qui n'est séparé du Forum que par une large rue. Selon un usage très fréquent, le théâtre de Timgad est adossé à une colline, ce qui supprimait beaucoup de maçonnerie et assurait la solidité de l'édifice ; les degrés en étaient taillés dans le roc. On l'a entièrement déblayé, et ce n'a pas été sans peine : comme il forme une sorte d'entonnoir, les décombres s'y étaient entassés jusqu'à près de 7 mètres de hauteur. De la façade, qui rappelle celle du théâtre d'Ostie, il reste le soubassement, avec de nombreux débris de colonnes, qui soutenaient un portique où se réfugiaient sans doute beaucoup de spectateurs quand il survenait quelque orage. La scène a entièrement disparu : on n'en distingue guère que l'emplacement qui prouve une fois de plus combien les scènes des théâtres antiques étaient étroites. Connue on le pense bien, le plancher de bois qui composait le *pulpitum*, ou l'avant-scène, n'existe plus ; mais on voit encore les trois rangées de piliers de pierre sur lesquels s'appuyaient les planches. Le *pulpitum* se termine par un petit mur qui devait être richement décoré. Tout autour de l'orchestre, qui est la partie de l'édifice la mieux conservée, à l'endroit où commençaient les gradins, on trouve trois marches, qui sont assez larges pour qu'on ait soupçonné qu'on y plaçait les sièges des magistrats de la ville. De cette façon, ils pouvaient voir le spectacle sans se gêner les uns les autres ; le milieu était sans doute réservé à d'autres personnages ou restait vide pour certaines danses des mimes. Au delà des trois marches, l'orchestre est limité et comme enfermé par un petit mur, ou *podium*, composé de dalles planes, qui sont encore debout à leur place. Il reste à peu près sept rangs de gradins plus ou moins intacts qui formaient la première précinction. Ce qui m'a semblé nouveau, c'est qu'entre cette précinction et la

---

[1] C. I. L., 6981.

suivante on croit voir les restes d'un autre *podium*, qui constituerait une division nouvelle. Faut-il croire qu'à Timgad, comme à Rome, en dehors de l'orchestre, où siégeaient les magistrats de la cité, on gardait un certain nombre de rangs pour la haute bourgeoisie ? Ces sept gradins seraient donc l'équivalent des quatorze que la loi de Roscius Othon réservait aux chevaliers dans les théâtres. Au-dessus de ce podium, on ne distingue plus rien.

Quand on songe qu'on est à Timgad, c'est-à-dire sur les confins de la barbarie, la vue d'un théâtre si élégant dans ses proportions, si parfaitement semblable à ceux qu'on admire dans les pays les plus civilisés, ne laisse pas de causer quelque surprise. Sans doute tous les peuples que Rome a soumis, même les plus sauvages, ont été très vite séduits par les agréments des jeux publics ; il semble pourtant que tous ces jeux ne devaient pas également leur plaire. Pour ne parler que de l'Afrique, on comprend très bien que cette foule de Romains émigrés, qui n'étaient »pas toujours la fleur de leur pays, et ces indigènes, encore mal dégrossis, aient pris goût aux combats de gladiateurs : aussi voyons-nous qu'on les aimait beaucoup et qu'on témoignait une grande reconnaissance aux magistrats qui en faisaient la dépense pour amuser leurs concitoyens[1]. On ne goûtait pas moins les courses de chevaux, les luttes d'athlètes, les exercices de gymnastique, qui se donnaient quelquefois dans les thermes publics. Les plaisirs de ce genre ne demandent pas un esprit très cultivé ni une âme très délicate ; mais les spectacles qui se produisent sur un théâtre sont d'une autre nature, et il semble qu'ils ne conviennent pas à tout le monde. Je me demande, pendant que je parcours celui de Timgad, ce qu'on a bien pu y représenter. Les théâtres antiques, plus vastes et moins fermés que les nôtres, offraient l'hospitalité à des divertissements très variés. C'est là, disait Apulée, que l'acteur de mimes dit ses sottises, que le comédien cause, que le tragédien hurle, que l'histrion gesticule, que le danseur de corde risque de se casser le cou, que le prestidigitateur fait ses tours[2] ; sans compter le philosophe, comme Apulée lui-même, qui vient quelquefois y donner des conférences. Mais si on laisse de côté quelques-uns de ces divertissements qui ne paraissaient au théâtre que par occasion, on peut dire que les genres dont il était le domicile propre sont le même et la pantomime, la comédie et la tragédie[3].

On ne peut pas douter que la pantomime et le même aient été joués sur le théâtre de Timgad : depuis le commencement de l'empire, c'était à Rome le spectacle préféré de la foule, et il n'y en avait pas qui convînt mieux à un public de province. Les Pères de l'Église africaine décrivent les gestes lascifs :des histrions, en gens qui les ont vus de leurs yeux ; ils parlent souvent des injures qu'ils se disent et des soufflets qu'ils se donnent. Mais si c'était là ce qui paraissait le plus ordinairement sur les théâtres de l'Afrique, comme sur les autres, faut-il croire qu'on n'y voyait pas autre chose ? est-il vraisemblable qu'on n'y ait jamais joué la comédie et la tragédie ? Assurément la comédie et la

---

[1] Dans les environs d'Hippone, on a trouvé une inscription qui dit que toutes les curies (quelque chose comme tous les quartiers de la ville) ont élevé des statues à un riche citoyen à cause de la magnificence du combat de gladiateurs qui a duré trois jours et dépassé tous ceux dont on avait gardé le souvenir, et aussi à cause de son intégrité (*C. I. L.*, 5276). On voit bien que le combat de gladiateurs a fait plus d'effet sur les gens d'Hippone que les vertus de leur concitoyen.
[2] Apulée, *Florida*, I, 5.
[3] Il faudrait y joindre ces concerts de voix ou d'instruments, qui furent quelque temps à la mode sur les théâtres romains.

tragédie n'étaient plus guère à la mode ; mais les jeux revenaient si souvent, et l'on avait au théâtre un tel besoin de variété, qu'on était réduit à faire quelquefois du neuf avec du vieux. C'est la raison qui a dû faire exhumer de temps en temps l'ancien répertoire, qui paraissait nouveau parce qu'il était oublié. Arnobe semble dire qu'on jouait l'*Amphitryon* de Plaute quand on voulait se rendre Jupiter favorable, et il trouve que ce n'était peut-être pas un bon moyen de lui plaire que de lui rappeler ses vieilles sottises[1]. C'est ainsi qu'aux extrémités du monde les barbares prenaient quelque connaissance des chefs-d'œuvre antiques ; et, même en supposant qu'on n'ait joué devant eux que des pièces d'un genre inférieur, comme les mimes et les pantomimes, ces représentations n'étaient pas sans quelque utilité pour l'éducation de leur esprit. Il y a souvent dans les mimes, malgré leur grossièreté ordinaire, de très fines observations, et Sénèque trouve parfois plus de sagesse dans les farces de Publius Syrus que chez les philosophes de profession[2]. Quant à la pantomime, elle mettait sur la scène les personnages et les récits des légendes antiques ; il lui arrivait même de prendre ses sujets chez les plus grands poètes. Songeons qu'on a dansé sur les théâtres les vers de Virgile et d'Ovide. Il semble d'abord que des représentations pareilles n'étaient pas faites pour intéresser beaucoup des spectateurs assez grossiers ; et pourtant nous avons la preuve qu'ils y prenaient du plaisir. Les inscriptions de la province Proconsulaire et de la Numidie mentionnent les jeux scéniques aussi souvent au moins que les combats de gladiateurs, et une fois on nous dit qu'ils ont été donnés à la demande du peuple, *populo expostulante*[3] : On peut donc affirmer qu'à leur manière ils ont servi la civilisation romaine en Afrique. C'est par eux qu'elle a pu se propager parmi les gens qui ne passaient pas par les écoles ou qui n'ont fait que les traverser : rien qu'en écoutant et en regardant, ils en prenaient quelque idée et se familiarisaient avec elle. Aussi suis-je tenté de regarder ce petit théâtre de Timgad avec quelque respect, quand je songe que les illettrés de la ville et des environs, qui sont venus s'asseoir sur ces gradins, non seulement y ont passé quelques heures agréables, mais que, selon le mot de Varron, ils en ont emporté chez eux un peu de littérature.

Le théâtre visité, il ne nous reste plus qu'un monument à voir. Sur une éminence, vers le sud, à 500 mètres à peu près de la ville, s'élève la forteresse byzantine. C'est un grand rectangle de 120 mètres de long sur 80 de large. Elle est entourée de solides murailles et flanquée aux angles de tours carrées. Toute trace d'habitation a disparu à l'intérieur : elle ne devait contenir que des abris légers qui n'étaient pas destinés à durer ; on trouve pourtant. dans l'une des tours, une casemate protégée par une double voûte, qui devait être à l'épreuve des boulets de pierre lancés par les balistes. Les généraux de Justinien, après la défaite des Vandales, firent un grand effort pour s'affermir dans leur conquête ; ils entourèrent les villes de murailles et bâtirent des forts sur les hauteurs. Mais, comme il leur fallait se hâter, ils prirent les matériaux qu'ils avaient sous la main. Les monuments anciens tombaient en ruine : ils achevèrent de les détruire et se servirent des débris pour leurs constructions nouvelles. A Timgad, les murs de la forteresse sont bâtis avec des pierres tumulaires, des fûts de colonnes, des frises de temples, des dalles de pavés. La merveille, c'est que cet assemblage de hasard soit solide et qu'il ait duré. Ces remparts faits à la hâte, avec des pierres

---

[1] *Adv. Gentes*, VII, 33.
[2] *Epist.*, VIII, 8.
[3] *C. I. L.*, 958.

ramassées un peu partout et tant bien que mal réunies, ont soutenu des assauts furieux. Dans l'insurrection de 1871, les habitants de Tébessa et des villes voisines ont tenu tête aux Arabes de Mokrani derrière des murs bâtis par Solomon, il y a quinze cents ans.

IV

Timgad vu du fort byzantin. — Différence des villes romaines et de celles que nous bâtissons en Afrique. — Résultats de la magnificence des Romains. — Effet qu'elle produisait sur les visiteurs.

Je conseille à ceux qui visiteront Timgad de s'arrêter quelque temps sur le bastion central de la forteresse byzantine : c'est le lieu le plus favorable pour contempler la plaine et les belles montagnes qui l'encadrent. On a au-dessous de soi les monuments qui ont été déblayés, et l'on en saisit tous les détails ; on devine aux mouvements du sol ceux que la terre recouvre encore : il est donc aisé de se rendre compte de la forme et de l'étendue de la ville ; et si l'on a la chance de s'y trouver à la tombée du soir, quand les derniers rayons éclairent les neiges du Chélia, on peut facilement se faire quelque illusion, croire que ces ruines, sur lesquelles l'ombre commence à s'étendre, se sont subitement relevées, et que la vieille cité est redevenue vivante.

Pendant que je regarde, il me vient à la pensée un passage de saint Cyprien, dans un de ses ouvrages les plus brillants, la *Lettre à Donat*. Pour convaincre son lecteur de la futilité de la vie mondaine, il imagine de le transporter sur une hauteur et lui montre de là toutes les agitations d'une grande ville. Ici, c'est un combat de gladiateurs qui se prépare, des hommes qu'on engraisse pour la mort, et qu'on va tuer pour amuser d'autres hommes ; là c'est un spectacle obscène de mimes et de pantomimes qui attire la foule au théâtre ; ailleurs, le Forum mugit des cris insensés des plaideurs ; dans les rues, le client matinal va saluer son patron pour recevoir la sportule ; le magistrat se rend au tribunal, précédé d'un cortège d'amis et de créatures, tandis qu'a l'intérieur des maisons, quand l'heure du repas est arrivée, on sort les coupes de cristal ornées de pierres précieuses, on dresse les lits dorés recouverts de tapis et d'oreillers de plume où doivent reposer les convives.

En traçant ce tableau, saint Cyprien songeait à la ville qu'il a toujours habitée et dont il était évêque : il voulait dépeindre Carthage. Assurément le petit municipe au-dessus duquel nous sommes placés en ce moment ne pouvait avoir l'audace de se comparer à la capitale de l'Afrique. Mais nous avons dit plus haut que partout la vie romaine était à peu près la même. Il est donc probable que ce que nous aurions eu sous les yeux, du lieu où nous sommes, il y a dix-huit siècles, ressemblerait assez à ce que décrit saint Cyprien ; nous aurions vu, comme lui, des plaideurs se disputer dans la basilique, des candidats briguer les suffrages populaires au Forum, des dévots monter les degrés des temples, et la foule se presser dans les théâtres. C'est le spectacle que devaient offrir toutes les villes romaines d'un bout du monde à l'autre. Je crois donc inutile d'y insister, puisqu'il se reproduit partout et ne nous apprendrait rien de nouveau. Il me parait plus important, en présence de cette ville antique, qui semble revivre sous nos yeux, de faire un retour sur nous-mêmes, et de nous demander si elle ne peut pas nous expliquer en quoi les habitudes des Romains, quand ils s'établissaient en pays conquis, différaient des nôtres. Ces diversités ne sont pas seulement intéressantes à signaler, elles peuvent être utiles : il n'est pas impossible de trouver quelquefois une leçon dans un exemple.

Nous aussi, nous avons été souvent amenés à fonder des villes dans les pays où nous voulions asseoir solidement notre domination. Comme les Romains, nous les avons fait bâtir quelquefois par l'armée et sur un plan presque toujours uniforme. Mais là s'arrêtent les ressemblances. Pour voir combien notre manière de les construire diffère de celle de nos devanciers, il suffit, je crois, de comparer Timgad et Batna. Entre ces deux villes voisines, bâties pour le même dessein et presque dans les mêmes conditions, la comparaison est facile et sera profitable. Nous semblons, nous autres, avoir tenu à ne chercher que l'utile. Des rues larges, bien correctement alignées, qui se coupent à angle droit, et que bordent des maisons modestes, à un seul étage ; de temps en temps, des casernes, des magasins, des hôpitaux, qui ne se distinguent du reste que par leur masse et leur lourdeur ; au milieu d'une place carrée, une église aussi simple que possible, quand on n'a pas eu le mauvais goût de lui donner des airs de mosquée ; voilà ce que sont d'ordinaire les villes que nous construit le génie. Combien l'aspect de celles que bâtissait l'armée romaine est différent ! Les ornements de tous genres y sont prodigués. Timgad, quand on l'aperçoit à distance, produit l'effet d'une forêt de colonnes qui se dressent dans un désert ; et l'on s'aperçoit bien, dès qu'on s'approche, que ce qui reste n'est que la plus petite partie de ce qui existait autrefois. A chaque pas on heurte des fûts ou des chapiteaux, sans compter les fragments d'autels, de statues, de bas-reliefs. On dit que les Anglais éprouvent une sorte de besoin maniaque de ne jamais rien changer à leur façon de vivre et qu'ils entendent retrouver dans l'Inde ou l'Australie leur home de Londres ou d'Édimbourg. De même il semble que les Romains aient tenu à transporter partout avec eux leur civilisation tout entière. Au pied de l'Aurès, comme sur les bords de Rhin ou du Danube, ils voulaient avoir devant les yeux des places peuplées de statues, des temples entourés de portiques, des thermes, des théâtres, tout ce qu'ils avaient coutume de voir en Italie. Faut-il croire qu'ils n'obéissaient qu'à l'entêtement d'une vanité étroite, et qu'ils étaient esclaves de mesquines habitudes ? Je ne le pense pas ; il me semble que leur politique y trouvait son compte.

Nous en serons convaincus si nous songeons aux conséquences que devaient amener avec le temps ces innombrables constructions sans cesse entretenues et renouvelées. Pour bâtir ces édifices, pour les orner et les réparer, il fallait bien qu'il se fondât, dans ces pays barbares, des écoles d'artistes et d'artisans. Il y en avait en effet un grand nombre, et nous voyons que les empereurs étaient fort occupés à les encourager. Nous avons besoin qu'on forme beaucoup d'architectes, écrit Constantin au proconsul d'Afrique ; et il lui demande de pousser de ce côté les jeunes gens de dix-huit ans qui vont finir leurs études[1]. Il veut qu'on les décide à choisir ce métier par des exemptions d'impôts pour eux et leurs parents, et qu'on leur donne un salaire convenable pendant qu'ils seront occupés à l'apprendre. Les peintres ne sont pas moins favorisés que les architectes. Une loi de Valentinien Ier ordonne de leur concéder gratuitement des boutiques et des ateliers où ils exerceront leur art ; elle ajoute que les magistrats ne doivent pas exiger d'eux des portraits de la famille impériale, ou leur demander de décorer pour rien les monuments publics, ce qui, sans doute,

---

[1] *Codex Théod.*, XIII, 4, 1 et 5.

devait se faire souvent[1]. Quant aux sculpteurs, il était bien nécessaire qu'il y en eût dans les villes comme Timgad, où les statues sont en si grand nombre. Celles des bienfaiteurs de la cité, dont nous venons de voir qu'on remplissait le Forum, ne pouvaient être exécutées que sur place. Il arrivait souvent que les gens dont on reproduisait l'image appartenaient à un monde des plus modestes. A Auzia (Aumale), un ancien décurion fait placer sa statue et celle de sa femme sur son tombeau, et il lègue une rente de trois deniers au gardien du monument pour qu'a certains anniversaires il les nettoie, les parfume, les couronne de fleurs et allume deux cierges devant elles[2]. Il n'est pas probable que l'ancien décurion ait fait venir de loin un sculpteur renommé, il a dû le trouver chez lui ou dans les environs. Ces artistes de petites villes, toujours prêts à exécuter les commandes de leurs compatriotes, devaient en outre avoir chez eux, en provision, un certain nombre de statues toutes prêtes, dont le débit était certain, par exemple celles des dieux les plus honorés ou de l'empereur et de sa famille[3], la Victoire, la Fortune Auguste, ou d'autres divinités officielles qu'on prodiguait sur les places publiques. Un édile de Constantine qui, le 5 avant les ides de janvier, avait promis à ses concitoyens d'élever une statue à la Concorde, la dédia moins de deux mois après, ce qui prouve bien qu'il l'avait achetée toute faite[4]. Les ouvrages de ce genre, qui se copiaient les uns les autres et qu'on trouvait en nombre dans les ateliers, devaient souvent être vendus au rabais. A Calama (Guelma), où le culte du dieu des mers était très populaire, on pouvait avoir un beau Neptune, digne de figurer sur le Forum, pour quinze cents et même pour onze cents francs[5]. On pense bien qu'à ce prix il n'était pas possible d'exiger un chef-d'œuvre ; mais on ne demandait pas la perfection ; ces bons provinciaux se contentaient plus facilement. Aussi l'art qui parait s'être le mieux acclimaté chez eux, c'est la mosaïque. Elle convient parfaitement au climat ; elle s'accommode à la rigueur d'une certaine médiocrité d'exécution ; elle peut être fort agréable même quand elle se borne à reproduire de simples ornements qui demandent à l'artiste moins de talent et de soin que la figure humaine. On peut donc faire de la mosaïque à tous les prix, ce qui permet de l'employer à décorer les maisons particulières, même les plus humbles. Aussi la mosaïque a-t-elle pénétré partout en Afrique[6]. Elle y a produit de très beaux ouvrages, mais les plus médiocres même ont leur intérêt, quand on songe qu'ils nous montrent comment les pauvres gens se sont donné, dans la mesure de leur fortune, les jouissances des personnes riches et éclairées. Il y avait donc une sorte d'éducation qui se faisait toute seule dans les grandes villes et à laquelle personne n'échappait. A force d'avoir sous les yeux les monuments dont elles étaient remplies et de fréquenter

---

[1] *Codex Théod.*, XIII, 4.
[2] *C. I. L.*, 9052.
[3] Il est vrai que, comme les empereurs changeaient assez souvent, les sculpteurs étaient exposés à garder en magasin les statues de l'empereur mort ou détrôné ; mais ils avaient alors une ressource : ils remplaçaient la tête de l'ancien prince par celle du nouveau. C'est un procédé dont ils ont souvent usé.
[4] *C. I. L.*, 6942.
[5] *C. I. L.*, 5298-5299.
[6] On peut consulter, sur les mosaïques de l'Afrique, les travaux de M. Héron de Villefosse et de M. Gsell. M. de la Blanchère en a réuni, au musée du Bardo, à Tunis, une très riche collection, qui donne une idée très avantageuse de l'art africain. En général, les artistes qui les ont exécutées n'y mettaient pas leur nom et sont aujourd'hui inconnus. Nous en connaissons pourtant un, qui s'appelait Amor, et qui était de Carthage ; il avait étudié dans l'atelier de Sennus Félix, à Pouzzoles, et il a signé, avec son maître, une composition qui s'est retrouvée dans la Gaule, à Lillebenne.

les artistes qui les avaient bâtis ou décorés, on se familiarisait avec les arts et l'on finissait par en prendre le goût et l'intelligence.

Mais ce n'était pas assez que l'effet s'en fit sentir aux habitants des villes. On n'avait pas besoin, après tout, de se donner tant de peine pour eux. Du moment qu'ils avaient consenti à s'enfermer dans une cité romaine, ils étaient à moitié gagnés et ne pouvaient tarder à devenir Romains tout à fait. C'est aux autres qu'il fallait songer, à ceux qui se tenaient à l'écart, qui vivaient obstinément dans leurs steppes ou sur leurs montagnes. Comment faire pour que la civilisation romaine arrivât jusqu'à eux ? Heureusement ils avaient une habitude dont j'ai déjà dit un mot et qu'on pouvait mettre à profit : ils aimaient à sortir quelquefois de leur solitude pour aller acheter ou vendre dans les environs. Il a été question plus haut de ces marchés qui s'étaient établis dans les campagnes, auprès des grands domaines ; mais il y en avait aussi de très fréquentés dans les villes ; on peut même soupçonner que certaines villes, qui semblent bâties dans des conditions particulières, et où l'on a remarqué que l'importance des monuments dépasse de beaucoup celle de la ville terne, devaient être surtout des lieux de réunion pour les populations du voisinage, et qu'en dehors des gens qui y séjournaient toujours, il y en avait beaucoup d'autres qui y venaient souvent pour leurs plaisirs et leurs affaires. Je nie suis demandé si Thamugadi n'était pas de ce nombre. On n'y a pas découvert jusqu'à présent beaucoup de maisons particulières, et quoiqu'il soit très naturel qu'étant construites de matériaux plus légers, elles aient moins résisté que le reste, ou peut soupçonner qu'elles n'étaient pas très nombreuses. L'enceinte, dont la trace est par moments assez apparente, ne parait pas avoir été fort étendue, et les monuments publics en occupent la plus grande partie. Peut-être la ville était-elle seulement un grand marché où les paysans de l'Aurès venaient, à de certains jours, apporter leurs denrées et s'approvisionner de ce qui leur était nécessaire. Ils devaient mener chez eux une existence très misérable ; ceux qui ne vivaient pas dans leurs *mapalia* solitaires, habitaient, sur le flanc des rochers escarpés, quelqu'un de ces nids de vautours, que Salluste a décrits, et dont les villages kabyles peuvent nous donner une idée. Qu'on juge de leur surprise lorsqu'ils pénétraient pour la première fois dans une ville romaine ! Ils passaient sous une des portes triomphales que les vainqueurs avaient élevées à l'entrée des moindres municipes, pour faire souvenir de leurs victoires ; ils visitaient ces places peuplées de statues, entourées de temples ; ils jetaient un coup d'œil sur ces thermes où l'on avait réuni toutes les commodités, tous les agréments de la vie ; ils s'arrêtaient pour prendre le frais sous les portiques ; ils suivaient la foule dans les théâtres, les cirques, les amphithéâtres. La surprise se changeait bientôt chez eux en admiration. Ils entrevoyaient un monde nouveau dont ils n'avaient pas soupçonné l'existence. Le souci du bien-être, le sentiment de l'élégance et de la grandeur, s'éveillaient confusément dans leur esprit. Ils devenaient, avec le temps, plus sensibles à ces plaisirs à mesure qu'ils les connaissaient mieux, et quelquefois nième ils cherchaient à introduire de quelque façon dans leur village et dans leur demeure ce qui les avait charmés ailleurs. On pense bien que les tentatives de ce genre n'allaient pas sans quelque résistance. Ces nouveautés ne pouvaient pas plaire à tout le monde ; beaucoup sans doute s'en, méfiaient et voulaient rester fidèles aux anciennes traditions. Il s'élevait donc entre eux et les partisans du progrès des luttes dont le souvenir ne s'est pas tout à fait perdu. On a découvert, à quelques lieues de Sétif, une mosaïque intéressante qui représente la tête de l'Océan, avec des Néréides montées sur des monstres marins. Au-dessous sont écrits deux distiques dont voici la traduction :

A ce spectacle divin, que l'envie crève de dépit, que les langues insolentes cessent chez nous de murmurer. Par le goût des arts nous dépassons nos pères. C'est un charme de voir resplendir dans nos demeures cet ouvrage merveilleux[1].

L'éloge est assurément fort exagéré ; il n'y a rien, dans la mosaïque de Sétif, de merveilleux ou de divin, mais cette explosion d'enthousiasme naïf nous montre le plaisir que causait à ces âmes neuves leur initiation à la vie civilisée. Il n'en faut pas douter, c'est en visitant les villes romaines que le désir de dépasser leurs pères par le goût des arts leur est venu, et voilà pourquoi les Romains prenaient tant de peine et dépensaient tant d'argent pour les bâtir. Comme elles étaient ouvertes, elles ne pouvaient pas leur servir de défense ; c'était plutôt un appât qu'ils tendaient à la barbarie, et pour qu'elle s'y laissât prendre, on comprend qu'ils les aient faites aussi somptueuses que possible.

Telles étaient les réflexions qui me venaient à l'esprit pendant que, de la citadelle byzantine, je regardais le soleil se coucher sur les ruines de Timgad. Au retour, en traversant de nouveau le Forum, en longeant le théâtre et le Capitole, je me disais qu'une critique difficile et délicate, habituée à la perfection de l'art grec, trouverait sans doute ici beaucoup à reprendre, et que toute cette architecture officielle pourrait lui sembler monotone et froide. Mais quelque reproche qu'on puisse adresser à ces monuments, quand on les compare à ceux qui leur ont servi de modèle, il est juste de ne pas les traiter avec trop de rigueur, et l'on doit, en les jugeant, ne pas oublier la part qu'ils ont eue à la civilisation de l'Afrique.

---

[1] C. I. L., 8500 :
> Invida sidereo rumpantur pectora visu,
> Cedat et in nostris lingua proterva locis.
> Hoc studio superamus avos gratumque renidet
> Aedibus in nostris summus apex operis.

CHAPITRE VI. — LA LITTÉRATURE AFRICAINE.

|

Les écoles en Afrique. — L'éducation des jeunes gens. — Comment Rome l'encourage. — La rhétorique.

Il n'y a pas lieu d'être surpris que, dans les ruines des villes que nous venons de parcourir, nous n'ayons pas rencontré d'écoles. Comme en général l'école se tenait sous les portiques, ou aux étages élevés des maisons particulières, ou comprend qu'il n'en reste rien ; mais soyons sûrs qu'il y en avait à peu près partout et qu'elles devaient être très fréquentées. Saint Augustin raconte qu'il reçut sa première instruction à Thagaste, où il était né, et qui était un fort petit municipe. Quand le maître de Thagaste n'eut plus rien à lui apprendre, on l'envoya tout près de chez lui, à Madaura, où les écoles étaient plus florissantes ; et, comme il y obtint beaucoup de succès, sa famille, quoique très pauvre, lui fit achever ses études à Carthage. Il y avait même des personnes qui ne s'en tenaient pas là : l'enseignement qu'on donnait à Carthage, quelle qu'en fût la réputation, ne leur suffisait pas ; il leur fallait passer par les écoles de Rome. Une loi de Valentinien nous montre que les Africains y étaient fort nombreux et souvent très dissipés : l'empereur ordonne que, si on les voit trop au spectacle, s'ils fréquentent les festins qui se prolongent dans la nuit, si, en un mot, ils ne se conduisent pas comme l'exige la dignité des études libérales, on les embarque au plus vite pour les renvoyer chez eux[1].

Cette ardeur qu'on avait d'apprendre, ce prix qu'on attachait au savoir, nous en retrouvons la trace dans les inscriptions de l'Afrique comme dans les ouvrages des contemporains. Quand un père ale malheur de perdre son fils jeune, il ne manque pas de nous dire, dans son épitaphe, qu'il était en train de faire ses classes, qu'il est mort pendant qu'il étudiait à Carthage, qu'il était déjà devenu habile à bien parler[2]. A Calama (Guelma), un pauvre homme raconte tristement qu'il avait deux fils, qu'il les a fait étudier, *in studiisque misit*, mais qu'ils sont morts jeunes l'un et l'autre, et qu'après tant de dépenses il n'a pu jouir d'aucun d'eux[3]. A Mactaris, c'est le jeune homme qui prend la parole ; il nous apprend qu'il était chéri de ses maîtres, que, dès son enfance, il s'est livré avec passion à l'étude, qu'à quatorze ans il lisait les caractères sténographiques en grec — probablement ses parents le destinaient à être *notarius*, un métier fort important à cette époque —, et il ajoute, non sans quelque suffisance, qu'il savait bien parler, bien écrire, et bien peindre[4]. A propos d'autres, morts au même âge, on nous dit qu'ils connaissaient à merveille les deux langues savantes (le latin et le grec), qu'ils excellaient à composer des dialogues, des lettres, des idylles, qu'ils improvisaient sur un sujet proposé, et que, malgré leur jeunesse, ils attiraient la foule quand ils déclamaient[5].

---

[1] *Codex Théod.*, XIV, 9, 1.
[2] *C. I. L.*, 9182, 12152, 8500.
[3] *C. I. L.*, 5370.
[4] *C. I. L.*, 724.
[5] *C. I. L.*, 5530.

Il est clair que Rome a dû encourager ce goût qui portait vers les études littéraires ses sujets d'Afrique. Tout ce qui les rattachait à la civilisation latine profitait à sa domination ; plus éclairés, plus lettrés, moins sauvages, ils devenaient plus soumis, ils étaient plus faciles à conduire. Tacite rapporte que son beau-père Agricola, un homme fort sensé, un très habile politique, après avoir vaincu les Bretons, acheva de dompter leur résistance en attirant dans les écoles les enfants de leurs chefs. Pour les encourager à s'instruire, il louait leur bonne volonté, il paraissait surpris de leurs progrès ; comme il savait qu'en toute chose ils étaient fort jaloux de leurs compatriotes, les Celtes du continent, il affectait de préférer l'esprit naturel des Bretons aux talents acquis des Gaulois. Enfin, ajoute Tacite, il fit si bien que des peuples qui d'abord méprisaient la langue latine, se passionnèrent bientôt pour les exercices de la rhétorique[1]. Cette tactique, qui leur était si avantageuse, les Romains ont dû l'employer partout, et partout elle a dû produire pour eux les mêmes résultats. Nous ne voyons pas pourtant qu'ils aient pris des mesures officielles, comme nous le faisons de nos jours, pour ouvrir des écoles et organiser l'enseignement dans les pays vaincus. Les empereurs favorisaient partout les professeurs d'éloquence ou de grammaire par des privilèges et des exemptions d'impôts ; ils fondaient quelques chaires de rhétorique ou de philosophie, à Rome par exemple ou à Athènes ; mais le plus souvent ils laissaient les villes prendre l'initiative de ces créations. Du reste, ils n'avaient pas besoin de s'en occuper : leur civilisation exerçait sur les peuples de l'Occident un attrait invincible. Pour les engager à parler la langue du vainqueur ou à lire les chefs-d'œuvre de sa littérature, comme â imiter sa façon de vivre, on n'a pas eu recours à la contrainte ; ils s'y précipitaient d'eux-mêmes. Quand on voit la passion qu'ils mettaient à s'instruire, il est impossible de prétendre qu'ils soient devenus Romains malgré eux.

Ce qui les a surtout conquis, c'est la rhétorique : elle ne jouit pas aujourd'hui d'une bonne renommée, et il nous est difficile de croire qu'elle ait jamais eu beaucoup d'importance. Il n'en est pas moins vrai qu'elle était l'âme de cette éducation qui s'est répandue dans le monde entier et qui a civilisé les nations les plus barbares. Il y a eu un temps où — de l'Atlas au Rhin et de l'Euphrate à l'océan Atlantique — on ne connaissait pas de plaisir plus délicat que d'entendre bien parler, où l'on tenait par-dessus tout à savoir les règles qui l'enseignent, où l'on regardait cette connaissance comme celle qui distingue le mieux le civilisé du sauvage. Le rhéteur grec ou latin suit les légions ; il va s'établir dans les pays qu'elles ont traversés et il en achève la conquête. La merveille, c'est que l'art dont il l'ait des leçons s'y acclimate si vite que les écoliers de la veille dès le lendemain sont des maîtres. L'Espagne, qui a si longtemps résisté aux armes romaines, dès le premier siècle produit des orateurs qui servent d'exemple à ceux de Rome, Porcius Latro, puis les Sénèques. La Gaule est si enchantée de l'art qu'on vient de lui apprendre qu'elle le répand chez les nations voisines ; c'est elle, nous dit Juvénal, qui a formé les orateurs de la Bretagne :

Gallia causidicos docuit facunda Britannos[2].

La Bretagne, à son tour, y prend tant de goût, que Thulé, l'île placée aux limites du monde, parle de se pourvoir d'un professeur d'éloquence :

De conducendo loquitur jam rhetore Thule[1].

---

[1] *Agricola*, 21.
[2] XV, 111.

L'Afrique aussi fait à la rhétorique un si bon accueil, elle l'étudie avec tant de complaisance, elle s'empresse tant autour des chaires où l'on enseigne, qu'au bout de quelques années le pays de Jugurtha et des Numides mérite d'être appelé par le même Juvénal une pépinière d'avocats, *nutricula causidicorum*[2].

II

Les écrivains latins nés en Afrique. — Apulée. — Ses premières années. — Voyage en Grèce. — Séjour à Rome. — Retour à Carthage. — Mariage d'Apulée. — L'Apologie. — Conférences d'Apulée. — Les Florides.

Ces avocats n'étaient pas seulement de ces grands hommes de province dont la réputation reste enfermée dans la ville où ils exercent leur profession. Quelques-uns passèrent la mer et firent à Rome même une grande figure. Le plus ancien dont il soit fait mention vivait vers le milieu du premier siècle, du temps de Vespasien et de ses fils. C'était Septimius Severus, le grand-père de celui qui devint empereur et fonda une dynastie. Il était né à Leptis, qui ne passait pas pour être une ville fort lettrée, ce qui ne l'a pas empêché de prendre une des premières places parmi les orateurs de Rome. Stace, dont il était l'ami, exprime l'opinion générale, quand il lui dit : Qui croirait jamais que Leptis, cachée au milieu des Syrtes, soit ta patrie ? Est-il possible d'admettre qu'un si charmant esprit ait passé ses premières années loin des collines de Romulus ? Et il ajoute ces mots, qu'on a eu l'occasion dans la suite d'appliquer à beaucoup d'autres personnes qui venaient du même pays que Severus :

Non germe pœnus, non habitus tibi,
Externa non mens : Italus, Italus[3].

Le nombre des lettrés africains qui se firent connaître à Rome augmenta vite. Quelques années plus tard, au début du siècle des Antonins, on comptait parmi eux le premier des orateurs du temps, Cornelius Fronto, né à Cirta, qui fut le maître et l'ami de Marc-Aurèle, et un grammairien célèbre, Sulpicius Apollinaris, qui était de Carthage. Aulu-Gelle, qui les fréquentait tous les deux et les admirait beaucoup, nous les montre discourant ensemble, au Palatin, sur des sujets littéraires, pendant qu'ils attendent le lever de l'empereur. Ils pouvaient s'y rencontrer avec plusieurs de leurs compatriotes, Servilius Silanus d'Hippone, Eutychius Proculus de Sicca, Postumius Festus, Annius Florus et bien d'autres encore, qui étaient devenus aussi des personnages d'une certaine importance.

Si je voulais, dans le nombre, choisir celui qui me semblerait représenter le mieux la littérature africaine, je ne prendrais pas Fronton, malgré sa renommée, et quoiqu'il ait été regardé de son temps comme un chef d'école. Assurément Fronton n'oublia pas le pays d'où il était sorti ; nous le voyons accepter d'être patron de Calama et de Cirta, et il s'est chargé de remercier l'empereur, dans un discours pompeux, au nom des Carthaginois, qui avaient reçu de lui quelque faveur. Il est pourtant probable qu'une fois sa fortune faite, il est resté à Rome, où le retenaient sa grande situation et ses hautes amitiés. De bonne heure il a cessé d'être un provincial pour devenir un de ces grands personnages qui

---

[1] XV, 112.
[2] VII, 148.
[3] *Silves*, IV, 5, 45.

appartenaient à l'empire entier. Mais il y avait alors un autre écrivain presque aussi célèbre que lui, et qui est resté plus véritablement Africain : c'était Apulée. Sans doute Apulée mena une vie fort errante ; cependant une sorte d'attrait le ramenait toujours au pays natal, et il est dans la littérature celui qui doit en conserver le mieux le caractère.

Apulée était né dans une vieille ville numide, sur la frontière des Gétules, c'est-à-dire â quelques pas de la barbarie. Sa patrie, Madaura, dont on aperçoit les ruines quand on se rend par le chemin de fer à Tébessa, est située dans une vaste plaine, qu'arrosent de nombreux cours d'eau, et qu'entourent des collines boisées. Au-dessus de ces collines on aperçoit à l'horizon les montagnes pittoresques du cercle de Souk-Ahras ; et plus loin les crêtes dentelées des chaînes de la Tunisie. Les débris des grands monuments qui couvrent encore aujourd'hui le sol, indiquent que la ville devait être riche, importante et bien habitée. M. Gsell, qui l'a visitée récemment et y a recueilli beaucoup d'inscriptions, fait remarquer que, quoiqu'elle fût très ancienne et remontât au temps des rois numides, elle parait s'être ralliée de grand cœur à la domination des Romains1. Les noms berbères y sont beaucoup moins nombreux que dans la ville voisine de Thubursicum Numidarum (Khamissa) ; en revanche, on y rencontre des Julii, des Claudii, des Flavii, des Cornelii, des Munatii, les plus grands noms de Rome. C'était sans doute un des foyers de l'influence romaine dans la Numidie ; les lettres et les arts devaient y être cultivés. Le grand nombre des prêtres qu'on y trouve fait supposer qu'il y avait beaucoup de temples ; nous savons que, même à l'époque de Théodose, la ville était restée fort dévote et que les statues des dieux remplissaient le Forum. La famille d'Apulée y tenait une place considérable, et son père y avait occupé les plus hautes fonctions municipales. Il serait intéressant de savoir quelles étaient les véritables origines de cette famille, si elle descendait directement des anciens habitants du pays, ou si elle était venue du dehors s'y établir avec les vétérans que Rome y envoya quand elle en fit une colonie. Peut-être Apulée lui-même aurait-il eu quelque peine à nous le dire : après plusieurs siècles, les deux races s'étaient si bien mêlées ensemble qu'il n'était plus possible de les distinguer. Quoi qu'il en soit, il se regarde comme un Africain, et il lui arrive une fois de dire, quand il se targue de ses belles relations : J'ai connu beaucoup de grands orateurs de race romaine, *multos romani nominis disertos viros cognovi*2, ce qui laisse entendre qu'il se regardait comme d'une autre race qu'eux. Il est bien probable aussi que le latin n'est pas la première langue qu'il ait parlée, puisqu'il fut forcé de l'apprendre à fond quand il vint habiter Rome.

Son père lui avait laissé deux millions de sesterces (400.000 fr.), ce qui lui permit de courir le monde pour s'instruire. Il alla d'abord à Carthage, où il apprit la rhétorique, qu'on y enseignait avec éclat, et fit connaissance avec la philosophie. C'est sans doute pour se perfectionner dans cette science que de Carthage il se rendit à Athènes, dont les écoles étaient alors très célèbres. Il y prit un goût si vif pour Platon que désormais il tint à s'appeler lui-même, en tête de ses ouvrages, le platonicien de Madaure. Mais la philosophie ne l'occupait pas seule : il étudiait avec elle l'histoire naturelle, l'astronomie et l'astrologie, la médecine, la musique, la géométrie. Il avait une passion d'apprendre qui s'étendait à tout ; il fallait qu'il cultivât à la fois toutes les branches des lettres et des sciences. Pour ne parler que de la littérature, il n'y a presque aucun genre qu'il ait négligé. Il

---
1 Gsell, *Recherches archéologiques en Algérie*, p. 243 et sq.
2 *Apologie*, 95.

écrivait des discours et des ouvrages philosophiques aussi aisément que des romans, des dialogues et des vers de toute mesure. On comprend qu'il ait été tenté de montrer tous ces talents, dont il était très fier, à la capitale de l'empire : c'était le rendez-vous des personnages importants ou distingués du monde entier, qui espéraient s'y faire remarquer ; on y venait de partout, par curiosité ou par ambition, pour jouir des spectacles qu'elle donnait ou pour s'y donner soi-même en spectacle. On comptait bien, si l'on n'était pas un sot, y améliorer sa situation ou sa fortune. Apulée, qui se décida, comme les autres, à faire ce voyage, nous en parle avec une sorte de solennité ; il a soin de noter, comme une date importante de sa vie, que c'est la veille des ides de décembre qu'il fit son entrée dans la ville sainte[1]. Il y arrivait assez pauvre. Les voyages coûtent cher ; son séjour dans les écoles de Carthage et d'Athènes avait fort diminué sa fortune ; il nous dit qu'il s'était ruiné à subvenir aux besoins de ses amis et de ses maîtres, et même à doter leurs filles. Peut-être aussi n'a-t-il pas toujours mené une existence régulière. Nous savons qu'il avait fait des vers d'amour, ce qui paraissait peu séant à un philosophe et suppose des habitudes assez dissipées. Il lui fallut donc, dans la grande ville, gagner sa vie et tirer profit de ses talents. Il acheva d'abord de s'y rendre maitre du latin, qu'il parlait assez mal, puis il se fit avocat. Ce métier lui réussit bien et lui permit de vivre à l'aise ; pourtant il ne lui donna pas la fortune, comme à d'autres. Quelques années plus tard, dans le discours qu'il composa pour se défendre, il est obligé de convenir qu'il est pauvre ; mais il s'en console en rappelant que la pauvreté a toujours été la compagne fidèle de la philosophie, et qu'elle est la mère de toutes les vertus, tandis que la fortune a le défaut d'entretenir tous les vices[2].

Je suis tenté de croire que c'est pendant son séjour à Rome qu'il a composé ses *Métamorphoses*[3]. D'abord il le laisse lui-même entendre quand il nous dit en commençant son récit qu'il y a peu de temps qu'il a quitté Athènes[4] ; ensuite ce moment de sa vie est celui où l'ouvrage parait le mieux à sa place. On voit bien, quand on le lit avec soin, qu'il marque une sorte de crise dans son existence. Après beaucoup d'égarements, il vient d'être l'objet de la faveur divine : Osiris a daigné lui apparaître et lui parler ; en échange, il s'est, comme il le dit, enrôlé dans la milice sainte, il est devenu *pastophore*, et même l'un des chefs du collège. C'est le moment où il convient de lui rendre témoignage aux dieux en racontant les fautes qu'il a commises et le généreux pardon qu'il en a reçu. Plus tard, quand il sera devenu tout à fait un homme grave et une sorte de prêtre, il ne sera plus de saison pour lui de confesser ses aventures légères et ses curiosités coupables. La composition des Métamorphoses, si nous la plaçons à cette époque de sa vie, la sépare en deux : l'âge de la dissipation est passé, il va

---

[1] *Métamorphoses*, XI, 20.
[2] *Apologie*, 48.
[3] Ce n'est pas l'opinion de tout le monde, je le sais. Comme il n'est pas question des *Métamorphoses* dans l'*Apologie*, on suppose souvent qu'elles n'ont été composées que plus tard, c'est-à-dire qu'elles appartiennent à la seconde partie de la vie d'Apulée. Il est en effet difficile de comprendre pourquoi ses ennemis ne se sont pas servis de son roman, s'ils ont pu le connaître, pour prouver qu'il était un magicien. Quelle que soit la gravité de cette objection, je ne puis me résoudre à voir dans les *Métamorphoses* qu'une œuvre de jeunesse. Ne peut-on pas supposer, ou bien qu'il a négligé de répondre aux allusions que ses accusateurs ont pu faire à son livre, ne sachant que dire pour se justifier, ou bien que l'ouvrage, quoiqu'il fût composé, n'était pas encore très répandu ?
[4] *Métamorphoses*, I, 4.

se consacrer désormais sans partage à rendre témoignage aux dieux et à prêcher la sagesse.

Cette sorte d'apostolat qu'il s'imposait, c'est dans son pays qu'il voulait l'exercer. Il quitta Rome et se fixa probablement à Carthage. — C'est ainsi que son compatriote saint Augustin, après avoir reçu le baptême à Milan, revint en Afrique pour y servir le Dieu auquel il venait de se consacrer. — Mais il n'est pas vraisemblable qu'Apulée soit resté confiné dans la ville où il faisait sa résidence ordinaire : comme il parait avoir toujours été d'humeur vagabonde, il a dû s'en éloigner souvent pour visiter les pays voisins. C'est dans l'une de ces excursions qu'il lui arriva une aventure qui fit grand bruit et nous a valu l'un de ses meilleurs ouvrages.

Il était parti pour Alexandrie, quand en route, dans la ville d'Œa (Tripoli), il retrouva un de ses anciens camarades d'Athènes qui le retint au passage et lui donna l'occasion de se faire entendre et applaudir. Apulée, charmé de l'accueil qu'il recevait, resta quelques jours, puis quelques mois, et finit même par se laisser marier à la mère de son ami, une riche veuve, qui s'était éprise du jeune sage. Par malheur, la discorde se mit bientôt dans la famille ; les fils de la veuve, qui paraissaient d'abord s'être réjouis d'avoir Apulée pour beau-père, effrayés de voir l'ascendant qu'il prenait sur sa femme et craignant pour leur fortune, l'accusèrent d'avoir employé des maléfices pour se faire aimer. Il avait beau répondre que cet amour s'expliquait le plus naturellement du monde, qu'une femme, qui n'était plus jeune et qui n'avait jamais été belle[1], pouvait bien s'éprendre d'un brillant jeune homme, que ses ennemis accusaient d'être trop beau garçon pour un philosophe, sans qu'on soupçonnât d'autre maléfice que sa figure et son esprit, il n'en fut pas moins traîné devant les tribunaux. C'était une grave affaire : la loi romaine traitait sans pitié les magiciens. Heureusement les raisons que donnaient les ennemis d'Apulée pour l'accuser étaient ridicules, et il n'eut pas de peine à les réfuter. Il gagna vraisemblablement sa cause devant les juges ; mais j'imagine que le public ne dut pas être tout à fait convaincu de son innocence. Un homme qui savait tant de choses, qui disséquait des poissons, qui magnétisait les enfants, qui guérissait les femmes épileptiques, lui était suspect. Malgré le charmant discours d'Apulée, il conserva des doutes ; et, qui sait ? peut-être Apulée lui-même tenait-il à les lui laisser : il ne devait pas déplaire à ce vaniteux de passer pour un homme qui a des pouvoirs secrets et qui au besoin peut faire des miracles.

La grande occupation d'Apulée, pendant la seconde moitié de sa vie, paraît avoir été de prononcer de beaux discours, mêlés d'éloquence et de philosophie, devant les gens lettrés de l'Afrique. Nous n'en avons conservé aucun entièrement, ce qui est dommage ; mais il nous reste un petit livre qui nous en donne une idée. C'est une sorte d'anthologie (*Florida*), et comme un bouquet formé des plus belles fleurs de sa rhétorique. Celui qui a composé ce recueil n'était pas un homme de goût et un esprit bien sûr ; il s'est plus d'une fois laissé prendre à de faux brillants ; il admirait plus que de raison les assonances et les antithèses ; mais il faut beaucoup lui pardonner, puisque, après tout, il nous permet de nous rendre compte de ce qu'on pourrait appeler l'enseignement d'Apulée.

Il n'avait pas véritablement des élèves, et ne faisait pas des leçons suivies et régulières. Nous dirions aujourd'hui qu'il donnait des conférences. Les conférences étaient alors fort à la mode : nous venons de voir qu'on avait, dans

---

[1] *Mediocri forma, at non ætate mediocri*. *Apologie*, 92.

tout le monde romain, la passion d'entendre bien parler. Lucien, vers la même époque, parcourait la Gaule et l'Italie, charmant les lettrés des grandes villes par ses brillantes déclamations, et trouvait moyen d'en rapporter beaucoup de renommée et assez d'argent. Le sujet des conférences d'Apulée devait être emprunté d'ordinaire à la philosophie : nous avons vu qu'il faisait profession d'être un disciple de Platon ; ce qui ne l'empêche pas, quand il parle, de donner au moins autant d'importance au style qu'aux idées. Sa philosophie — c'est lui qui nous l'apprend — a pour mission d'enseigner à bien parler comme à bien vivre : *Disciplina regalis tam ad bene dicendum quam ad bene vivendum reperta*[1] ; et c'est surtout de bien parler qu'il paraît se préoccuper. Il sait que ce mérite est celui qu'exigent avant tout ceux qui viennent l'entendre ; il est probable qu'ils seraient assez indifférents à quelque erreur de doctrine, mais on peut être sûr qu'ils ne souffriraient pas de faute de langage. Qui de vous, leur dit-il, me pardonnerait de faire un solécisme ? qui ne se fâcherait si je prononçais mal uni seule syllabe ?[2] Nous voilà édifiés sur les dispositions des auditeurs d'Apulée : la philosophie servait de prétexte, mais c'était bien à un exercice de rhétorique qu'ils venaient assister.

On se réunissait un peu partout, dans les maisons particulières, dans les temples, dans les basiliques ; à Carthage, c'était au théâtre. On peut être choqué d'abord que pour une leçon de philosophie on ait choisi un théâtre, mais Apulée nous rassure. Le lieu en lui-même, nous dit-il, est indifférent ; il ne faut pas se demander où l'on est, mais ce qu'on vient voir et entendre : l'intention purifie tout. Si c'est un acteur de mêne, il vous fera rire ; si c'est un funambule, il vous fera trembler ; le comédien vous amusera, mais avec le philosophe vous vous instruirez[3]. N'importe ! voilà le philosophe dans une étrange compagnie. La vérité, c'est qu'il n'y avait pas d'autre salle assez grande pour contenir ceux qui voulaient entendre Apulée, et le théâtre même avait peine à y suffire. Ce grand auditoire le rend très fier. Il ne néglige pas de nous dire qu'aucun philosophe avant lui n'avait réuni autant de monde, et de faire des tableaux amusants de tous ces gens qui se poussent et se serrent, sans parvenir toujours à se placer.

Du reste, le succès d'Apulée est fort aisé à comprendre. Il avait beaucoup d'esprit, il parlait fort bien ; il plaisait aux gens de son temps par ses qualités et par ses défauts. Personne ne savait comme lui tourner une phrase et enchâsser les mots dans la période de façon à charmer l'oreille. C'était un concert qu'il donnait au peuple de. Carthage toutes les fois qu'il se faisait entendre. Ajoutons que l'homme est chez lui aussi séduisant que l'orateur. C'est bien son portrait qu'il a voulu faire quand il parle, dans ses *Métamorphoses*, de ce jeune homme qui est grand sans être long, mince sans être grêle, coloré sans être rouge ; de cette chevelure blonde qui n'a pas besoin d'artifice pour être bien ordonnée ; de ces yeux pleins de vie et qui lancent des regards d'aigle ; de ce visage où se peint la fleur de la jeunesse ; de cette démarche à la fois noble et naturelle[4]. Ce beau garçon se piquait d'avoir des manières élégantes. Il parle assez légèrement des philosophes mendiants, qui couraient le monde avec la besace et le bâton, se faisant pauvres pour mieux prêcher les pauvres[5] ; lui ne se soucie de connaître que les gens bien posés ; il est l'ami des magistrats les plus importants de la

---

[1] *Florida*, I, 7.
[2] *Florida*, I, 9.
[3] *Florida*, I, 5.
[4] *Métamorphoses*, II, 2.
[5] *Florida*, I, 7.

cité, il fréquente le proconsul : il faut bien qu'il soit toujours mis avec soin pour ne pas déparer cette compagnie. On lui reproche même d'être un peu trop recherché dans sa toilette, ce qui paraît peu conforme à la gravité philosophique. On l'accusa un jour, comme d'un crime, d'avoir fait des vers en l'honneur de la poudre dentifrice[1] : à quoi il répond gravement que, puisqu'on se lave les pieds, il ne peut pas être criminel de se laver les dents. Un dernier attrait que présente la philosophie d'Apulée aux gens de cette époque, c'est qu'elle est fortement teintée de mysticisme. Ce rhéteur est aussi un prêtre ; il parle toujours des dieux avec onction et il en parle le plus qu'il peut ; comme il n'a guère dans son auditoire que des dévots et des lettrés — tout le monde l'était alors, — ses auditeurs sont ravis de l'entendre mêler des prières à des tours de force de rhétorique. Un jour qu'il voulait célébrer Esculape, la grande divinité. des Carthaginois, dont le temple, bâti sur le sommet de Byrsa, dominait la ville, il récita un dialogue où les interlocuteurs s'exprimaient alternativement en grec et en latin, et finit par un hymne dans les deux langues. De la rhétorique et de la dévotion ! du latin et du grec ! de la prose et des vers ! qu'on juge de quels applaudissements dut retentir ce jour-là le théâtre de Carthage ![2]

On ne s'est pas contenté d'applaudir Apulée : nous savons qu'on lui a élevé plusieurs statues, à Carthage et ailleurs. Il a été nommé prêtre de la province, ce qui est, dit-il, le plus grand honneur qu'on puisse obtenir[3]. Je ne sais pas pourquoi saint Augustin s'étonne qu'avec sa naissance, son talent, sa magie, il n'ait pas pu arriver à occuper quelque fonction judiciaire dans son municipe[4]. Je suppose qu'il ne s'en est pas soucié. On ne voit pas, en effet, ce qu'un homme qu'on regardait comme le plus grand orateur de son temps, et dont son pays était fier, aurait gagné à devenir décurion ou duumvir à Madaura.

III

Les Métamorphoses. — Sujet du roman. — Quel en est le héros ? — Apulée et Pétrone.

Je reviens au roman d'Apulée, dont je n'ai dit qu'un mot : c'est le plus important de ses ouvrages, il convient de s'y arrêter.

Le sujet en est pris d'un conte grec, assez simple, dont il y avait plusieurs versions. C'est l'histoire d'un jeune curieux qui a vu par hasard une magicienne, en se frottant d'une certaine pommade, se changer en oiseau et s'envoler dans le ciel ; il veut l'imiter, mais, s'étant trompé de flacon, il se trouve métamorphosé en âne. Heureusement il sait qu'il pourra reprendre la forme humaine en mâchant des roses. Son mauvais sort veut qu'il ait beaucoup de peine à en

---

[1] *Apologie*, 6 : voici quelques-uns de ces vers, qui sont curieux :
Misi, ut petisti, mundicinas dentium....
Tenuem, candificum, nobilem pulvisculum
Complanatorem tumidulæ gingivulæ,
Converritorem pridianæ reliquiæ,
Ne qua visatur tetra labes sordium,
Restrictis forte si Iabellis riseris.
[2] *Florida*, IV, 18.
[3] *Florida*, III, 10.
[4] *Epist.*, 158.

trouver, ce qui retarde sa délivrance. Les aventures auxquelles il assiste jusqu'au jour où sa figure lui est rendue sont le fond du roman. Sur cette trame assez mince, l'auteur a brodé toutes sortes de récits étrangers, qu'il a pris partout. L'accessoire devient le principal, et. pour ne parler que de l'un de ces récits, le plus charmant de tous, l'histoire de Psyché et de l'Amour tient à elle seule le tiers de l'ouvrage. Ces éléments divers ne sont pas toujours bien fondus ensemble ; ils ont quelquefois un caractère très différent les uns des autres : par exemple, il s'y trouve des histoires plus que légères, avec une fin de haute dévotion. L'ensemble n'en est pas moins très piquant et fort agréable. L'*Âne d'or*, pour lui donner son nom populaire, a dû être, au IIe siècle, un livre a la mode. Il est probable qu'on le dévorait, mais en cachette, sans oser le dire, et Septime Sévère reproche à son compétiteur Clodius Albinus, Africain comme lui et comme Apulée, d'en avoir fait sa lecture favorite[1].

Ce roman a le défaut de nous jeter tout d'abord dans un doute dont il n'est pas aisé de sortir. C'est le héros de l'aventure qui nous la raconte lui-même ; mais ce héros, quel est-il ? Il nous dit en commençant qu'il s'appelle Lucius et qu'il est né à Patras, en Thessalie. C'est bien en effet le nom que lui donne l'original grec d'où l'histoire est tirée. Mais aussitôt ce Thessalien ajoute, comme pour nous dérouter, qu'il descend de Plutarque, qui, nous le savons, était Béotien et né à Chéronée. Puis il nous apprend qu'il est allé à Rome, qu'il y a péniblement appris le latin ; et même il nous demande qu'on lui pardonne s'il ne le parle pas toujours d'une manière irréprochable : toutes choses dont le grec ne dit pas un mot. L'idée nous vient alors que l'auteur pourrait bien mêler sa propre histoire à celle de son fabuleux Lucius ; et, en effet, l'assimilation est complète à la fin. Le Thessalien a disparu, et l'on nous dit positivement que c'est l'homme de Madaura, *Madaurensis*, c'est-à-dire Apulée lui-même, qu'Isis, après l'avoir délivré, accueille dans sa milice sacrée[2]. Mais alors, si c'est à lui que la déesse a rendu la figure humaine, c'est lui aussi qui l'a perdue, c'est lui qui a été l'amant de Photis, lui qui a surpris les secrets de la vieille magicienne et que son imprudence a exposé à tant de hasards. On n'a donc pas eu tout à fait tort de confondre Apulée avec Lucius et de lui en attribuer les aventures. Évidemment il lui a plu de laisser planer sur toute cette histoire une équivoque dont il lui a semblé que sa réputation profiterait. de disais tout à l'heure que, s'il a cru devoir se défendre devant les juges d'être un magicien, pour éviter les peines de la loi, il n'était pourtant pas fâché qu'il en restât quelque soupçon. Les *Métamorphoses* achèvent de le prouver. Il pensait sans doute que, dans l'avenir, ce renom donnerait à sa physionomie une auréole particulière, et c'est ce qui est arrivé.

Par ce bizarre calcul d'amour-propre, par cet appétit d'une renommée extraordinaire, Apulée diffère tout à fait de Pétrone, auquel on est naturellement conduit à le comparer. La littérature romaine n'a eu que deux romanciers, Pétrone et lui, et ils ont conçu le roman à peu près de la même manière : chez tous les deux, l'intrigue principale est peu de chose, et tout l'intérêt consiste dans les incidents qu'ils y ont ajoutés. Ces incidents, l'un et l'autre les empruntent aux conteurs grecs, surtout aux fables milésiennes. Mais, si les procédés sont à peu près les mêmes, l'œuvre est très différente : jamais deux romanciers ne se sont moins ressemblés. Apulée se met en scène le plus qu'il peut et prend volontiers de grands airs ; il veut qu'on partage la bonne opinion qu'il a de lui-même, qu'on sache qu'il est un grand orateur, qu'on-soupçonne

---

[1] Capitolin, *Vita Albini*, 12.
[2] *Métamorphoses*, XI, 27.

qu'il peut être un magicien. Il se présente comme un protégé des dieux et raconte les faveurs dont ils l'ont comblé. Pétrone est tout le contraire : il ne parle jamais de lui, et met autant de soin à se cacher que l'autre a de souci de se faire voir. Ce n'est pas qu'on ne soupçonne par moments ses sentiments véritables. On voit bien, par exemple, qu'il déteste les rhéteurs, les pédants, les gens d'école, c'est-à-dire ceux pour lesquels Apulée se sent un goût particulier. Il est plein d'esprit et de verve quand il les attaque. Une ironie agréable et légère court à travers tout son livre ; il n'épargne personne, et pas plus lui que les autres. On a remarqué que ses idées sur la décadence des arts, sur la poésie épique, sur les dangers de la déclamation, auxquelles il semble tenir beaucoup, il les met dans la bouche d'un poète ridicule, qui les discrédite en les exprimant. Il voulait sans doute éviter le travers de paraître un homme trop plein de lui-même, trop confiant et trop obstiné dans ses opinions. Ce qui est curieux, c'est que, des deux, celui qui ne se pique pas de philosophie, qui ne prend pas sur ses livres le titre de platonicien, s'est trouvé être l'observateur le-plus sagace et le moraliste le plus profond. Quel tableau il nous a fait du luxe extravagant des affranchis, et comme il a vengé les grands seigneurs de la sotte fatuité des parvenus ! Quelle image amusante de cette course aux héritages qui est, à Home, le métier de tant de personnes ! Et quand il descend plus bas encore, dans ces étages inférieurs qu'il n'avait fait qu'entrevoir, comme il les a vite saisis et dépeints ! Quelle vérité dans la façon dont il fait parler ces petits ouvriers et ces importants de village ! comme il reproduit leur' langage et leurs idées ! Il est sûr qu'il n'y a rien d'aussi vivant et d'aussi profond dans Apulée. Son observation reste toujours à la surface, et quelque amusante que soit son œuvre dans son ensemble, il ne s'en détache pas des personnages qui deviennent des types, comme Trimalchion.

Mais ce qui diffère le plus chez eux, c'est leur façon d'écrire. Il n'y a pas de style qui soit à la fois plus agréable et plus aisé que celui de Pétrone. Chez lui, rien de guindé, de gourmé, d'affecté ; point d'emphase ni de rhétorique ; l'esprit y coule de source ; même les grâces un peu maniérées de ses entretiens d'amour y ont un air naturel, tant elles reproduisent exactement le langage de la société de l'empire. Cicéron dit de certaines personnes de son temps, hommes et femmes, qu'elles parlaient bien presque sans le vouloir, en tout cas sans le chercher, uniquement parce qu'elles avaient toujours entendu bien parler ; il en est de même de Pétrone : c'est un bon écrivain de naissance et d'habitude. Apulée, au contraire, est un provincial, presque un étranger ; le latin n'est pas la première langue dont il se soit servi, il lui a fallu l'apprendre, il ne la parle pas de nature, et l'on s'en aperçoit bien. Il y a chez lui, pour exprimer sa pensée, un effort et un travail, souvent heureux, toujours visibles, qui contrastent avec l'aimable facilité de Pétrone. Tandis que l'un parle le latin de tout le monde, en le parlant mieux que personne, on trouve à tout moment chez l'autre des expressions et des tours qui nous déroutent et ne paraissent pas appartenir à la langue commune.

Voilà ce qui jette dans une grande surprise ceux qui sont habitués à la lecture des écrivains ordinaires et donne un air étrange à l'ensemble de l'œuvre d'Apulée. Il semble qu'on y démêle, à côté, de ce qui est véritable-. ment romain, des éléments d'une origine exotique, et l'on se demande d'abord d'où ils ont pu lui venir. C'est ce qu'il n'est pas aisé de dire, et ce qu'il serait pourtant important de connaître. On va voir que cette question a été résolue de diverses façons.

IV

Que doit Apulée à son pays ? — Où a-t-il pris les aventures qu'il raconte ? — D'où vient la langue qu'il parle ? — Lutte de l'école contre les patois. — Le latin d'Apulée. — La littérature africaine.

On est tout d'abord tenté de croire que, puisqu'il est Africain de naissance, il doit avoir emprunté à l'Afrique ce qu'il ne tient pas de Rome. C'est en effet l'opinion générale, et l'un des derniers écrivains qui se sont occupés d'Apulée, M. Monceaux, trouve qu'il reproduit bien l'image de son pays natal, et qu'il aurait l'air d'un Bédouin dans un congrès de classiques.

Est-ce bien vrai ? Je ne le crois pas. Pour le fond même de son ouvrage, ce Bédouin a pris la peine de nous apprendre aussi clairement que possible à quelle source il avait puisé. Il nous dit, en commençant son roman, qu'il va nous raconter une histoire grecque : *fabulam græcanicam incipimus*. Nous savons en effet que les aventures de Lucius de Patras avaient une certaine popularité en Grèce ; il n'est pas douteux non plus que les amours de Psyché n'aient la même origine ; et parmi les autres récits, qui sont plus courts et moins importants, en est-il un seul qu'on puisse soupçonner d'être d'origine africaine ? Il aurait pu à la rigueur les emprunter aux gens de son pays : les Numides devaient être aussi avides de ces sortes de fables que le sont leurs descendants, et l'on a fait de nos jours des recueils de contes kabyles, dont plusieurs peuvent remonter très haut. Mais ceux d'Apulée viennent d'ailleurs ; il ne les a pas entendus dans les veillées des *mapalia*. Pour que nous sachions où il est allé les prendre, il les appelle lui-même des fables milésiennes. Elles ont couru le monde pendant toute l'antiquité, ces fables charmantes, et l'on peut dire que leur voyage dure encore : si quelques-unes sont entrées dans les littératures modernes, grâce à Boccace et à La Fontaine, d'autres circulent plus obscurément dans la mémoire fidèle du peuple ; elles passent d'un pays à l'autre, par des chemins que nous ne savons pas, se modifiant, se renouvelant et se répétant sans cesse. Pétrone avait déjà puisé à cette source intarissable. Il leur doit la *Matrone d'Éphèse*, l'un des chefs-d'œuvre de la littérature légère. Apulée, qui a moins de grâce et de finesse que Pétrone, leur a fait aussi des emprunts fort agréables : le *Cuvier*, imité depuis par La Fontaine, et les *Pantoufles de Philœtère* sont des contes fort amusants, et dont on reconnaît du premier coup la provenance. Il en est de même des personnages dont il nous fait l'histoire : ces maris trompés, ces femmes légères, ces aventuriers, ces voleurs de grand chemin, ils viennent tous en droite ligne de la Grèce. Ce n'était pas une raison pour qu'ils parussent dépaysés en Afrique. Les Africains, depuis les rois numides, avaient fait un bon accueil aux lettres grecques et s'étaient familiarisés avec elles. On parlait grec couramment dans toute la Province proconsulaire[1] ; du côté des frontières de l'Égypte, vers la Byzacène, c'était la langue préférée des honnêtes gens ; peut-être s'en servait-on plus familièrement que du latin à Madaura et dans la famille d'Apulée. Il n'est donc pas étonnant qu'il ait connu de bonne heure cette charmante littérature, qu'il en ait reçu tout d'abord une très vive impression, et qu'il en ait eu l'esprit

---

[1] Tertullien, qui vivait plus tard qu'Apulée, du temps de Septime Sévère, écrivait en grec et en latin, ce qui prouve que, de son temps. on entendait presque également les deux langues à Carthage, au moins dans la société lettrée. C'est à partir de ce moment que le latin l'a tout à fait emporté en Afrique.

très occupé quand il commença d'écrire. Comme elle était toujours devant ses yeux, il est tout naturel qu'il l'ait presque partout imitée.

Voilà pour le fond de ses ouvrages : il est grec ; et je ne crois pas qu'avec la meilleure volonté du monde on y puisse rien découvrir d'africain. Quant au style, c'est une question plus compliquée. Ici encore il imite beaucoup le grec ; mais n'imite-t-il pas autre chose ? Songeons qu'autour de lui on parlait le punique et le libyque ; ces idiomes sont probablement les premiers qui aient frappé son oreille, et depuis il n'a jamais cessé tout à fait de les entendre. N'est-il pas vraisemblable qu'ils aient eu quelque influence sur sa façon de parler et d'écrire ? Il est si naturel de le croire, que déjà les savants de l'antiquité cherchaient des traces de punique dans le langage des Africains. Ceux de nos jours, avec plus de patience et des méthodes perfectionnées, ont repris le même travail ; mais ni les uns ni les autres n'ont eu beaucoup de succès dans leurs recherches : ce qu'on prétend venir des patois sémitiques est tout à fait insignifiant ou n'a pas l'origine qu'on suppose. En somme, les tournures et les expressions qui reviennent le plus souvent chez Apulée et qui caractérisent son style, quand on les regarde de près, s'expliquent naturellement par le latin et le grec sans qu'on ait besoin d'avoir recours à d'autres langues[1] ; d'où l'on est amené à conclure que le libyque et le punique qu'il a entendu parler dans son enfance, qu'il a peut-être parlés lui-même, n'ont rien ou presque rien introduit de leurs idiotismes dans le latin parfois étrange dont il s'est servi.

Pour n'en être pas trop surpris, souvenons-nous de l'importance que les écoles ont prise en Afrique. Or l'école est presque partout la mortelle ennemie des patois : le maitre, fier de son savoir, et toujours un peu pédant et solennel, ne souffre pas que le beau langage qu'il enseigne soit gâté par les expressions populaires ; il monte la garde autour de lui, et veut le préserver surtout des ennemis les plus voisins, qui sont les plus dangereux. Dans cette lutte, qui recommence tous les jours, il a des alliés et des complices. La famille du jeune

---

[1] Ce n'est pas ici le lieu de traiter une question de philologie ; je veux pourtant dire un mot d'une des tournures les plus ordinaires chez Apulée et qui lui semble propre. Il s'agit d'une sorte de correspondance des adjectifs et des verbes qui se répondent deux à deux, trois à trois, avec des retours réguliers d'assonances, et donnent à ce qu'il écrit l'aspect d'une prose rimée. Prenons, par exemple, la première phrase des Florides. On y trouve d'abord une suite de rimes en e : *Ut moris est votum postulare, pomum adponere, paulisper adsidere* ; puis des rimes en a : *Aut ara floribus redimita, aut quercus cornibus onerata, aut fagus pellibus coronata* ; puis des rimes en e et en us : *vel collicutus sepimine consecratus, vel truncus dolamine effigiatus, vel cœspes libamine fumigatus, vel apis unguine delibutus*, etc. Cette tournure, qui se retrouve partout chez Apulée, est surtout fréquente dans ses œuvres oratoires. Là elle revient avec une insistance fatigante et comme une aorte de manie. Mais, si Apulée l'emploie plus que les autres, il n'est pas le premier qui l'ait employée. L'abus lui en appartient, l'usage était bien plus vieux que lui. Il remonte jusqu'à Isocrate, qui recommande de placer à la fin des phrases ou des parties de phrases des syllabes à désinences semblables. Cicéron et ses successeurs n'ont pas dédaigné de le faire avec modération ; mais je crois bien que c'est Apulée qui a mis tout à fait cet artifice à la mode. Il a fait fortune après lui. Nous le retrouvons assez souvent dans le charmant ouvrage de Minucius Félix, et plus encore dans le *Manteau* de Tertullien, sorte de débauche oratoire, où sont prodiguées toutes les ressources de la rhétorique. Comme ces deux auteurs sont des compatriotes d'Apulée, on pourrait être tenté de croire qu'un procédé dont tant d'Africains se sont servis appartient en propre à la littérature africaine ; mais on vient de voir qu'il n'est pas originaire de l'Afrique, et qu'ici encore Apulée a puisé sans mesure et quelquefois sans raison à une source grecque.

homme travaille, elle aussi, à faire la chasse aux expressions malsonnantes qui peuvent lui échapper. Comment pourrait-elle les souffrir, puisqu'en les employant on laisse croire qu'on est un homme mal élevé, qu'on n'a pas l'usage du monde, et qu'on a trop fréquenté le village ou l'antichambre, ce qui est un travers que la société distinguée ne pardonne pas ? Il faut vraiment avoir vécu dans les pays où les patois luttent tant bien que mal contre les dédains de la bonne compagnie pour savoir avec quel acharnement on leur fait la guerre et comprendre comment il arrive que les gens du monde parviennent à s'en préserver. Il est probable que les préjugés qui règnent chez nous existaient déjà dans l'Afrique lettrée du second siècle, et que les maîtres d'école et les pères de famille s'y accordaient aussi à combattre l'influence des vieilles langues indigènes. Apulée parait avoir tout à fait partagé le mépris qu'on témoignait pour elles. Il dit quelque part, pour flétrir un jeune homme mal élevé, qui fuyait l'école et fréquentait les gladiateurs : Il ne parle jamais que punique ; c'est à peine s'il se sert par moments du grec qu'il a appris de sa mère. Quant au latin, il ne veut pas et ne sait pas en ser1.Voilà qui est clair : il pense qu'un homme comme il faut ne peut pas parler le punique. Il est donc naturel qu'il ait fait tous ses efforts pour qu'on n'en trouve aucune trace dans son latin.

Assurément ce latin n'est pas celui de tout le monde, il suffit de parcourir quelques pages de ses livres pour s'en apercevoir. Mais ce qu'il a d'original, et même parfois de bizarre, s'explique aisément quand on se souvient de la manière dont son éducation s'est faite. Il nous raconte, nous l'avons dit, qu'à Rome, quand il était déjà homme fait, il se perfectionna dans l'usage du latin, et il ajoute, ce qui est très important, qu'il l'apprit sans maître2. Cette étude faite librement, un peu au hasard, par un esprit très indépendant, dut laisser dans ses connaissances quelque chose de capricieux et de désordonné. Il ne suit pas volontiers les règles ordinaires ; sa façon d'écrire, toute personnelle, est celle d'un homme qui s'est formé seul. Cependant il ne faudrait pas croire que tout ce qui semble être à lui appartienne entièrement. Il se souvient souvent quand il parait inventer, et il entre beaucoup d'érudition dans son originalité.

Pour les mots, par exemple, aucun écrivain, je crois, n'a pris plus de plaisir que lui à en accumuler d'étranges, de surprenants, d'inconnus ou de peu connus. Son vocabulaire est d'une richesse merveilleuse. On dirait que ce Romain de fraiche date tient à montrer qu'il dispose d'une langue plus variée, plus abondante que celle des vieux Romains. Mais ces mots qui semblent nouveaux ne sont le plus souvent que des termes anciens qu'il a rajeunis3 : c'était alors la grande mode. Quant à ceux qu'il crée de toutes pièces, et qui sont beaucoup plus rares chez lui qu'on ne le croit, il les forme très régulièrement et d'après les procédés habituels. Souvent il en réunit deux ensemble et en compose un nouveau qui exprime d'une façon plus vive et plus rapide ce qu'il veut dire. C'est ainsi qu'il appelle les caresses intéressées des courtisanes des baisers qui demandent de l'argent, *oscula poscinummia*. On a remarqué qu'il aime aussi beaucoup à employer les diminutifs. Dans une certaine phrase des *Métamorphoses*, on en trouve huit en deux lignes, ce qui est vraiment un peu trop, sans compter les

---

1 *Apologie*, 68 : *loquitur numquam nisi punice, et si quid adhuc a matre græcissat ; enim latine neque vult, neque potest.*
2 *Métamorphoses*, I, 1 : *nullo magistro præeunte.*
3 C'est ce que montre très bien M. Kretschmann, dans son mémoire intitulé : *De latinitate L. Apuleii Madaurensis*. Je renvoie surtout à la page 33, où il discute ce qu'on appelle l'*africitas* d'Apulée

diminutifs de diminutifs, comme *tantillulum* ou *pullulus*, qui ne lui déplaisent pas. Il en tire souvent des effets fort agréables, comme, par exemple, quand, à propos d'une femme qui désire un beau garçon, il nous dit qu'elle le *mordille* des yeux, ou qu'il nous fait savoir par un seul mot qu'une matrone est aux petits soins pour lui : *Me matrona curitabat*. A la longue pourtant cette affectation de petits mots caressants donne à ce style quelque chose de prétentieux et de mignard ; mais cette façon d'écrire était alors très ordinaire, et Apulée n'a fait qu'exagérer ce qu'il voyait faire par des auteurs en renom.

Il n'est donc pas tout à fait un isolé et un barbare, qui marche seul parmi les écrivains de son temps. En réalité, il suit à sa façon les modes du jour. N'allons pas croire surtout qu'un homme aussi fier qu'il l'était de son éducation gréco-romaine ait jamais eu l'idée, pour ne ressembler à personne, d'aller chercher dans des idiomes grossiers, à l'usage des paysans, les expressions dont il voulait orner ses ouvrages. Il les prend aux langues classiques, au grec et au latin, ou, s'il éprouve le besoin d'en créer de nouvelles, il suit, pour les former, les procédés ordinaires, ceux par lesquels le latin s'était peu à peu renouvelé et enrichi. Seulement, comme il était un esprit fougueux, excessif, qu'il avait appris lui-même et seul la langue dont il se servait, et que d'ailleurs il ne vivait pas dans un milieu de vieux Romains, imprégnés du génie de leur langue et qui pouvaient imposer quelque retenue à un novateur téméraire, il employa ces procédés sans discrétion ; de là il est résulté un style souvent étrange, mais qui, quoi qu'on en ait dit, n'a rien d'étranger[1].

Avec Apulée commence ce qu'on appelle la littérature africaine. Ce nom est juste et mérité si l'on veut dire simplement que, pendant quatre siècles, l'Afrique a produit sans interruption une suite d'auteurs de talent qui ont écrit en latin. Mais, si l'on entend que ces écrivains se ressemblent, qu'ils ont les mêmes caractères et forment un groupe compact, assurément on se trompe. A la rigueur, je saisis bien chez eux quelques traits communs, qui leur donnent un air de famille. Par exemple, je vois qu'Apulée, saint Cyprien, Arnobe, Lactance, saint Augustin, c'est-à-dire les plus grands, ont été des rhéteurs de profession, et que la rhétorique a mis sur tous sa marque ; mais il en est de même ailleurs : partout les écrivains qui n'ont reçu que l'éducation du monde deviennent rares, et c'est l'école qui de plus en plus recrute la littérature. Je remarque aussi que ces rhéteurs africains sont en même temps des dévots : Apulée fréquente tous les temples, se fait initier à tous les mystères et s'enrôle dans la milice d'Isis ; les autres sont des chrétiens fervents, des prêtres, des évêques, des défenseurs de leur foi. Mais par là encore ils ne se distinguent guère des écrivains des autres pays : il n'y a plus partout que des croyants, et le temps approche où les prêtres et Tes moines seront presque les seuls qui sauront écrire. Ainsi les côtés par lesquels ils se ressemblent entre eux sont ceux aussi qui leur sont communs avec les écrivains des autres nations. Pour le reste, il leur arrive souvent de différer beaucoup les uns des autres ; en sorte que, si l'on voulait définir par ses caractères généraux la littérature africaine, on se trouverait assez embarrassé. Dirons-nous, comme on l'a fait quelquefois, que les écrivains nés sous ce ciel de flamme se reconnaissent à leurs violences, que ce sont des génies fougueux, intempérants, incapables de se diriger et de se contenir ? C'est bien le caractère de Tertullien ; mais, en revanche, saint Cyprien est un sage, un modéré, un

---

[1] Parmi les mots employés par Apulée, on a remarqué *cambiare*, changer, et *minare*, mener, qu'il a pris évidemment à la langue populaire. Ce qui prouve que le latin populaire en Afrique était souvent le mène que parlaient les petites gens de la Gaule.

politique, parfaitement maître de lui et qui incline toujours vers les solutions raisonnables. Si Apulée paraît un romantique à la recherche des images brillantes et des expressions extraordinaires, qui se moque de la grammaire et de l'usage, Lactance veut passer pour un classique pur ; il affecte d'imiter les phrases et de reproduire les expressions de. Cicéron. Quant à saint Augustin, il ne ressemble exactement à aucun autre, et quelquefois il ne se ressemble pas à lui-même, tant il y a de différence entre certains de ses écrits, par exemple entre les *Dialogues philosophiques* et les *Confessions*, les *Soliloques* et la *Cité de Dieu*. Peut-être convient-il de conclure que ces diversités mêmes sont ce qui caractérise le mieux la littérature africaine. On a remarqué que les écrivains de la Gaule, pour ne parler que de ceux-là ont entre eux plus de traits de ressemblance. Ils cherchent à bien écrire, c'est-à-dire à écrire comme ceux qui écrivent bien ; et, comme ils travaillent sur les mêmes modèles, ils se rapprochent les uns des autres. Ce sont des gens de bon sens, qui se tiennent loin des excès, et veulent être, autant qu'ils le peuvent, simples, clairs, réguliers, corrects. Ceux de l'Afrique ne paraissent pas avoir les mêmes scrupules. Là chacun écrit à sa manière et selon ses goûts. Ils sont en général moins soucieux d'élégance et de tenue, plus dégagés des règles, plus personnels, et s'abandonnent davantage à leur génie propre. C'est, je crois, leur véritable originalité.

V

La poésie latine en Afrique. — Inscriptions en vers. — L'Anthologie.

M. Mommsen fait remarquer que l'Afrique, qui est si riche en grands orateurs, n'a pas eu de vrais poètes. Ce n'est pas que la poésie y fût dédaignée ; au contraire, on a eu de bonne heure un goût très vif pour elle. Dès l'époque d'Auguste, on s'y mettait au courant des dernières productions poétiques et on tenait à les connaître. Horace nous dit que, quand leur première vogue était passée à Rome, on les empilait dans un navire et on les faisait partir pour Ilerda ou pour Utique[1] : les libraires étaient sûrs qu'en Afrique ou en Espagne ils trouveraient toujours à les vendre. Et non seulement les Africains aimaient beaucoup la poésie, mais ils la pratiquaient volontiers. Ce pays est celui peut-être où l'on a recueilli le plus d'inscriptions en vers. J'ai déjà rapporté qu'à Cillium, dans la Byzacène, le fils d'un vieux soldat, T. Flavius Secundus, qui était devenu un personnage dans son municipe et prêtre de la province, eut l'idée d'élever une belle tombe pour sa famille. C'était une pyramide très haute, avec plusieurs rangs de gradins superposés, des bas-reliefs, des colonnes qui semblaient suspendues en l'air. Au sommet de l'édifice, un coq battait des ailes ; sur le flanc, la pierre, percée de petits trous, logeait des essaims d'abeilles. Ce monument, qui devait faire l'admiration des gens du pays, et dont Secundus était très fier, ne lui semblait pas complet tant qu'il n'y avait pas fait inscrire quelque belle poésie. Un lettré de ses amis, qu'il en pria sans doute, composa, pour les graver sur la pierre, quatre-vingt-dix hexamètres, suivis de quelques distiques[2]. C'était beaucoup ; mais il est clair qu'en témoignant ce goût immodéré pour la poésie on voulait passer pour un homme bien élevé, qui avait fréquenté les écoles et qui savait

---

[1] *Epist.*, I, 20, 15.
[2] *C. I. L.*, 211 et 212.

vivre. Ce genre de vanité était très ordinaire en Afrique, où, comme nous l'avons vu, on prisait beaucoup l'éducation. On le poussait même facilement jusqu'au pédantisme. Ceux qui voulaient paraître plus entendus ne se contentaient pas des mètres vulgaires : ils écrivaient des iambiques de diverse mesure, ou même des ioniques mineurs ; ils cherchaient le mérite de la difficulté vaincue et goûtaient beaucoup l'acrostiche. Et ce ne sont pas seulement les gens d'importance, mais quelquefois aussi de très petits personnages, un paysan, un joaillier, qui se donnent le luxe d'une épitaphe en vers. Un pauvre homme de Carthage, qui fait le métier de courrier et qui porte les dépêches officielles, nous raconte qu'il s'est bâti un tombeau d'avance, et que c'est un plaisir pour lui, quand il traverse la plaine, de lire les vers qu'il y a fait graver[1].

Par malheur, les vers des poètes africains sont presque tous horriblement boiteux : on n'y trouve d'ordinaire ni quantité ni mesure. C'est au point qu'on s'est demandé si leurs incorrections sont tout à fait involontaires, si ce n'est pas de parti pris et pat. une sorte de système qu'ils commettent des fautes si lourdes et si fréquentes. On a imaginé qu'ils peuvent appartenir à une école particulière, qui fait profession de négliger les règles ordinaires parce qu'elle a une méthode spéciale pour versifier, et que, par exemple, ils remplacent la quantité par l'accent. C'est faire à ces pauvres poètes beaucoup trop d'honneur ; en réalité ils ne respectent pas plus l'accent que la mesure, et font des vers faux parce qu'ils ne savent pas les faire autrement. Saint Augustin avoue que les Africains ignorent absolument la quantité des mots latins et qu'ils ne distinguent pas les syllabes longues des brèves[2]. Aussi ne sont-ils pas très exigeants : il leur suffit que la ligne qu'ils tracent, et qui leur parait un vers, se termine par quelque chose qui ressemble à un dactyle et à un spondée, ils n'en demandent pas davantage. Leurs oreilles, qui ne sont pas difficiles, y surprennent comme un écho de ces beaux hexamètres de Virgile qu'on leur a fait admirer à l'école, et ils sont fiers de les imiter tant bien que mal ; ils espèrent que la personne qu'ils veulent honorer d'une inscription leur sera reconnaissante, jusque dans le Tartare, de ce qu'ils ont essayé de faire :

Credo tibi gratum, si hæc quoque Tartara norunt[3].

L'argentier de Cirta, Procilius, qui passa si gaîment sa longue vie à rire et à s'amuser avec ses chers amis, se félicite beaucoup d'avoir eu la précaution de composer lui-même son épitaphe avant de mourir :

Titulos quos legie vivus meæ morti paravi[4].

Il est sûr pourtant que, s'il avait laissé ce soin à ses amis, ils auraient eu grand'peine à faire de plus mauvais vers que les siens. Mais ces bons Africains n'ont pas l'air de se douter que leur prosodie soit si vicieuse ; ils paraissent au contraire très glorieux de leur poésie ; ils attirent l'attention du passant sur elle, et quand il s'en va, ils le remercient de s'être arrêté un moment pour la lire :

Valeas, viator, lector mei carminis[5].

---

[1] *C. I. L.*, 1027.
[2] *De doctr. christ.*, IV, 94 : *Afræ aures de correptione vocalium vel productione non judicant.*
[3] *C. I. L.*, 2803.
[4] *C. I. L.*, 7150.
[5] *C. I. L.*, 5370.

Il devait pourtant y avoir des exceptions : dans un pays où l'on étudiait avec tant d'ardeur, il était inévitable qu'il se trouvât des gens qui finissaient par se mettre dans la tète la quantité des syllabes et qui versifiaient à peu près correctement. Comme ce talent leur vient du travail, non de la nature, et qu'il est laborieusement acquis, leur poésie en général manque d'aisance et de grâce ; elle parait raide, empruntée, artificielle ; elle ressemble un peu à celle de nos écoliers, quand ils chevillaient péniblement des vers latins, à l'aide du dictionnaire. Cependant on prisait beaucoup ces jeux d'esprit et ceux qui s'y livraient. A la fin de l'empire, au moment de l'invasion des barbares, il y avait à Carthage, malgré le malheur des temps, toute une école de poètes dont l'*Anthologie latine* nous a en partie conservé les œuvres, et qui paraît avoir été assez florissante. La brusqué arrivée des Vandales déconcerta ce petit groupe de gens qui s'étaient fort accoutumés à la civilisation romaine. Ils devaient éprouver une haine violente contre ces importuns qui venaient les troubler dans leur vie tranquille et leurs jouissances littéraires ; mais, comme il était dans leurs habitudes de s'approcher des puissants et de rechercher leurs faveurs, ils finirent par faire des vers en l'honneur des rois vandales, de même qu'ils en avaient fait pour célébrer les proconsuls romains. Il faut leur rendre cette justice qu'ils louèrent surtout chez eux ce qui était louable : ils les encouragèrent dans leurs efforts pour réparer les maux de l'invasion et continuer l'œuvre de ceux qu'ils avaient remplacés ; car il était arrivé en Afrique comme en Espagne et en Gaule : au contact des vaincus, la rudesse des barbares du Nord s'était peu à peu adoucie ; ils devenaient sensibles aux agréments d'une vie moins grossière, ils commençaient à se douter confusément du charme des lettres et des arts. Ils relevaient les monuments en ruines, ils en bâtissaient de nouveaux. Carthage semblait redevenir vivante, et les poètes étaient heureux de chanter sa résurrection :

Vitrix Carthago triumphat,
Carthago studiis, Carthago ornata magistris ![1]

VI

Dracontius. — Ses premières poésies. — Causes de sa disgrâce. — La Satisfactio ad regem Thrasamundum. — Le Carmen de Deo.

Parmi ces beaux esprits qu'on admirait dans les écoles, qu'on mettait même au-dessus des anciens[2], parce qu'ils composaient des vers laborieux et futiles sur une pie qui parlait comme une femme, ou sur un chat qui s'était étranglé en avalant une souris, il y en a un qui mérite de n'être pas oublié. Ce n'est pas qu'il ait évité les défauts des autres, mais il y joint des qualités qui l'en distinguent, et lui font, parmi eux, une place à part. N'est-ce pas une ironie du sort que le meilleur poète romain que l'Afrique a produit ait vécu à la cour des rois vandales, dans un temps où elle était entièrement perdue pour Rome et où l'on commençait à n'y plus savoir parler latin !

---

[1] *Anthologie* (Riese), 317.
[2] *Anthologie* (Riese), 87 :
    Certum est, Luxori, priscos te vincere vates.

Il s'appelait Dracontius — un nom qui ne fait guère de bruit dans le monde. — Sa famille avait occupé un rang honorable dans l'administration du pays, et il semblait destiné à remplir les mêmes fonctions que ses pères, et avec le même éclat. Il fut un élève excellent et un poète précoce. On a découvert, il y a quelques années, dans la bibliothèque de Naples, et publié des œuvres de sa jeunesse. Elles sont dédiées à son maitre, le grammairien Felicianus, auquel il donne cet éloge qu'il a ramené à Carthage les lettres fugitives et qu'il réunit autour de sa chaire les Romains et les barbares[1]. Ce sont que des vers d'écolier, mais qui ont l'avantage de nous montrer combien l'éducation antique est restée jusqu'à la fin fidèle à ses habitudes ordinaires. En plein christianisme, on continuait à ne travailler que sur des matières païennes. Le jeune Dracontius chante l'enlèvement d'Hélène, les crimes de Médée, l'aventure d'Hylas, les plaintes d'Hercule, quand il voit les têtes de l'Hydre augmenter à mesure qu'on les coupe. Il compose en vers des controverses sur les mêmes sujets qu'on traitait en prose du temps de Sénèque et de Quintilien, trois ou quatre siècles auparavant. Une de ces controverses mérita l'honneur d'être déclamée publiquement, dans les thermes de Gargilius, en présence des magistrats de la province[2]. Elle est pourtant bien médiocre, et si Dracontius n'avait jamais écrit d'une autre façon, ce ne serait pas la peine de le disputer à l'oubli ; mais une crise violente, qui changea sa vie, lui donna l'occasion de produire une œuvre plus importante : le malheur fit jaillir de son cerveau une veine de talent qui s'ignorait.

Il est naturel que le joug des Vandales ait pesé à tous ceux qui cultivaient les lettres et qu'ils aient regretté la domination romaine. Nous venons de voir que beaucoup d'entre eux, quoique fort ennemis de la barbarie germanique, s'étaient pourtant résignés à flatter leurs nouveaux maîtres. Les malheureux ne connaissaient pas d'autre métier, et c'était pour eux le seul moyen de ne pas mourir de faim. Mais il y en avait aussi à qui cette servitude semblait intolérable et qui se vengeaient de la subir par des vers méchants, qui couraient le monde, et qu'on devait punir sévèrement quand on en découvrait l'auteur[3]. La faute de Dracontius était plus grave encore : J'ai eu le tort, dit-il en nous faisant sa confession, au lieu de célébrer des rois pleins de modération, d'en chanter un que je ne connaissais pas, et qui n'était pas mon maitre[4]. Ce prince étranger, que Dracontius s'accuse d'avoir chanté, c'était certainement le césar qui régnait à Byzance. Depuis que l'empire d'Occident n'existait plus, il représentait Rome. Tous ceux qui restaient fidèles au souvenir des Romains avaient les yeux sur lui ; en lui adressant des vers, Dracontius se mettait en révolte ouverte contre les Vandales, il n'est pas surprenant qu'on l'en ait très rigoureusement puni. Il fut battu, enfermé, dépouillé de ses biens et de ses places. En vain essaya-t-il de toucher le roi par ses prières, de lui promettre que désormais il consacrerait sa

---

1 *Dracontii Carmina minora* (éd. Duhn), 1, 13 :
    Sancte pater, o magister, taliter canendus es,
    Qui fugatas Africainæ reddis urbi litteras,
    Barbaris qui Romulidas jungis auditorio.
2 *Carmina min.*, V.
3 Nous avons conservé une de ces pièces insultantes dans laquelle l'auteur, pour se moquer des barbares qui occupent l'Afrique, mêle à ses vers latins quelques mots tudesques (*Anth.*, 285). On y reconnaît les termes qui signifient encore aujourd'hui : à boire (*ia drinkan*). Il est vraisemblable que ceux qui vivaient dans le voisinage des soudards vandales avaient l'occasion de les entendre souvent prononcer.
4 *Satisfactio ad regem*, 93.

muse à sa famille : le roi fut inflexible. Il avait bien raison de croire que l'empereur de Constantinople ne renonçait pas à l'espoir de conquérir l'Afrique, et il était naturel que le poète coupable de flatter cette ambition lui parût avoir commis un crime impardonnable.

Dracontius resta donc en prison, et plus malheureux que jamais. Les chaînes me serrent, disait-il ; les tortures m'accablent, l'indigence me consume. Je ne suis plus couvert que de haillons informes1. Il se plaint surtout amèrement que personne n'ait souci d'adoucir sa peine : Connus et inconnus, tous se détournent de moi. Ceux à qui j'ai consacré ma vie me délaissent ; mes parents ne me connaissent plus ; mes nombreux esclaves ont fui, mes clients me méprisent. Dans cette solitude et cette misère, il ne lui restait plus que Dieu et la poésie : c'est de là que lui vint la consolation.

Le poème en trois chants qu'il a composé dans sa prison, et qui est intitulé *Carmen de Deo*, échappe trop souvent à toute analyse. On voit bien qu'il est d'un temps où l'on a désappris l'art de composer. A partir du Ve siècle, les auteurs deviennent rares qui savent concevoir l'ensemble d'un sujet et en disposer les parties. On écrit au hasard, sans suite, sans direction, sans mesure ; c'est l'habitude et le succès du sermon qui ont propagé ce défaut dans la littérature. Le prêtre, l'évêque doivent toujours être prêts à parler aux fidèles ; ils n'ont pas le temps de préparer leurs discours et de surveiller leur parole. Chez les orateurs médiocres, qui sont toujours le plus grand nombre, le sermon devient un verbiage édifiant et intarissable, où l'idée principale est submergée par les récits, les digressions, les épisodes, les développements accessoires. Le malheur, c'est qu'on ne prêche pas seulement en chaire et que les mêmes défauts se retrouvent dan-tout ce qu'on écrit. Il faut bien avouer que le poème de Dracontius aussi est un sermon dont le fil échappe sans cesse ; mais il arrive par moments qu'une émotion personnelle, un sentiment vrai se dégage de ces insupportables tables divagations. Dès lors, et comme par enchantement, tout ce fond de brume s'éclaircit ; l'idée se précise, le style s'anime et se colore : le prédicateur est devenu un poîle. C'est ce que je voudrais montrer par quelques exemple, Dracontius, dans son poème, a voulu célébrer la miséricorde divine, et comme la première et la plus grande marque d'affection que Dieu ait donnée à l'homme est do le créer, le premier chant est consacré à raconter la création. Ce chant a été, pendant le moyen âge, séparé du reste de l'ouvrage et fort admiré sous le titre d'*Œuvre des six jours* (Hexameron). Il est certain qu'il soutient la comparaison avec le poème de Marius Victorinus de Marseille et celui de saint Avit. Si Dracontius est noir, correct, il a par moments plus d'éclat et un sentiment plus vif des beautés de la nature. Il a su mieux décrire qu'eux la vie nouvelle qui circule dans le monde na issant, la terre qui devient féconde et se couvre d'herbe, les forêts vêtues de leur chevelure de feuilles et habitées par des nids bavards2 ; puis tous les animaux do ln terre et de la mer qui s'élancent à la vie, les oiseaux qui ébranlent l'air de leur vol haletant et qui chantent pour remercier le Seigneur qui vient de leur donner l'être :

Exilit inde volans gens plumea læta per auras,
Aera concutiens pennis crepitante volatu

---

1 *De Deo*, III, 58 et sq.
2 *De Deo*, I, 257 ; plus loin (674), deux beaux vers sur le soleil :
Sol, oculus mundi, famulus super astra Tonantis,
Cujus ab immensis languescunt sidera flammis.

> *Ac varias fundunt voce modulamine blando,*
> *Et, puto, collaudant Dominum meruisse creari*[1].

Pour représenter l'homme qui vient de naître et le distinguer, dès le début, par son attribut particulier, Dracontius a trouvé une invention ingénieuse : non seulement il le montre qui regarde avec admiration le beau spectacle du monde, mais il suppose qu'il pense, qu'il réfléchit ; tandis que les animaux se laissent tranquillement vivre, lui veut savoir ce qu'il est, pourquoi il a été créé, et il cherche autour de lui qui pourra le lui dire. Quand il voit les bêtes se sauver à son approche, il s'inquiète, il a le sentiment de sa solitude : c'est alors que Dieu lui donne une compagne. Les auteurs ecclésiastiques glissent généralement sur la création de la femme ; Dracontius, qui est un laïque, se sent plus à son aise ; il décrit Ève avec complaisance quand elle se montre à celui qui va devenir son époux : Elle parut devant lui sans voiles, avec son corps blanc comme la neige, semblable à une nymphe qui sort des eaux. Sa chevelure, que le fer n'avait pas touchée, flottait sur ses épaules ; la rougeur parait sa joue, tout était beau en elle, et l'on voyait bien qu'elle sortait des mains du Tout-Puissant :

> *Constitit ante oculos nullo velamine tecta*
> *Corpore nuda simul niveo, quasi nympha profundi*[2].

Puis il est heureux de les suivre dans ces bosquets en fleur et ces parterres de roses où ils vont se cacher :

> *Ibant per flores et tota rosaria binis,*
> *Inter odoratas messes lucosque virentes*[3].

On trouverait encore de beaux vers dans les deux autres livres, quoiqu'ils y soient plus rares. L'auteur y insiste toujours sur la miséricorde divine ; il a besoin d'y croire pour espérer qu'elle amènera la fin de ses maux. Dieu est bon, il écoute toutes les prières, il soulage toutes les infortunes. On n'a qu'à s'adresser à lui pour être exaucé : Judas lui-même, le misérable Judas, s'il avait eu confiance, pouvait être sauvé[4]. Rien ne trouble cet optimisme tranquille ; il ne peut pas imaginer que Dieu condamne quelqu'un qui s'est accusé de ses fautes, et il lui semble que le repentir crée une sorte de droit au pardon. Personne n'a jamais moins compris que lui le terrible justicier de la Bible, qui punit les pères dans leurs enfants et tend des pièges à l'humanité[5]. Le sien est doux, tendre, compatissant, et ne se résout à punir que ceux qui ne se décident pas à se corriger. Aussi éprouve-t-il pour lui des élans d'amour et de reconnais-. sauce qui se traduisent par de belles tirades, ou plutôt par des hymnes pleins d'effusions lyriques. J'en veux citer un, quoiqu'il soit long, pour montrer quelle inspiration puissante anime par moments cette poésie : La troupe des astres, lui dit-il, les planètes et les étoiles célèbrent leur créateur ; la foudre t'adore, le tonnerre et la tempête tremblent devant toi. Les lacs et les fleuves te chantent en leur langue ; les nuages épars s'éclairent de ta lumière. Par toi la terre est féconde, l'herbe verdit, les forêts poussent leurs feuilles, la fleur respire, l'arbre

---

[1] *De Deo*, I, 240.
[2] *De Deo*, I, 393.
[3] *De Deo*, I, 436.
[4] *De Deo*, II, 558.
[5] Par exemple il refait à sa manière l'histoire d'Isaac (III, 125). Il ne veut pas admettre que Dieu ait tenté Abraham en lui demandant la mort de son fils : *Non est tentator habendus*, nous dit-il résolument. Il oublie qu'il y a dans la Bible : *Tentavit Deus Abraham*.

se couvre de fruits. C'est toi que louent la bête sauvage, les poissons, les grands troupeaux, les oiseaux de l'air, la race des vipères et les bêtes venimeuses qui sifflent en agitant leur langue à trois dards ; tous ces monstres qui donnent la mort se plaisent à célébrer l'auteur de la vie :

> *Agmina te astrorum, te signa et aidera laudant,*
> *Auctorem confessa suum ; te fulmen adorat,*
> *Te tonitrus hiemesgue tremunt ; te stagna, paludes,*
> *Voce sua laudant, te nubila crassa coruscant.*
> *Per te fetat humus, per te, Deus, herba virescit,*
> *Frondeacunt silvæ, spirat flos, germinat arbor.*
> *Te fera, te pisces, pecudes, armenta, volucres,*
> *Turba cerastarum laudant, genus omne veneni*
> *Sibilat ore fero lingua vibrante trisulca :*
> *Auctorem vitæ gaudet stridore minaci*
> *Materies laudare necis*[1].

Il n'y a pas à en douter, celui qui était capable de porter sans faiblir une période si large, si ample, d'un si grand souffle, — et je l'ai fort abrégée ; — celui qui a écrit les vers élégants que je citais tout à l'heure, qui a su retrouver par intervalles la vigueur ou la grâce du vieil hexamètre latin, était vraiment un poète. On se prend à regretter parfois qu'il ne soit pas né à une époque où le goût était plus sûr et la langue plus correcte. Celle qu'on parlait alors, et dont il est bien forcé de se servir, était en pleine, décomposition, et pourtant il n'est pas sans intérêt de l'étudier chez lui. Parmi les symptômes de corruption, on saisit quelques étincelles de vie ; sous cette langue qui se meurt, on en surprend une autre qui va naître, et à quelques signes on devine qu'elle ressemblera à celles qui sont en train de se former de l'autre côté de la mer[2].

Il a donc existé en Afrique, pendant toute la durée de l'empire, une classe lettrée fort instruite, très distinguée, dont le latin était devenu la langue ordinaire. Ce latin a eu, selon les époques, son éclat et sa décadence ; mais il n'a jamais été un de ces parlers de province dont on se moque ailleurs : un grammairien des derniers temps affirme que, même en ce moment, il valait mieux que celui dont on usait en Italie. Les Africains n'employaient pas la langue du vainqueur uniquement par nécessité, pour communiquer avec lui et débattre les intérêts communs ; ils s'en étaient tellement imprégnés, ils se l'étaient rendue si familière, qu'ils en avaient fait l'expression naturelle de leurs sentiments et de leurs pensées ; une littérature était née chez eux qui a été pendant quatre siècles l'admiration du monde. C'est ce qui prouve que la culture romaine n'y était pas seulement en superficie, qu'elle avait jeté des racines profondes, au moins dans les villes et parmi les gens éclairés.

Mais ce n'est pas assez qu'une civilisation ait conquis les classes élevées d'une nation : tant qu'elle ne s'appuie pas sur la masse des habitants, elle reste en l'air, prête à tomber au moindre choc. Il nous faut chercher si celle des Romains, que nous venons de voir si florissante aux étages supérieurs de la société africaine, est descendue plus bas, et savoir, autant que possible, jusqu'à quelle profondeur elle y a pénétré.

---

[1] *De Deo*, II, 205 ; on trouve aussi de très jolis vers sur Dieu et la Nature, I, 717.
[2] N'est-ce pas presque une phrase française que le vers suivant :
> *Est tibi cura, Deus, de quidquid ubique creasti.*
> Tu as soin de tout ce que tu as créé.

CHAPITRE VII. — LA CONQUÊTE DES INDIGÈNES.

Si nous comparons l'œuvre que nous avons accomplie en Afrique à celle des Romains, il me semble que nous ne manquerons pas de raisons d'être fiers de nous-mêmes. D'abord nous avons achevé la conquête du pays en cinquante ans, c'est-à-dire beaucoup plus vite qu'eux, et notre victoire n'a pas été seulement plus rapide, elle est aussi plus complète. De la Méditerranée au Sahara, tout nous appartient, et il n'y a pas de steppe si désert, de montagne si sauvage, où ne flotte notre drapeau. Dans cet espace immense, nous avons construit des forts, bâti des villes, assaini des plaines empestées, tracé près de 13.000 kilomètres de routes. Nous y replantons la vigne, nous y avons amélioré la culture de l'olivier et des céréales, nous sommes en train de lui rendre la richesse et la vie qu'il avait perdues. Ce sont là de grandes choses, et dont nous pouvons nous glorifier.

Mais il faut reconnaître aussi que notre succès n'est pas entier. Dans une partie de notre tâche, qui n'était pas la moindre, nous avons tout à fait échoué. Après avoir vaincu les anciens habitants, nous n'avons pas su les gagner. Aucune fusion, aucun rapprochement ne s'est fait entre eux et nous ; ils vivent à part, gardant fidèlement leurs croyances, leurs habitudes et, ce qui est plus dangereux, leurs haines. Ils profitent des avantages que notre domination leur procure sans nous en être reconnaissants. L'Algérie contient deux populations voisines et séparées, qui ne se disputent plus, qui paraissent même se supporter, mais qui au fond sont mortellement ennemies l'une de l'autre, et qu'on n'imagine pas devoir jamais se confondre. C'est une situation grave, qui rend notre autorité précaire, et donne beaucoup à réfléchir aux esprits sages et prévoyants.

En était-il ainsi du temps des Romains ? ont-ils su s'attirer la confiance et l'affection des populations vaincues ? jusqu'à quel point leur civilisation a-t-elle entamé les indigènes[1] ? peut-on connaître enfin si ceux qui s'y sont laissé gagner étaient plus ou moins nombreux que ceux qui lui résistaient ? — Voilà la question qu'en achevant ces études je voudrais essayer de résoudre.

---

[1] Je dois avertir que je donne ici au mot indigènes une signification un peu plus étendue qu'on ne le fait ordinairement. A proprement parler, il ne devrait s'appliquer qu'aux anciens habitants du pays, à ceux qu'on appelait Libyens, Maures, Gétules, etc. J'y joins les gens de race punique qui, avec le temps, s'étaient confondus avec eux. Les Romains ne les distinguaient pas les uns des autres, tout en sachant bien qu'ils n'étaient pas de même race, et ils avaient créé un mot pour désigner le mélange. Tite-Live nous dit qu'ils les appelaient *Libyphœnices* (XXV, 40). Les indigènes dont je vais parler sont des Libyphéniciens.

I

Quel est le moyen d'avoir une statistique de l'Afrique romaine ? — Les inscriptions latines de l'Afrique. — Les Romains dans les pays vaincus. — Peut-on savoir le nombre de ceux qui se sont établis en Afrique ?

C'est malheureusement une question fort obscure. Les anciens n'étaient pas de grands faiseurs de statistiques, comme nous le sommes aujourd'hui. Personne alors ne parait avoir pris la peine de compter, même approximativement, le nombre des habitants du pays qui s'étaient fixés dans les villes, qui avaient pris les usages des Romains et qui parlaient leur langue, ni de savoir s'il était supérieur à ceux qui étaient restés fidèles à leur ancienne façon de vivre et à leurs vieux idiomes. Et même en supposant qu'on le sût, ce qui est fort douteux, on ne s'est pas soucié de nous l'apprendre ; en sorte que, si nous voulons suppléer à ce silence et tracer quelques traits de cette statistique qu'on a négligé de nous laisser, les documents nous font tout à fait défaut.

Nous n'avons guère que les inscriptions qui puissent un peu nous renseigner : il est vrai qu'elles sont en très grand nombre. Léon Renier, le premier qui s'avisa de les recueillir, en réunit près de cinq mille. Le VIIIe volume du *Corpus*, qui est l'œuvre de Willmans, en contient dix mille, et à peine avait-il été publié, qu'il fallut se préparer à lui donner un supplément : on venait d'occuper la Tunisie, et les inscriptions nouvelles arrivaient en foule. Ce supplément, qu'ont rédigé MM. Schmidt et Cagnat, a doublé le nombre des inscriptions que nous connaissions, et il est probable qu'il aura bientôt besoin d'être lui-même complété.

C'est là qu'il nous faut chercher ce que de nos jours nous trouverions dans les recueils d'actes officiels et dans les journaux : les inscriptions antiques tiennent lieu pour nous des uns et des autres ; non pas que les Romains aient tout à fait ignoré le journalisme, mais ils n'en connaissaient pas toute la puissance, et ne s'en sont servis qu'accidentellement. C'est aux inscriptions qu'ils confiaient tout ce qu'ils ne voulaient pas laisser perdre, les lois, les règlements, les décisions de l'autorité, le témoignage de leur piété pour les dieux, de leur respect pour le prince, de leur affection pour leurs proches. Bien étudiées, interprétées avec sagacité et avec prudence, elles nous donneront une foule de renseignements sur lesquels la grande histoire est muette.

Cherchons ce qu'elles nous apprennent de la question qui nous occupe.

L'*Index* du VIIIe volume du *Corpus* commence par relever la série des noms propres qui se trouvent dans le volume[1]. Comme ces noms figurent dans des inscriptions latines, nous sommes sûrs que de quelque façon les personnages qu'ils désignent ont été mêlés à la vie romaine. On en compte à peu près dix mille, et sur ce nombre il y en a deux cents à peine dont on puisse affirmer du premier coup avec quelque assurance qu'ils appartiennent des indigènes. Les autres ont tous les signes auxquels on reconnaît d'ordinaire un citoyen romain, et même beaucoup d'entre eux semblent se rattacher aux plus grandes maisons de Rome. Nous verrons plus loin que cette apparence est souvent trompeuse et qu'il y avait beaucoup de ces Romains prétendus dont l'origine était fort différente. Il n'en est pas moins vrai qu'au premier abord, quand on compulse les

---

[1] Il n'est question ici que du volume publié par Willmans. L'index du supplément n'a pas encore paru.

listes du *Corpus*, on se croit presque toujours en présence de gens qui sont sortis directement de l'Italie et qui ont fait souche en Afrique. — Remarquons que, s'il en était ainsi, la conquête romaine ressemblerait singulièrement à la nôtre. Dans les deux cas, un peuple d'étrangers serait venu envahir et gouverner le pays, et ces décurions des villes, ces fermiers des campagnes, dont les inscriptions nous donnent les noms, appartiendraient, tous à la race victorieuse, comme nos conseillers généraux, nos maires, nos magistrats, sont tous aujourd'hui des Français de naissance, ou tout au moins des Européens devenus Français.

Cette conclusion, après tout, n'a rien qui puisse nous surprendre. On nous dit que les Romains avaient la coutume de s'établir en grand nombre dans les pays qu'ils venaient de soumettre : *Ubicumque vicit Romanus habitat*[1]. Ces âpres, paysans ne méprisaient pas le commerce autant qu'ils le prétendaient ; ils n'en avaient été d'abord éloignés que par la peur des hasards qu'il faisait courir. Comme ils étaient aussi prudents qu'avides, ils craignaient de s'exposer à perdre d'un seul coup ce qu'ils avaient eu tant de peine à gagner[2]. Mais quand leurs conquêtes leur eurent ouvert un champ plus vaste et plus sûr, ils devinrent plus confiants et se mirent à exploiter le monde aussi vigoureusement qu'ils l'avaient vaincu. Des trafiquants de toute espèce suivaient les armées pour placer avantageusement leurs marchandises[3]. Derrière eux se formaient de grandes compagnies financières, qui essayaient de profiter des ressources du pays ou de tirer parti de sa misère en lui prêtant à gros intérêts. Ces banques avaient pour directeurs ostensibles des chevaliers romains, mais on savait bien que les fonds étaient fournis par de très hauts personnages qui partageaient les bénéfices. Le banquier et le négociant romains pénétraient partout. La Gaule, disait Cicéron, en est pleine ; il ne s'y fait pas une affaire sans eux[4]. Il y en avait tant en Asie et ils y devinrent si odieux, qu'un beau jour, à l'instigation de Mithridate, ils furent tous massacrés : on en tua, dit-on, quatre-vingt mille.

On pense bien que l'Afrique ne fut pas traitée autrement que le reste du monde. Dès le temps de Jugurtha, Salluste nous dit qu'il y avait dans la capitale de la Numidie, à Cirta, une multitude de gens qui portaient la toge, *multitudo togatorum*[5]. La toge, au lendemain de la victoire des deux Scipions, était pour eux une sorte de sauvegarde qui couvrait leurs opérations douteuses. Nous savons aussi qu'il se trouvait à Vaga, à Thysdrus, beaucoup d'Italiens qui faisaient le commerce du blé[6]. S'ils s'y étaient fixés dès le premier jour, et quand il y avait quelque péril à le faire, il est naturel qu'ils y soient venus en plus grand nombre après que la conquête fut achevée. Plus tard encore, du temps de l'Empire, ils y furent attirés soit par les colonies qu'on fondait un peu partout, soit par l'administration des domaines impériaux, soit par le service de l'annone, soit enfin par l'espoir de s'enrichir dans ces contrées dont on vantait la fertilité

---

[1] Sénèque, *Cons. ad Helvia*, 7.
[2] Voyez le début du *De re rustica* de Caton.
[3] C'était quelquefois les soldats eux-mêmes qui se chargeaient du trafic. Tite-Live rapporte (V, 8) qu'une ville dont les Romains venaient de s'emparer fut reprise par les Volsques pendant que la garnison s'était répandue dans les environs pour y faire un peu de commerce.
[4] *Pro Fonteio*, 4 : *referta Gallia negotiatorum est, plena civium romanorum ; nemo Gallorum sine cive romano negotium gerit*.
[5] Salluste, *Jugurtha*, 21.
[6] César, *De Bello Afric.*, 37. Voyez aussi Salluste, *Jugurtha*, 28 et 47.

merveilleuse. Il doit donc y avoir eu, jusqu'à l'invasion des barbares, une sorte de courant continu qui entraînait les Romains en Afrique.

Peut-on évaluer de quelque manière le nombre de ces immigrants ? M. Masqueray a essayé de le faire, et voici comment il raisonne : Depuis 1830, malgré les incertitudes de notre premier établissement, 195.000 Français et 182.000 Italiens ou Espagnols, en somme 377.000 Européens, sont venus s'établir en Algérie1, et nous pouvons admettre que, si notre domination continue à s'affermir, ce nombre aura doublé en cinquante ans. Or les Romains ont possédé non seulement l'Algérie, mais le Maroc, la Tunisie et la Tripolitaine pendant sept siècles. C'est donc rester certainement au-dessous de la réalité que de leur attribuer, en ne tenant pas compte, si l'on veut, de trois de ces siècles (les deux premiers et le dernier), l'introduction de 4 millions d'hommes dans l'Afrique septentrionale.

Qui ne voit du premier coup tout ce qu'il y a d'hypothétique dans ce calcul ? Il repose sur des analogies entre le temps présent et le passé qu'on admet sans les avoir démontrés. Sommes-nous sûrs que la situation de la République romaine, après la conquête de l'Afrique, fut assez semblable à la nôtre pour conclure légitimement de nous à elle ? Et, dans la suite, devons-nous croire que l'émigration n'ait jamais souffert de ralentissement et d'intermittence ? Les circonstances ne paraissent pas lui avoir toujours été également favorables. Dès le commencement de l'Empire, on nous dit que l'Italie se dépeuple, que les campagnes deviennent désertes, que les villes sont trop grandes pour leurs habitants. Est-il probable qu'alors il partait tout les ans pour Carthage, des ports de Pouzzoles ou d'Ostie, autant de négociants et d'agriculteurs que lorsque les villes et les campagnes regorgeaient de monde ? D'ailleurs l'Afrique ne devait-elle pas avoir beaucoup perdu de son attrait, depuis que les meilleures places y étaient prises ?

Ce qui me paraît le eus sage, c'est de dire que le nombre des Romains qui s'étaient établis en Afrique devait être considérable ; quant à en fixer exactement le chiffre, je ne le crois pas possible. Nous ne le savons pas, et il est vraisemblable que nous ne le saurons jamais.

II

Politique des Romains à l'égard des peuples vaincus. — Il n'y avait pas entre eux et les Africains de haine nationale irrémédiable, — ni de véritable antipathie religieuse.

Mais si les Romains s'établissaient en grand nombre dans les pays qu'ils avaient soumis, ce n'était pas leur coutume d'en exterminer ou même d'en expulser les anciens habitants. Nous ne voyons pas qu'ils aient agi ordinairement comme ont fait, en Amérique, les Anglo-Saxons, qui se sont simplement substitués aux indigènes et ont fondé des États où il n'y avait de, place que pour eux. Les Romains avaient le sentiment qu'ils pourraient bien arriver à conquérir le monde, mais qu'ils n'étaient pas assez nombreux pour l'occuper. Aussi ont-ils cherché

---

[1] L'ouvrage de M. Masqueray, d'où ce passage est tiré, a paru en 1886. Depuis, ces nombres ont augmenté. Le dénombrement de 1891 donne les chiffres suivants : 267.672 Français d'origine ; 215.793 étrangers. En résumé, 483.485 Européens.

partout à s'entendre avec les gens du pays. Nous avons vu qu'ils ne détruisaient pas les institutions existantes, quand elles étaient compatibles avec leur sécurité ; ils gardaient les anciennes municipalités et s'en servaient pour administrer leur conquête ; ils laissaient le pouvoir aux hommes importants de la contrée qui leur offraient des garanties. De cette façon les vaincus s'initiaient avec le temps à la vie romaine ; tout se faisait peu à peu et par degrés. Lorsqu'on croyait le moment venu, on leur conférait d'abord le droit latin, puis la cité complète. Même quand les nécessités de la politique forçaient Rome à agir avec plus de brusquerie et qu'elle envoyait une colonie dans une ville vaincue, elle ne dépossédait pas entièrement les propriétaires ; elle ne leur prenait qu'une partie de leurs biens, et comme le droit de la guerre lui permettait de prendre tout, et que c'était ainsi qu'agissaient tous les autres peuples, ceux qu'elle ne dépouillait qu'à moitié, au lieu de se plaindre de sa rapacité, étaient bien obligés de lui savoir gré de sa modération. Aussi oubliaient-ils assez vite le dommage qu'ils avaient reçu ; quand la blessure s'était fermée, les anciens habitants et les nouveaux s'accoutumaient à vivre ensemble et finissaient par se confondre. C'est ce qui est arrivé en Espagne et en Gaule ; la fusion des races s'y est promptement opérée. Après un siècle ou deux, tout le monde y était romain, et l'on aurait eu quelque peine à distinguer ceux qui venaient vraiment de Rome et ceux qui descendaient des Ibères ou des Celtes.

Pourquoi ce qui s'est passé dans ces deux pays ne se serait-il pas produit aussi en Afrique ? Rome avait-elle quelque raison pour y renoncer à sa politique ordinaire ? ou faut-il croire que les ennemis qu'elle y rencontrait étaient de ceux avec lesquels il lui était tout à fait impossible de s'entendre ? D'ordinaire les violentes antipathies qui empêchent que les peuples puissent s'accorder ensemble Proviennent, ou d'un esprit national intransigeant, ou du conflit de religions incompatibles. Or il est facile de voir que rien de pareil n'existait entre les Africains et Rome.

D'abord on aurait tort de se représenter tout à fait les guerres d'Afrique comme la lutte de, deux nationalités ennemies : il n'y avait lias à proprement parler de nationalité africaine. Un moment réunis sous Massinissa et les princes de sa famille, les indigènes étaient bientôt revenus à leur isolement ordinaire. Ils avaient si peu l'habitude d'être d'accord que les écrivains anciens ne semblent pas s'être aperçus qu'ils appartenaient à -la même race ; ils font l'effet à Pline d'un ramassis de petites peuplades qui n'ont de commun entre elles que de se haïr[1], et saint Augustin parait 'fort surpris lorsqu'il s'aperçoit que la langue dont ils se servent est la même pour tous[2]. C'est qu'en effet il ne suffit pas d'avoir la même origine et de parler la même langue pour former une nation ; il faut avoir vécu longtemps de la même vie ; s'être serrés les uns contre les autres dans la bonne et la mauvaise fortune, posséder ensemble des souvenirs de malheur et de gloire, et toutes ces conditions se trouvent moins souvent rassemblées qu'on ne pense. Il est à remarquer que les Romains ont eu rarement à combattre des nationalités compactes et unies. Presque partout ils ont profité des querelles intérieures, et ces haines fraternelles, qui sont les plus violentes de toutes, leur ont rendu la conquête plus aisée. Lorsque César, à la suite des Helvètes, pénétra dans le pays situé entre le Rhône et le Rhin, il y avait des Gaulois, mais il n'y avait pas de Gaule. Tons ces peuples se faisaient des guerres acharnées et appelaient l'étranger à leur aide. C'est plus tard, quand Rome leur eut imposé la

---

[1] *Hist. naturelles*, V, 17 et sq.
[2] *De civ. Dei*, XVI, 7.

paix et que les soixante cités celtes prirent l'habitude de se réunir à Lyon, autour de l'autel d'Auguste, qu'elles eurent le sentiment de leur origine commune. Mommsen a donc raison de dire que Rome n'a pas détruit la nationalité gauloise, comme on le prétend quelquefois, et qu'au contraire c'est elle qui l'a créée. En Afrique, comme en Gaule, Rome n'a jamais eu à lutter que contré des efforts isolés. Là aussi elle parvint à vaincre les tribus les unes après les autres ; et les unes avec l'aide des autres. La victoire fut difficile et la pacification très lente, car elle avait affaire à des peuples braves e naturellement indociles. Mais on ne peut pas tout à fait dire qu'elle ait rencontré devant elle une de ces haines nationales qui sont l'âme des grandes résistances et dont il est malaisé de triompher. La lutte finie et les rancunes du premier moment éteintes, il ne restait rien, entre les vainqueurs et les vaincus, qui les empêchât de s'accorder.

L'obstacle pouvait-il venir de la religion ? c'est ce qui divise le plus ; c'est ce qui fait aujourd'hui des indigènes nos mortels ennemis. Ils ne forment pas plus une nation qu'autrefois, mais ils pratiquent une religion qui leur commande de nous haïr. C'est elle qui met entre eux et nous une séparation profonde, qui les réunit ensemble, malgré le goût naturel qu'ils ont de vivre isolés, qui les rend défiants des bienfaits que nous leur apportons, qui fait qu'ils prêtent l'oreille à tous ceux qui essayent de les soulever contre nous. La guerre qu'ils nous ont faite pendant cinquante ans n'est pas une guerre nationale ; c'est une guerre religieuse. Rien de pareil n'existait du temps des Romains. Les indigènes avaient une religion que nous ne connaissons guère, et dont on ne peut dire qu'une chose, c'est qu'à la manière dont elle s'est accommodée des autres, il est probable qu'elle n'en devait pas être essentiellement différente. Les religions antiques, avec leur absence de dogmes précis, leurs dieux en nombre illimité et à formes indécises, ont toujours des contours vagues, des limites incertaines, qui leur permettent de se pénétrer les unes les autres et souvent de se confondre. Quand le hasard les rapproche, elles sont plutôt tentées de voir par où elles se ressemblent que par où elles diffèrent — et c'est justement le contraire de ce qui arrive aujourd'hui. — Leur première idée n'est pas de s'anathématiser et de se combattre ; elles cherchent plutôt à trouver quelque moyen de se supporter mutuellement et de s'entendre. C'est ainsi que les dieux berbères paraissent avoir vécu en bonne intelligence avec ceux de Carthage. Il est vraisemblable qu'ils se sont quelquefois identifiés ensemble, et que leur culte, qui devait être très simple, s'est approprié quelques-unes des pratiques des cultes puniques[1]. Avec les Romains, il leur fut encore plus facile de s'accorder. Les Romains avaient pour politique de respecter la religion des vaincus. Du reste ce respect leur était rendu facile par l'idée qu'ils se faisaient des dieux. Comme ils croyaient que les religions sont locales, c'est-à-dire qu'un dieu est attaché à un pays particulier et le protège, ils n'avaient aucun scrupule à se mettre aussi sous sa protection, quand ils habitaient ce pays, ou même qu'ils ne faisaient que le parcourir. En Afrique, ils invoquaient le dieu Bacax, dans sa grotte, et Baldir et Ieru, et Motman, et s'adressaient à eux aussi dévotement que s'ils n'en avaient jamais connu d'autres. Il leur arrivait plus souvent encore, pour être sûrs de n'en omettre aucun, de les prier tous à la fois

---

[1] C'est ainsi que les indigènes adoptèrent l'usage des stèles votives, si répandu à Carthage. On peut voir, au musée d'Alger, la stèle trouvée à Abizar, en Kabylie, qui porte une inscription berbère, et qui est le plus curieux modèle de l'art indigène. Si le dessin grossier de la figure appartient en propre aux Berbères, la forme de la stèle a été empruntée aux Carthaginois.

sous le nom de dieux Maures (*Dii Mauri* ou *Maurici*) ; ils les appelaient des dieux conservateurs, des dieux sauveurs, et leur demandaient de veiller au salut de l'empereur ou au succès des armées romaines. Il est assez curieux de voir un gouverneur de la province, qui a vaincu une tribu rebelle du pays et fait sur elle une riche razzia, en remercier les dieux Maures, c'est-à-dire les dieux mêmes des gens qu'il vient de vaincre[1].

En échange de ce bon vouloir et pour n'être pas vaincus en complaisance, ces dieux consentent sans trop de peine à se rapprocher des dieux grecs et romains, et se laissent identifier avec eux. Tanit ne cessa pas d'être la grande déesse de la Carthage nouvelle, comme elle l'avait été de l'ancienne ; seulement elle quitta son nom de trop phénicien et qui aurait semblé barbare. On l'appela la Déesse Céleste, et l'on supposa que c'était Junon, Vénus ou Minerve. Du moment qu'elle appartenait au groupe des divinités de l'Olympe, il était naturel qu'on l'honorât comme les autres. On fit plus ; et, Rome étant le rendez-vous naturel de tous les dieux comme de tous les hommes[2], on y transporta la *Dea Cælestis* ; elle fut mise au Capitole, et, au risque d'exciter la jalousie de Jupiter, on osa l'appeler la grande divinité du mont Tarpéien, *præstantissimo numini montis Tarpeii*[3].

Quant à Baal-Hammon, l'ancien associé de Tanit, on lui trouva quelque ressemblance avec Saturne, et il en reçut le nom ; et même, pour l'accommoder plus complètement aux temps nouveaux, il voulut bien prendre l'étiquette impériale et s'appeler *Saturnus Augustus*. C'est, nous dit Tertullien, la plus grande divinité de l'Afrique. On voit en effet que son culte y jouit d'une immense popularité. Tantôt on lui bâtit des temples et on lui élève des statues, pour le traiter tout à fait comme les autres dieux de la Grèce ou de Rome parmi lesquels on l'a installé ; tantôt on conserve à ses sanctuaires la forme ancienne, celle qu'on retrouve chez tous les Sémites, on lui consacre de vastes enclos à ciel ouvert, avec des stèles fixées dans le sol ou, placardées contre les murs. Le plus curieux de ces sanctuaires est celui que M. Toutain a découvert et fouillé, au sommet de la montagne aux deux cornes (Djebel Bou-Kourneïn), près de Tunis. C'était un de ces hauts lieux, dont parlent les livres saints, où les peuples voisins des Israélites rendaient hommage à leurs divinités. De là le regard embrasse une étendue de près de cinquante kilomètres. Cette contrée, que traversaient les deux plus importants cours d'eau de la Tunisie, était, dans l'antiquité, couverte de cités florissantes, Carthage, Utique, Tunis, Maxula, Carpi et Missua, sur le bord où à proximité de la mer, dans l'intérieur, Thubuilbo, Uthina, et beaucoup d'autres agglomérations plus modestes, dont l'épigraphie et les itinéraires nous ont appris les noms. Lorsque le prêtre de Saturne immolait sur l'autel les victimes préférées du dieu, un taureau et un bélier, il pouvait, du haut de la montagne, distinguer toutes ces villes couchées dans la plaine ou suspendues aux flancs des collines[4]. On y a découvert le soubassement de l'autel, qui occupait une superficie de 20 mètres carrés, et les débris de près de 600 stèles, toutes du second siècle de l'empire, qui portent des inscriptions ou des symboles. Ainsi Rome n'a pas fait la guerre aux anciens cultes du pays. Ils ont été, sous sa domination, aussi florissants que jamais ; elle les a très favorablement accueillis,

---

1 *Ephem. epigraphica*, VII, 165 : *Dis patriis et Mauris conservatoribus præses provinciæ ob prostratam gentem Bavarum prædasque abductas.*
2 *Dignus Roma locus quo deus omnis eat.*
3 *Notizie delli scavi*, 1892, p. 407.
4 *Le Sanctuaire de Saturnus Balcaranensis*, par M. Toutain, dans le Xe volume des *Mélanges d'Archéologie et d'Histoire de l'École française de Rome*.

et même elle les a développés et propagés. Grâce à ses victoires, à l'étendue de ses conquêtes, les vieilles divinités de Carthage ont pénétré dans des contrées qu'elles n'avaient pas visitées encore. Rome, dit M. Berger, a répandu la religion punique en Afrique, comme elle a contribué à la diffusion du christianisme dans le monde entier[1]. Les anciens habitants n'avaient donc de ce côté aucun reproche à lui faire ; dans les inscriptions qui couvrent les stèles de Saturne, les noms romains abondent, à côté des noms puniques et berbères. Tous, vainqueurs et vaincus, se trouvaient réunis dans les mêmes cultes, ils fréquentaient les mêmes temples, ils gravissaient ensemble les pentes du Bou-Kourneïn pour sacrifier aux mêmes dieux. Il arrivait donc que la religion, qui nous sépare si profondément des indigènes, était alors un lien de plus qui les unissait aux Romains. C'était une heureuse fortune à laquelle nous devons porter envie.

III

Que sont devenus les indigènes en Afrique ? — Comment ils arrivent à prendre des noms romains. — Quels sont les noms qu'ils prennent le plus volontiers.

Ainsi, il n'y avait rien entre les Romains et les indigènes qui en fît nécessairement des ennemis irréconciliables. Mais est-il vrai qu'ils se soient réconciliés Il nous faut interroger les inscriptions pour le savoir.

En Afrique, comme partout, les inscriptions les plus anciennes sont aussi les plus rares. On ne doit pas être étonné d'en posséder très peu qui remontent aux premiers temps de l'occupation. C'est avec l'empire qu'elles deviennent fréquentes et que la lumière se fait. On en a trouvé une dans les ruines de la ville de Masculula, près du Kef, qui remonte vraisemblablement à l'époque de la mort et de l'apothéose d'Auguste. Il y est dit que les Romains et les Numides réunis ont élevé un monument au nouveau dieu[2]. Ainsi, dès l'an 14 de notre ère, si près des dernières luttes, dans une ville voisine de Carthage, les Romains et les Numides s'accordaient pour honorer ensemble la mémoire de l'empereur. Il faut pourtant remarquer qu'à ce moment l'union entre les deux éléments différents n'est pas encore complète. Ils s'entendent pour un dessein commun, mais ils sont distincts l'un de l'autre : il y a toujours des Romains et des Numides. Quelques années plus tard, cette distinction elle-même a cessé : en apparence au moins ; il n'y a plus que des Romains.

Est-ce à dire que l'élément indigène ait disparu ? Comment pourrait-on le croire ? Il y avait des villes en Afrique avant l'arrivée des Romains, et quelques-unes étaient fort importantes. Les campagnes y devaient être peuplées et cultivées, puisqu'elles produisaient déjà du blé en abondance[3], et que les marchands y venaient de loin pour le commerce des céréales. A quel moment ces campagnes et ces villes se seraient-elles vidées de leurs habitants ? Est-il possible qu'un beau jour on les ait tous exterminés ou renvoyés au désert, sans qu'il se soit

---

1 *Le Sanctuaire de Saturne* à Aïn-Tounga, par MM. Ph. Berger et Cagnat.
2 C. I. L., 15775.
3 Carthage et la Numidie fournirent du blé à Rome dans la guerre contre Antiochus. Massinissa, pour son compte, donna cinquante mille boisseaux de froment et trois cent mille d'orge. (Tite-Live, XXXVI, 4.)

conservé quelque souvenir de cette exécution1 ? Il faut donc croire qu'ils sont restés, et il n'est pas douteux que, malgré l'affluence des étrangers, ils ont toujours constitué le fond de la population de l'Afrique.

Mais s'ils ont continué d'y vivre, on dirait vraiment qu'ils aient tenu à se dissimuler et à se déguiser. Au premier abord, les traces qui restent d'eux paraissent bien peu nombreuses. Rappelons-nous que tout à l'heure nous avons relevé, dans l'*Index* du VIIIe volume du *Corpus*, près de dix mille noms romains et tout au plus deux cents noms d'indigènes. Une pareille différence paraît d'abord inexplicable ; je crois pourtant qu'en regardant la liste d'un peu près nous arriverons sans trop de peine à nous en rendre compte. Assurément un grand nombre de ceux qu'elle contient doit désigner des Romains de naissance, des gens qui étaient arrivés d'Italie, eux ou leurs pères, pour se fixer en Afrique. Mais est-il sûr qu'ils avaient tous la même origine ? Beaucoup, je crois, ne venaient pas de si loin, et il n'est pas difficile d'en donner la preuve. Je trouve, par exemple, dans les ruines de la ville de *Thubursicum Numidarum*2, la tombe d'un personnage qui s'appelle Q. Postumius Celsus3. Voilà bien, à ce qu'il semble, un véritable Romain. Il est désigné par ces *tria nomina* (prénom, nom, surnom), dont Juvénal nous dit qu'ils remplissent d'orgueil celui qui a le droit de les porter ; et tous les trois sont empruntés à.la meilleure latinité. Mais poursuivons : pour nous faire tout à fait savoir l'état civil de Postumius, on nous dit qu'il est le fils de *Iudchad*, *Iudchadis filius*, c'est-à-dire d'un indigène. Nous voilà renseignés ; sous un nom romain se cache une origine africaine. Il en est de même d'un certain Q. Celius Secundus, de la même ville4, et de C. Julius, dont la tombe a été retrouvée près de Thagaste5. Ceux-là ne nous disent pas le nom de leur père, mais à côté de leur épitaphe latine ils ont fait graver des inscriptions punique et libyque : 'c'est nous faire savoir clairement à quelle race ils appartiennent. Ces exemples, qu'on pourrait beaucoup multiplier, nous prouvent qu'il ne faut pas croire que tous ceux qui portent des noms romains viennent directement de quelque port d'Italie. Un très grand nombre d'entre eux étaient originaires de l'Afrique, Carthaginois ou Numides de naissance, et nous pouvons être sûrs que le nom dont ils se paraient n'était pas celui de leurs pères.

Pouvons-nous savoir la raison qui les a portés à le quitter ? Pour la plupart d'entre eux, rien n'est plus aisé : ils ont dû recevoir de Rome le droit de cité, et en changeant de condition ils ont changé de.nom ; c'était leur droit, et même leur devoir. Mais nous pouvons être sûrs qu'il est arrivé à beaucoup aussi de le faire sans y avoir aucun titre. Ils ont devancé la faveur que Rome devait un jour ou l'autre leur accorder et n'ont pas attendu d'être des citoyens *optimo jure* pour

---

1 A la suite de guerres violentes, quelques tribus ont été transportées en masse loin de leur pays, mais c'étaient des exceptions.
2 Cette ville est aujourd'hui Khamissa, un petit village au-dessous de Souk-Ahras, entre la Medjerda et la Seybouse. Il y reste de belles ruines, un théâtre, un forum, une basilique. Comme son nom l'indique, la ville a été probablement fondée, certainement habitée par des Numides, c'est-à-dire par des gens du pays. Les inscriptions nombreuses qu'on y a trouvées sont très intéressantes à étudier : Elles nous montrent les Numides prenant des noms romains à la place de leurs noms berbères et nous mettent, pour ainsi dire, sous les yeux les degrés par lesquels une ville indigène devient une ville romaine.
3 *C. I. L.*, 5076.
4 *C. I. L.*, 4936.
5 *C. I. L.*, 5209.

quitter leur ancien nom., C'est ce qui arrivait à peu près dans tout l'empire ; et cet abus devint si fréquent que Claude crut devoir faire un édit pour l'empêcher[1]. En Afrique, l'usurpation des noms romains a dû commencer de très bonne heure. En 742 de nome, dix ans avant notre ère, un petit bourg, appelé Gurza, dont il reste quelques débris aux environs de Sousse, décide de se choisir un Romain important pour protecteur ou, comme on disait, pour *patron*. On rédige un décret en latin et les magistrats le signent. Mais le latin est très médiocre, et les magistrats s'appellent Ammichar, fils de Milchaton, Boncar, fils d'Azrubal, et Muthunbal, fils de Saphon[2] : ce sont des Carthaginois. Soixante-quinze ans plus tard, la ville éprouve encore le besoin de se donner un patron, et elle rédige un nouveau décret pour le lui faire savoir ; mais cette fois le latin est irréprochable, et les délégués qui sont chargés d'apporter le décret à Rome s'appellent Herennius Maximus, fils de Rusticus, et Sempronius Quartus, fils d'Iafis. Ainsi en moins de quatre-vingts ans la ville a pris un autre aspect, et ce qui en est le signe manifeste c'est que les citoyens importants se sont empressés de quitter leur nom[3].

Ce changement, surtout quand il n'était pas obligé, ou que même il était défendu, prouve de la part des Africains un grand empressement pour aller au-devant de la domination romaine. On prend un nom romain, comme on porte la toge, par vanité, par ambition, par flatterie, parce qu'on veut laisser croire qu'on est au nombre des vainqueurs, ou qu'on pense leur plaire. Les audacieux le font résolument, d'un seul coup ; d'autres y mettent plus de formes et y arrivent par degrés, de manière à ménager l'opinion. Je demande la permission de puiser encore une fois dans les recueils d'inscriptions pour en donner un exemple : ces petits faits qu'on y rencontre servent singulièrement à éclairer la grande histoire. En étudiant les ruines de Cittium, dans la Byzacène, M. Cagnat tomba sur une série de stèles funéraires où sont représentés des personnages assez grossièrement sculptés. Comme elles se ressemblent entre elles, il jugea qu'elles devaient appartenir à la même famille[4]. Ce sont des indigènes, qui paraissent avoir résisté quelque temps à la tentation de devenir Romains ; mais ils finirent par y céder. Un certain Masac a deux fils ; l'un, qui s'appelle Masul, épouse une de ses compatriotes et reste fidèle aux traditions de ses pères ; l'autre prend le nom de Saturninus. C'est un premier pas, qui ne l'engage guère. Ce surnom, emprunté au plus grand dieu de l'Afrique, y devait être fort commun et n'avait en apparence aucune prétention. Mais il se marie à Flavia Fortunata qui parait bien être une Romaine, et leur fils, qui a peut-être acquis le droit de cité, efface la dernière trace d'une origine étrangère en s'appelant résolument Flavius Fortunatus[5]. Voilà comment une famille est devenue tout à fait romaine en trois

---

[1] Suétone, *Claude*, 25 : *peregrinæ conditionis homines vetuit usurpare romana nomina, dumtaxat gentilicia.*
[2] C. I. L., 68.
[3] C. I. L., 69. — A la vérité, Mommsen suppose que les habitants de Gurza ont pu, dans l'intervalle, recevoir le droit de cité latine, ce qui permettait à leurs magistrats de prendre des noms romains. Mais, dans tous les cas, il n'est pas rare de voir des familles où les fils reprennent, on ne sait pourquoi, leur nom berbère que leurs pères avaient quitté, ce qui prouve que les pères l'avaient quitté sans aucun droit ; car, si les pères avaient été citoyens romains, les fils n'auraient pas cessé de l'être.
[4] C. I. L., 11308 et sq.
[5] Horace nous apprend que ces enfants de mariages mixtes étaient appelés hybride et qu'on les tenait en fort petite estime dans la société romaine. Ils n'en faisaient pas moins souche de Romains.

générations. Cette évolution se faisait ordinairement quand les indigènes s'étaient enrichis et qu'avec la fortune le désir leur venait de prendre place dans la bonne société de leur pays. Les gens du monde, comme on sait, dédaignaient les Miggin et les Namphamo, et il fallait se donner un air romain pour leur plaire. La mode était si impérieuse qu'on n'osait pas lui résister, même quand on aurait eu quelque intérêt à le faire. Nous voyons qu'une grande dame, très fière de descendre des anciens rois du pays, et qui s'intitule elle-même la première des femmes numides, n'en a pas moins abandonné le nom de ses ancêtres et s'appelle Plancina[1].

Les indigènes, en quête d'un nom romain, quand il ne leur était pas imposé par les circonstances[2] : durent éprouver quelquefois une certaine peine à le choisir. Rappelons-nous combien les juifs furent embarrassés lorsque, à la fin du siècle dernier, ils reçurent chez nous l'état civil et qu'il leur fallut en quelques semaines se pourvoir d'un nom de famille. En Afrique, la difficulté fut résolue de différentes manières. Quelques-uns s'appelèrent Maurus, Gætulus, Numida, ce qui ne demandait pas un grand effort d'imagination. D'autres se contentèrent de traduire par un à peu près latin leur nom punique ou berbère. Les plus audacieux se créèrent un nom de toutes pièces et l'empruntèrent très souvent aux plus illustres maisons de Rome ; nulle part on n'a trouvé dans les inscriptions autant de Julii, de Cornelii, de Claudii, etc. Il n'est pas possible d'imaginer que ce soient tous les descendants ou des alliés de ces nobles familles. Serait-il vraisemblable que cette grande aristocratie, qui s'est à peu près éteinte dans le pays d'où elle sortait, Kit refleuri si loin de Rome avec une telle richesse ? A la rigueur on peut supposer que quelques-uns d'entre eux étaient des clients ou des obligés de ces illustres maisons, des gens qui en avaient reçu quelque faveur ; mais comment l'admettre de tous ? Le plus simple est encore de croire qu'ayant à se donner un nom, et libres de le choisir comme ils voulaient, ils se sont décidés pour les plus célèbres. Tout ce qu'on croit apercevoir, c'est qu'ils ont pris de préférence ceux qui avaient quelques liens avec l'histoire de leur pays. On se souvenait en Afrique des Scipions, qui avaient deux fois vaincu Carthage ; on n'y avait pas oublié Jules César et la foudroyante victoire de Thapsus ; peut-être n'y a-t-il pas d'autre motif pour qu'on y rencontre tant de Cornelii et de Julii. C'est bien évidemment la raison qui fait que les Sittii sont si fréquents dans les environs de Constantine. Ce Sittius était un audacieux partisan à qui César, qu'il avait bien servi, abandonna le gouvernement de Cirta' et de quelques villes voisines. Le règne de cet aventurier se termina vite, mais sa mémoire fut plus durable, si nous jugeons par le grand nombre des Sittii dont on a retrouvé la tombe. Ils ne peuvent pas tous descendre d'un homme, qui, ayant vécu peu d'années, n'a pas laissé une postérité si abondante ; il vaut mieux supposer que son souvenir était resté populaire dans le pays qu'il avait gouverné, et qu'on y était fier de s'appeler comme lui. On peut trouver qu'il y avait quelque outrecuidance à usurper ainsi des noms si retentissants ; mais les Africains, en ces sortes d'affaires, ne se piquaient pas d'être modestes. Une inscription nous apprend que deux femmes du pays, la mère et la fille, qui étaient probablement d'une

---

[1] *C. I. L.*, 16159.
[2] Comme, par exemple, quand le nouveau citoyen prenait, par reconnaissance, le nom du magistrat ou du prince auquel il était redevable du droit de cité. On a remarqué que, quoique ce droit ait été surtout concédé aux Africains sous l'empire, les noms des empereurs, sauf celui de Julius. ne sont pas, dans la liste du Corpus, plus fréquents que les autres.

condition fort ordinaire[1], voulant faire honneur â leur fils et petit-fils, l'ont appelé sans façon Julius Cicero.

IV

Comment le latin s'est répandu en Afrique. — Le christianisme achève d'en étendre l'Usage. — Le latin populaire. — Il est semblable à celui des autres contrées de l'Occident.

Ce qui prouve encore mieux à quel point la civilisation romaine a pénétré l'Afrique, c'est que presque partout on y a parlé latin. Comment cela a-t-il pu se faire ?

On répète souvent la belle phrase où saint Augustin laisse entendre que Rome, la cité maîtresse, a pris ses mesures pour imposer au monde sa langue, avec sa domination[2]. Cette phrase, si on la prend à la lettre, n'est pas juste. Les Romains qui ont permis, autant que possible, aux vaincus de garder leurs lois, ne les ont jamais forcés de renoncer à leur langue nationale. Ils l'exigeaient seulement quand ils leur donnaient le droit de cité : et alors c'était nécessaire. On raconte que l'empereur Claude, grand observateur des vieilles maximes, raya du nombre des citoyens un juge qui ne savait que le grec.

En réalité, les provinciaux n'attendaient pas toujours, pour parler latin, d'y être forcés ; ils se servaient souvent de la langue des citoyens romains bien avant de l'être. C'est en latin, on l'a vu plus haut, que' les habitants de Gurza, qui n'était encore qu'une cité punique, demandaient à Domitius Ahenobarbus de vouloir bien être leur patron. Les suffètes d'Avina, de Thibica, de Calama, de Curulis s'exprimaient dans la même langue. A Leptis, on a trouvé une inscription sémitique surmontée d'une dédicace à Auguste en beaux caractères romains.

A la vérité il ne s'agit encore que d'actes officiels : les cités voulaient flatter Rome en employant le latin. Il est bien évident qu'il n'a pas pénétré aussi vite dans la vie privée et les relations ordinaires. Il faut des siècles pour qu'une langue en dépossède entièrement une autre. Quand l'ancienne n'a plus de place dans les cercles lettrés et les réunions de la bonne compagnie, elle se survit dans les conversations intimes et dans les rapports avec les petites gens. Cependant la nouvelle gagne toujours, et, grâce à cet instinct de vanité qui fait qu'on regarde volontiers au-dessus de soi et qu'on se règle sur ceux qui sont placés au premier rang, elle finit par l'emporter. Du temps d'Apulée, on devait parler assez mal le latin à Madaura, puisqu'il fut forcé de le rapprendre quand il vint à Rome ; deux siècles plus tard, saint Augustin, qui était à peu près du même pays, nous dit que tout le monde s'en sert autour de lui et qu'un enfant n'a besoin que d'écouter pour l'apprendre[3].

Il est vraisemblable que la victoire du christianisme aida beaucoup à la propagation du latin. L'Église d'Afrique avait dû être d'abord toute grecque ; avec

---

[1] *C. I. L.*, 9114. Elles s'appelaient Sissoi et Sabbattrai, deux noms fort barbares. Il est possible que le jeune homme ait été adopté par un personnage qui portait ces deux noms illustres. En ce cas c'est jusqu'au père que le reproche d'outrecuidance doit remonter.
[2] *Opera data est ut imperiosa civitas non solum jugum verum linguam suam domitis gentibus per pacem societatis imponeret.*
[3] *Confessions*, I, 14, 23.

le temps elle se rattacha de plus en plus à celle de Rome. Elle usa donc presque uniquement de la langue latine. C'est dans une version latine qu'on y lisait les livres saints ; c'est en latin que se faisaient d'ordinaire les prédications, ce qui dut en faire pénétrer l'usage jusqu'à des profondeurs où il n'était pas encore parvenu. En Afrique, comme ailleurs, plus qu'ailleurs peut-être, la religion se développa parmi les classes inférieures. Les indigènes fournirent aux persécutions de nombreuses victimes, dont les fidèles conservèrent pieusement la mémoire. Quand les gens du monde, les païens obstinés, habitués aux divinités élégantes de la Grèce, entendaient parler des honneurs qu'on rendait à Miggin, à Baric, à l'archimartyr Namphamo, ils se moquaient un peu de ces noms barbares : *Diis hominibusque odiosa nomina !* Mais les chrétiens, surtout ceux des classes populaires, étaient très fiers de ces saints de leurs pays et de leur condition, et ils les plaçaient sans hésiter à côté de Pierre et de Paul[1]. Ces pauvres gens, habitués à se servir chez eux de patois libyques ou puniques, s'instruisaient, dans les églises qu'ils fréquentaient assidûment, à comprendre et à parler la langue des riches. Tout la leur rappelait. S'ils regardent autour d'eux, ils voient gravées au-dessus des portes, le long des murailles, autour des mosaïques, des prières ou des maximes, écrites en latin et destinées à fortifier les fidèles dans les luttes de là vie : *Exaudi, Deus, orationem meam. — Spes in Deo semper. — Si Deus pro nobis, quis contra nos ?* Mais ce qui excite surtout leur ardente curiosité, c'est la prédication de l'évêque. Comme on écoute, quand c'est Cyprien ou Augustin qui parle, quand il explique les vérités de la foi ou traite une de ces questions du moment qui passionnent tout le monde ! Ceux mêmes à qui le latin n'est pas familier parviennent à suivre et à deviner, à force d'attention ; d'autant plus que ces grands personnages savent se mettre à la portée des plus humbles. Saint Augustin, un si parfait lettré, un ancien professeur, commet volontairement des fautes de grammaire et emploie des mots incorrects pour être saisi de tout le monde : J'aime mieux, disait-il, que les savants se fâchent que si mes auditeurs ne comprenaient pas. L'Église était donc, pour beaucoup de ces pauvres gens, ce qu'était l'école pour la bourgeoisie.

C'est dans les derniers siècles de l'empire, au moment où le christianisme triomphait, que le latin a dû devenir la langue dominante de l'Afrique. Non seulement il était parlé dans les villes, mais il n'est pas douteux qu'il n'ait pénétré aussi dans les campagnes ; une partie des 20.000 inscriptions qui composent nos recueils épigraphiques vient de là Ce sont là comme partout, les épitaphes qui l'emportent ; elles nous montrent que des gens de toute condition, et des conditions les plus basses, des tailleurs, des bouchers, des cordonniers, des affranchis et des esclaves, ont souhaité qu'on mit quelques mots de latin sur leur tombe.

Naturellement le latin de ces pauvres gens est souvent un très pauvre latin. Les fautes y abondent : il n'y a pas lieu d'en être étonné. On a pourtant voulu en tirer des conséquences fort extraordinaires ; il a semblé que c'était une preuve de barbarie, et l'on a prétendu qu'une société où l'on parlait si mal le latin n'avait dû être qu'effleurée par la civilisation romaine. Mais c'est justement le contraire qui est la vérité. Si les inscriptions étaient d'une correction irréprochable, on pourrait supposer qu'elles n'ont été rédigées que par des lettrés de profession, et qu'au-dessous d'eux on ne comprenait que les idiomes du pays. Les impropriétés de termes, les erreurs de grammaire, les solécismes et les barbarismes, qu'on y rencontre presque à chaque ligne, nous montrent que nous avons affaire à des

---

[1] S. Augustin, *Epist.*, 16 et 17.

ignorants, qu'ils parlent mal le latin, mois qu'au moins ils le parlent. Ce n'est donc pas simplement une langue d'école et d'apparat, dont quelques pédants se servent par vanité ; c'est une langue d'usage, et, comme toutes celles qui sont vivantes, elle s'approprie aux gens qui l'emploient et change avec leur degré de culture. Quoiqu'en général les épitaphes soient composées de formules toutes faite qu'on peut copier presque sans les comprendre, il y en a, en Afrique, qui échappent à cette banalité, et où l'on est surpris de saisir un accent sincère et personnel. Il faut donc croire que les Africains ont fini par se rendre maîtres d'une langue qui leur était d'abord étrangère, puisqu'ils s'en servent pour exprimer les sentiments auxquels ils tiennent le plus. Un indigène, à qui la mort vient d'enlever son enfant, écrit sur la petite tombe qu'il lui élève, ces mots touchants, dans lesquels il a mis son âme : *Birsil, anima dulcis !*[1] Quelquefois on sent un effort pour trouver des termes qui disent tout ce qu'on éprouve. Les épithètes s'accumulent pour louer une femme ou une mère qu'on a perdues (*piissima, pudica, laboriosa, frugi, vigilans, sollicita*, etc.), ou bien, quand il s'agit d'une jeune fille, on emprunte à la nature ses plus riantes images (*ut dulcis flos, ut rosa, ut narcissus*), sans parvenir à se satisfaire. Très souvent la proie ne suffit pas à ces désespérés ; ils écrivent des vers que leur dicte la douleur :

Hos pater inscripsi versus dictante dolore[2].

La douleur, il faut l'avouer, leur dicte trop souvent des vers détestables, mais leurs fautes mêmes ont cet avantage de nous prouver qu'on parlait latin à tous les étages de la société africaine.

Ces fautes sont, du reste, parfaitement semblables à celles qu'à la même époque on commettait ailleurs. C'est ce que la publication du Corpus des inscriptions latines a permis de constater. On y voit qu'il y a peu de chose, dans les solécismes et les barbarismes des Africains, qui appartienne en propre à l'Afrique ; ils leur sont presque toujours communs avec le reste de l'empire. Nous avions vu précédemment que ceux qui parlaient bien le latin le parlaient à peu près de même ; les inscriptions nous montrent qu'il n'y avait pas non plus des manières différentes de le mal parler. Pour ne prendre ici que les erreurs les plus fréquentes des Africains, nous voyons qu'ils sont brouillés avec la grammaire ; ils confondent les conjugaisons[3], ils distinguent mal les temps des verbes ; ils ne savent plus quel cas les prépositions gouvernent[4] ; mais, si nous ouvrons les recueils épigraphiques des autres pays, nous y verrons que les gens de l'Espagne et de la Gaule n'étaient pas des grammairiens plus habiles ou plus scrupuleux. En Afrique, comme ailleurs, on embrouille sans cesse les genres, on ne discerne guère le masculin du féminin et l'on est en train de supprimer le neutre[5]. Je n'insiste pas sur l'habitude qu'avaient les Africains de ne pas tenir compte des consonnes finales qui devaient sonner très peu quand on les prononçait ; cette suppression était fort commode à ceux qui prétendaient faire des vers, et permettait par exemple à un mari désolé d'écrire sur la tombe de sa femme :

---

[1] *C. I. L.*, 16582.
[2] *C. I. L.*, 1559.
[3] Saint Augustin nous dit qu'il écrit *floriet* au lieu de *florebit*, pour se conformer aux habitudes du populaire.
[4] *Ob meritis — pro salutem — a fundamenta — apud lare suo — cum conjugem*, etc.
[5] Sur la tombe d'un homme qu'on veut féliciter de son talent et de son habileté, on lit ces mots : *Cui artificius et ingenius exsuperavit* (*C. I. L.*, 15597). Pour n'en être pas trop scandalisés, souvenons-nous que les Italiens, que Pétrone met en scène, disent couramment : *Bonus vinus*.

Et linguit dulces natos et conjuge dignu1,

pour *conjugem dignum*, qui ne peut pas finir un hexamètre. Mais les vieux Latins n'écrivaient pas autrement, et l'on faisait de même dans toutes les provinces latinisées2. Comme il était naturel, ces altérations, avec le temps, devinrent plus graves. Le latin se gâtait en s'étendant ; on le parlait de plus en plus mal, à mesure qu'il était parlé par des gens plus pauvres et plus ignorants. Vers là fin de l'empire, dans une petite ville de la Byzacène, pour dire d'un chrétien qu'il a vécu quarante ans cinq mois et sept heures, on s'exprime ainsi : *Bixit anos qaragita, meses ceqe, ora setima*3. Voilà à ce qu'il semble, le comble de la barbarie, et une façon de parler qui sent le Libyen et le Numide ; et pourtant il y avait, à la même époque, dans la capitale même de l'empire, des gens qui n'écrivaient pas mieux. Les catacombes sont pleines d'inscriptions aussi barbares, et il n'y a presque pas un des mots employés par le chrétien de la Byzacène qu'on n'y puisse lire. Il en est de même des autres fautes que commettent les pauvres gens de l'Afrique ; elles se retrouvent à peu près toutes ailleurs.

V

Autres langues parlées en Afrique. — Le punique. — Le berbère. —Les tribus indépendantes. — Sous quel régime vivaient-elles ? — Sont-elles restées tout à fait étrangères à la civilisation romaine ?

Cependant le latin n'était pas la seule langue qu'on parlât en Afrique ; il y en avait d'autres, qui lui disputèrent le terrain et qu'il ne parvint pas tout à fait à vaincre. Le punique d'abord Survécut à la destruction de Carthage ; l'habitude de s'en servir continua dans les pays où les Carthaginois l'avaient répandu avec leur commerce. Nous savons qu'à Œa (Tripoli) et à Leptis il tint tète longtemps au grec et au latin, qui avaient pourtant, l'un le prestige de l'ancienneté, l'autre celui de la victoire. L'historien de Septime Sévère nous dit que c'était la langue dont, ce prince usait avec le plus d'aisance : *punica eloquentia promptior, quippe genitus apud Leptim*4. Tant que Carthage fut dominante, l'Afrique du Nord parla le punique ; c'était la langue à la mode même autour de Massinissa, ce grand ennemi de Carthage. Naturellement, après la victoire des Romains, elle descendit d'un degré. Les gens distingués cessèrent peu à peu de s'en servir, et elle recula sans cesse devant le latin, qui gagnait toujours ; mais elle ne disparut jamais complètement. bans les derniers siècles de l'empire, elle existait encore comme un patois à l'usage des petites gens. Saint Augustin, voulant instituer un évêque à Fussala, petite ville voisine d'Hippone, eut soin de choisir un clerc qui sût le punique5. A Hippone aussi, il y avait des gens qui le parlaient, mais c'était le

---

1 *C. I. L.*, 9117.
2 C'est ainsi qu'un habitant de Pompéi, pour vouer à la colère de Vénus celui qui se permettra d'effacer ce qu'il trace au charbon sur le mur, écrit ces mots : *abia* (*habeat*) *Venere Pompeiana iradam*....
3 *C. I. L.*, 12200.
4 *Vita Severus*, 15.
5 Saint Augustin, *Epist.*, 209, 3.

petit nombre1, et d'ailleurs ceux qui s'en 'servaient dans leurs rapports familiers devaient comprendre le latin, puisque la prédication s'y faisait toujours en cette langue. Vers la même époque, les Circoncellions, sorte de paysans sauvages, qui couraient la montagne. renversant les églises, tuant les prêtres, et demandant, comme une grâce. qu'on les mit eux-mêmes à mort, ne pouvaient communiquer avec les évêques donatistes, c'est-à-dire avec les modérés de leur parti, qu'au moyen d'un interprète, *per punicum interpretem*. Et cependant ils avaient pris pour cri de guerre deux mots latins : *Deo laudes*, auxquels les catholiques répondaient par *Deo gratias*. Ce n'est pas sans émotion qu'aux environs de Thamugadi, où ils en vinrent souvent aux mains, le voyageur retrouve, gravées sur des chapiteaux ou des fûts de colonnes, ces vieilles formules qui, au milieu du silence et de la paix où ces lieux sont aujourd'hui plongés, semblent ranimer tout à coup le bruit des batailles d'autrefois..

Il y avait une autre langue2 qui devait être aussi très répandue, mais dont il semble qu'on usait sans bruit, presque clandestinement : c'était le libyque ou, comme nous disons aujourd'hui, le berbère. Il est très surprenant que, tandis que les écrivains du temps mentionnent très fréquemment le punique, le libyque n'ait attiré l'attention de personne. Saint Augustin est le seul qui en dise un mot en passant, encore n'en parle-t-il que comme d'un jargon à l'usage des nations barbares. Il n'en est jamais question chez les autres ; en sorte que nous ignorerions son existence s'il n'avait laissé quelques inscriptions qu'on commence à recueillir et à déchiffrer.

C'était pourtant la vieille langue du pays ; mais le pays même où elle était parlée ne parait pas l'avoir jamais traitée avec beaucoup de respect. Par exemple, on ne la jugeait pas digne d'être employée à conserver les grands souvenirs de la vie nationale ; l'histoire des Berbères a été successivement écrite en punique par le roi Hiempsal, en grec par le roi Juba, en arabe par Ibn Khaldoun, jamais en berbère. Quand Massinissa voulut civiliser son peuple, il délaissa la langue de ses aïeux, qui ne lui semblait pas sans doute susceptible d'être perfectionnée, pour celle des Carthaginois. Il faut bien que ses sujets l'aient suivi sans trop de résistance, puisqu'il reste dans la Numidie beaucoup de traces du punique. Cependant la nouvelle langue ne supprima pas l'ancienne. C'est précisément dans les environs de Cirta, au centre même du royaume de Massinissa, qu'on e trouvé le plus d'inscriptions libyques. Elles sont abondantes surtout à quelques lieues d'Hippone, dans une vallée fertile et bien arrosée, que coupent des bouquets d'oliviers sauvages et de chênes-liège, et qu'on appelle la Cheffia. Il y a là des tombes d'indigènes, dont l'un est un ancien soldat, qui a reçu des décorations militaires, des colliers et des bracelets, et, après avoir obtenu son congé, est revenu mourir dans son pays3. Presque tous ont tenu à faire graver sous leur épitaphe latine une inscription libyque. Il me semble qu'il est facile d'expliquer ce qui se passait alors par ce que nous voyons sous nos yeux. A partir de Massinissa, beaucoup de Numides parlèrent à la fois le libyque et le

---

1 Saint Augustin, dans un de ses sermons, citant un proverbe carthaginois, le traduit en latin et ajoute : *latine vobis dicam, quia punice non omnes nostis*. Le latin était donc la langue la mieux comprise et la plus généralement parlée.
2 Je laisse de côté le grec, qui fut beaucoup parlé dans la bonne société de Carthage et des pays voisins, jusqu'en Maurétanie, où il domine à Cæsarée pendant le règne de Juba II. Il est probable que dès le IIe siècle il perdit le terrain que le latin gagnait tous les jours. Du temps de saint Augustin, même les lettrés ne l'entendirent plus guère.
3 C. I. L., 5269.

punique, comme leurs descendants usent de l'arabe et du berbère ; puis le latin vint par-dessus, comme aujourd'hui le français, et il eut sa place entre les deux autres langues, sans les faire tout à fait oublier.

Mais outre ces indigènes, qui habitaient les contrées soumises et pacifiées et s'étaient assimilés aux Romains, il y en avait d'autres plus indépendants, qui, sans échapper tout à fait à l'autorité de Rome, continuaient à vivre de leur vie et qui probablement ne se servaient guère que de leur ancienne langue. On les appelait les nations, *gentes*, comme nous disons aujourd'hui les tribus. Quelques-unes occupaient les steppes et les plateaux, situés au centre du pays civilisé ; le plus grand nombre campait au delà des frontières, en plein désert. Nous n'avons que des renseignements très vagues sur la manière dont elles se gouvernaient. Les inscriptions nous parlent d'un chef qu'elles appellent *princeps gentis*, et qui était assisté d'un conseil des hommes les plus importants de la tribu[1]. Nous ne savons de quelle manière le chef et ses assesseurs étaient élus, mais nous pouvons être sûrs que Rome ne se désintéressait pas d'un choix qui pouvait avoir tant de gravité pour elle. Dans tous les cas, elle se réservait d'accorder au chef l'investiture. Aujourd'hui nous donnons au cheik le burnous rouge, qui est le signe de son autorité ; les Romains joignaient au manteau blanc des brodequins avec des ornements d'or, un bâton d'argent et des bandelettes qui formaient sur la tête une sorte de couronne[2]. C'était un costume de roi ; aussi les chefs des gentes sont-ils souvent appelés *reges* ou *reguli*. La grande affaire, alors comme aujourd'hui, était de cantonner ces tribus remuantes, toujours prêtes à se jeter sur les champs des autres, surtout s'ils sont fertiles et bien cultivés. Aussi voyons-nous les Romains fort occupés à leur assigner des limites fixes (*fines assignati genti Numidarum*), et à les y maintenir. Pour les empêcher de franchir ce territoire où on les enfermait, et les forcer d'y vivre tranquilles, on avait institué auprès d'eux un représentant de l'autorité romaine, qui s'appelait *præfectus* ou *procurator Augusti ad curam gentium*. Ces fonctionnaires paraissent avoir été choisis avec beaucoup de soin ; d'ordinaire ils sortaient de l'armée, ils avaient été préfets de cohortes ou tribuns militaires. Quelquefois ils appartenaient à l'administration civile. On ne sait pas au juste quel était leur rôle, niais voilà longtemps qu'on les assimile à nos chefs de bureaux arabes.

Il est clair que ces tribus indépendantes, surtout quand elles étaient séparées par des sables ou des chotts des territoires romains, ont dû rester plus fidèles à leurs habitudes nationales ; et pourtant la civilisation paraît les avoir entamées elles-mêmes plus qu'on ne semble le croire. Nous avons vu que l'influence des villes romaines de la frontière, Theveste, Thamugadi, Auzia, etc., se répandait très loin, et que quelques-uns des barbares qui les venaient voir, par curiosité ou par intérêt, devaient en rapporter chez eux la notion et le goût d'une autre façon de vivre. D'ailleurs plusieurs d'entre eux servaient dans les troupes auxiliaires et voyaient du pays à la suite des légions. Les Maures de Lusius Quietus firent, sous Trajan, les campagnes du Danube et entrèrent à Babylone avec lui. Quand ils revenaient chez eux, après avoir couru le monde, ils n'étaient plus les mêmes et devaient communiquer aux autres les idées et les connaissances qu'ils rapportaient de leurs voyages. Pour apprécier les changements que le temps avait amenés même chez les tribus sauvages de l'Aurès et du Hodna, il n'y a qu'à

---

1 Ce conseil parait s'être composé de onze personnes (*undecim primi*). Il était probablement formé du princeps et de dix notables.
2 Voyez Procope, *de Bello Pers.*, I, 25 ; Ammien-Marcellin, XXIX, 5.

comparer entre eux les deux hommes qui, au commencement et à la fin de l'empire, ont soulevé contre Rome les plus redoutables insurrections, Tacfarinas et Firmus. Le premier, qui tint en échec, pendant sept ans, les légions de Tibère, était un chef de bande incomparable, assez intelligent sans doute pour comprendre et imiter la tactique romaine, mais en somme un vrai Berbère, qui ne comptait que sur ses compatriotes, et qui possédait toutes les qualités de sa race, surtout cette invincible obstination qui fit la force de Massinissa et de Jugurtha. Firmus, au con traire, est à moitié Romain. Quand il se révolte contre Valentinien Ier, il attire à lui les cohortes auxiliaires et prend la pourpre, comme un César. Nous savons qu'un de ses frères s'était fait construire une villa magnifique où il vivait à la romaine ; un autre, Gildon, qui avait combattu sous le comte Théodose, fut jugé assez civilisé pour être nommé par l'empereur gouverneur de l'Afrique. Ce qui parait fort étrange, c'est que ce mouvement, qui semblait porter vers Rome les tribus barbares, ne fut pas tout à fait arrêté par l'invasion des Vandales et la chute de la domination romaine. On a trouvé, à l'extrémité de la province d'Oran, une inscription très curieuse, de l'an 508. C'est un monument élevé en l'honneur de Masuna, roi des tribus maures et des Romains, à propos de la construction d'un château fort qui avait été bâti par Masgivin, préfet de Safar (præfectus de Safar)[1], et achevé par Maximus, procurateur d'Altava (Lamoricière). Il y avait donc, vers les frontières de la Maurétanie césarienne, sous les derniers rois vandales, un royaume indépendant où vivaient ensemble et sous la même autorité les Romains et les Maures. A la vérité, c'est un indigène qui est roi ; mais on voit bien qu'il subit l'influence de la civilisation romaine. L'inscription est rédigée en latin ; il la date 'par l'ère de l'ancienne province (anno provinciæ) ; il emploie les formules dont on se servait pour les Césars (pro salute et incolumitate), enfin il s'intitule roi des Maures et des Romains, et il a, autour de lui, des représentants des deux races ; son préfet Masgivin est certainement un Maure, et le nom de son procurateur Maximus indique qu'il devait être d'origine romaine.

On ne peut lire cette inscription sans songer à ce qui se passait en Gaule à la même époque. Masuna nous rappelle ces rois mérovingiens qui essayaient de parler latin, qui conservaient le plus possible des traditions impériales, et qui, dans leur entourage, à côté des généraux francs, admettaient les évêques et ce qui restait de grands seigneurs romains.

VI

Conclusion.

De ce qu'on vient de voir il résulte que les Romains avaient mieux réussi que nous dans la conquête des indigènes. C'était une œuvre plus aisée alors qu'aujourd'hui, mais qui n'en présentait pas moins de grandes difficultés. Nous avons vu qu'ils y avaient procédé sans précipitation, sans violence, laissant pour ainsi dire l'assimilation des races diverses se faire toute seule. Avec le temps elle

---

[1] C. I. L., 9835. On remarquera l'expression præfectus de Safar et la ressemblance avec la tournure française : préfet de Safar. Nous avons vu, à propos d'Apulée, combien de mots et de tours, dans ce latin élégant, annoncent l'approche des langues romanes. Il y en a naturellement bien plus dans les inscriptions. On y trouve des termes comme isposa (épouse), ceque (italien cinque, cinq), depost (depuis), etc.

s'était faite, on n'en peut pas douter, au moins pour une partie de l'Afrique. La province proconsulaire et presque toute la Numidie comptaient parmi les pays les plus civilisés du monde ; la Maurétanie seule était plus barbare, surtout dans les contrées qui avoisinent l'Océan. Les villes, devenues partout si nombreuses, si florissantes, et dont il reste tant de beaux débris, contenaient sans doute beaucoup de Romains immigrés, mais encore plus d'Africains de naissance. Ces deux éléments s'y étaient unis et presque confondus. Pour les campagnes, nous sommes moins bien renseignés ; mais le grand nombre des inscriptions latines qu'on y trouve, et qui viennent de gens de toute condition, paraît bien prouver qu'on y parlait beaucoup latin, et il est probable que ceux mêmes qui, dans l'intimité, se servaient d'une autre langue, comprenaient celle des vainqueurs et l'employaient n'occasion. Enfin nous avons cru entrevoir que même les tribus indépendantes de l'intérieur et de la frontière n'ont pas été entièrement rebelles à la civilisation romaine et que, dans une certaine mesure, elles en ont subi l'ascendant.

Ces résultats que l'histoire et surtout l'épigraphie permettent de constater, ou tout au moins de soupçonner, nous amènent à croire que la domination des Romains a dû produire dans le nord de l'Afrique les mêmes effets que dans les contrées occidentales de l'Europe. et que la situation y devait être, vers la fin de l'empire, à peu près la même qu'en Espagne et en Gaule. C'est ce que parait confirmer le témoignage de Salvien et des écrivains contemporains, qui ne font entre ces divers pays aucune différence et les mettent tous au même rang. S'il en était ainsi, il parait naturel d'imaginer que la destinée des uns et des autres aurait pu être semblable et que ce qui est arrivé ailleurs pouvait se produire aussi en Afrique. Ne peut-on pas croire, par exemple, que, Si les circonstances ne s'y étaient pas opposées, il s'y serait formé une civilisation originale qui, tout en gardant son caractère propre, porterait l'empreinte de Borne et de son génie, comme celle des nations occidentales ? J'imagine qu'en y abordant, nos soldats y auraient rencontré un peuple très différent de nous sans doute, mais en qui nous retrouverions ce tour d'esprit particulier que les Romains ont laissé d'ordinaire, comme un héritage, dans les pays qu'ils ont gouvernés, dont la langue aurait des affinités avec la nôtre et ne serait pas pour nous un idiome tout à fait étranger, un peuple enfin prêt à reprendre sa part dans l'œuvre commune des races latines et avec lequel on pourrait s'entendre. Ce n'est pas, hélas ! ce qui est arrivé.

Pendant que presque toute l'Europe occidentale, la Gaule et l'Espagne surtout, se faisait un langage né du latin et qui en conserve les caractères, le latin disparaissait entièrement de l'Afrique. Et il n'était pas remplacé par le punique, que nous avons vu conserver jusqu'à la fin tant d'importance. C'était la vieille langue des indigènes qui, tandis qu'elle se perdait ailleurs, là semblait revivre et triomphait. Sans doute les hasards de l'invasion y sont pour beaucoup, mais il faut bien aussi, pour que le libyque ou, comme nous disons aujourd'hui, le berbère s'y soit conservé, qu'il ait eu de plus fortes racines dans le sol, ou qu'il ait rencontré des circonstances plus favorables que libérien ou le celte.

D'où cela est-il venu ? comment se fait-il que cette langue populaire, qui semblait parfaitement méprisée et dont aucun écrivain n'a dit un mot, se soit mieux défendue que les autres ?

La raison qu'on en donne d'ordinaire, c'est que la conquête de l'Afrique par les Romains n'a jamais été complète et qu'il y est resté, à l'intérieur et sur les frontières, des territoires à peu près indépendants où les Berbères continuaient à vivre de leur vie nationale. C'était un danger pour la domination romaine.

Agricola voulant convaincre son gendre, Tacite, qu'après la Bretagne il serait nécessaire de conquérir l'Irlande, lui disait qu'un peuple n'est jamais entièrement soumis tant qu'il est entouré de nations qui ne le sont pas, et que, pour qu'il supporte la servitude, il faut lui ôter de devant les yeux le spectacle de la liberté[1]. On n'eut pas cette précaution en Afrique, et l'on comprend que le voisinage et la fréquentation des indigènes indépendants aient conservé quelque reste d'esprit national chez ceux qui ne l'étaient plus. Il a pu arriver notamment que la persistance de la vieille langue dans quelques contrées où elle dominait librement l'ait maintenue ailleurs.

Mais cette raison n'explique pas tout. Si ce peuple a mieux conservé que beaucoup d'autres ses usages et sa langue, ce ne sont pas seulement les circonstances extérieures qui en sont cause, c'est aussi qu'il y était plus disposé par son tempérament et sa nature. On a remarqué chez lui, quand on étudie son histoire, des contradictions singulières, qu'on a peine à expliquer. C'était assurément un peuple brave, énergique, obstiné, très épris de son indépendance ; et pourtant nous avons vu qu'après l'avoir vaillamment défendue il parait s'être accommodé assez aisément à la domination étrangère. Massinissa, l'ennemi acharné de Carthage, essaya de propager parmi les Numides la civilisation des Carthaginois et y réussit. Juba fit de sa capitale, Césarée, une ville grecque. Quand les Romains ont été les maîtres, une grande partie du pays -est devenue tout à fait romaine. Mais voici ce qui est plus extraordinaire : sous toutes ces transformations, l'esprit national s'était conservé. Ce peuple, si mobile en apparence, si changeant, si prompt à s'empreindre de toutes les civilisations avec lesquelles il était en contact, est un de ceux qui ont le mieux conservé son caractère primitif et sa nature propre. Nous le retrouvons aujourd'hui tel que les écrivains anciens nous l'ont dépeint ; il vit à peu près comme au temps de Jugurtha ; et non seulement il n'a pas été modifié au fond par toutes ces populations étrangères qui s'étaient flattées de se l'assimiler, mais il les a submergées et recouvertes comme une épave. Je me suis dit souvent, quand j'assistais à une réunion d'indigènes, à quelque marché ou à quelque fête, que j'avais là devant mes yeux, le reste de tous ceux qui, depuis les temps les plus reculés, ont peuplé l'Afrique du Nord. Évidemment les Carthaginois n'ont pas disparu en corps, après la ruine de Carthage. Ce flot de Romains qui, pendant sept siècles, n'a pas cessé d'aborder dans les ports africains, n'a pas repris la mer un beau jour, à l'arrivée des Vandales, pour retourner en Italie. Et les Vandales, qui étaient venus avec leurs femmes et leurs enfants, pour s'établir solidement dans le pays, personne ne nous dit qu'ils en soient jamais sortis. Les Byzantins aussi ont dû laisser plus d'un de leurs soldats dans les forteresses bâties par Salomon avec les débris des monuments antiques. De tout cela il n'est rien resté que des Berbères, tout s'est absorbé en eux. Je ne sais si l'anthropologie, en étudiant la couleur de leur peau ou la conformation de leur corps, distinguera jamais chez eux les descendants de ces divers peuples disparus ; mais dans leurs idées, leurs habitudes, leurs croyances, leur façon de penser, de vivre, il n'y a plus rien du Punique, rien du Romain, rien du Vandale : c'est le Berbère seul qui a surnagé.

Il y avait donc, dans cette race, un mélange de qualités contraires qu'aucune autre n'a réunies au même degré elle paraissait se livrer et ne se donnait pas entièrement ; elle s'accommodait de la façon de vivre des autres, et au fond gardait la sienne ; en un mot, elle était peu résistante et très persistante.

---

[1] Tacite, *Agricola*, 21.

Il appartient à ceux qui voient de près les indigènes de juger s'ils conservent toujours ces qualités ou s'ils les ont perdues. Dans tous les cas, il est bon de savoir qu'ils les avaient autrefois ; c'est un renseignement dont nous pourrons faire, je crois, notre profit. Lorsque, dans nos rapports avec eux, nous serons tentés de nous décourager, rappelons-nous qu'ils n'ont pas toujours été réfractaires à l'étranger, qu'il leur est arrivé de s'entendre avec leurs ennemis de la veille, d'accepter sans répugnance leurs habitudes, leur langue.et leurs lois ; mais n'oublions pas non plus, pour nous tenir en garde, que leur naturel a fini par reprendre le dessus, qu'il s'est débarrassé de tous ces emprunts étrangers et qu'en définitive il est resté le maître. Il y a là pour nous, à la fois un motif d'espoir et une cause de défiance, des facilités dont nous pourrons nous servir, et un obstacle qu'il nous faudra essayer de vaincre.

Ces indications ont leur prix. Pour savoir ce qu'un peuple pourra devenir, il faut d'abord connaître ce qu'il a été. C'est le service que nous rend l'histoire, et ce qui me justifiera, je l'espère ; d'avoir retenu si longtemps le lecteur sur l'étude de l'Afrique romaine.

FIN